상상밖의
한국사

상상 밖의 한국사

1판 1쇄 펴낸 날 | 2013년 4월 10일

지은이 | 김정현
발행인 | 최용신

디자인 | 엔드디자인

펴낸곳 | 북폽

주소 | 서울 마포구 연남로42
전화 | (02)337-0549
팩스 | (02)337-0546

ISBN 978-89-97959-17-4 (03910)

정사와 야사에서 잘 알려지지 않은 우리 역사이야기

상상밖의 한국사

김정현 지음

북팜

■ 서문

역사의 기록에는 지금까지 잘 알려진 기록이 있고 그렇지가 않은 기록이 있는 것이다.
잘 알려진 기록이라면 주로 정사正史라 말하는 역사책이다.
정사는 학문적 설명에서 선대가 편찬한 기전체紀傳體로 서술된 역사책이다. 기전체라 하면 역사책을 꾸미는데 본기本紀, 열전列傳, 지志 등을 각 부문별로 분류해서 엮은 것이다. 우리의 《삼국사기三國史記》, 《고려사高麗史》가 그 예例가 된다. 중국이면 《사기史記》, 《한서漢書》, 《후한서後漢書》, 《삼국지三國志》 등을 가리킨다.
그러나 우리가 일반적으로 정사에 대한 설명을 하는 데는 나라에서 공식적으로 인정하였다는 역사책을 두고 말한다. 이러한 역사책은 편찬 시 역시 국가가 지정한 편찬자에 의해 서술되거나 어느 특정인이 집필한 내용이다.
그런데 정사는 대체로 집권층의 통치중심에서 엮어진 내용이 주류를 이루고 있다. 이러한 정사와는 다르게 풍속, 전설까지 담기도 한 야사가 있다. 이러한 야사는 온갖 사건과 인물들에 관한 비사秘史를 담고 있기도 한 것으로 내용면에서 재미가 있다.

야사를 일반적으로 사실적이지 못하다고 하지만 역사에 깊은 관심을 갖고 연구한 사람들에게는 되레 야사가 진실성이 있다고 한다.

역사는 누가 인정하든 인정하지 않든 양면의 동전 같은 기록이 있게 마련이다. 그렇다 또는 아니다 하는 상호 시비거리 같은 내용이 있다는 것이다.

야사는 학자나 문사文士 등 개개인에 의한 집필이 많은데, 그들 집필자에게도 자기중심의 편향적 기록이 있겠지만 그들은 집필에 자유로웠기 때문에 사실의 비중은 아무래도 정사보다 크다고 할 것이다.

어느 국가이든 정사보다 야사의 책이 많다. 그래서 많은 야사의 책에서 좀더 사실에 접근해 보려는 시도도 있다.

현대인은 과거의 일을 오늘에 와서 실제로 보고 느낀 것처럼 알 수 있다는 것은 실로 흥미로운 것이다. 필자는 이런 생각을 해본 데서《상상 밖의 한국사》란 표제로 정사와 야사에서 잘 알려지지 않은 것을 찾아내 보았다. 그리고 오늘을 사는 사람들이 이 내용을 보고 한번 되새겨 봤으면 하는 생각을 하였다.

김정현

목차

1부 삼국시대 — 암탉이 울면 집안이 망한다

- 중국은 고대부터 동성혼을 금하다 · 12
- 암탉이 울면 집안이 망한다 · 15
- 한·중 김씨 성 원조는 김일제 · 19
- 예맥의 단궁(檀弓)과 신라의 노(弩) · 26
- 왜국은 노략질과 침략근성이 있다 · 30
- 신라와 고려는 지진을 많이 보다 · 38
- 우리역사에 민족이란 말은 없다 · 42
- 일본의 소가[蘇我]는 백제인 성씨다 · 46
- 북한산은 산 이름이 아니다 · 50
- 당나라를 토사구팽하다 · 54
- 중국은 일본의 종주국이다 · 60

2부 고려시대 — 달은 명월인데 재상들은 밝지가 못 하구나

- 고려국 이름 유래는 이렇다 · 66
- 왕건은 당나라 왕실의 혈통이다? · 70
- 고려는 지역차별을 두다 · 76
- 노비를 없앨 수 없다 · 82
- 고려 왕건은 29명의 비(妃)를 두다 · 89
- 어머니의 성씨(姓氏)도 따르다 · 95

- 고려는 인질제도를 두다 · 99
- 고려와 조선은 성(姓)을 중시하다 · 104
- 고려시대도 다국적 귀화인이 있다 · 109
- 고려는 감세(減稅)를 자주하다 · 116
- 형벌 판단을 신중히 하다 · 122
- 금(金)나라 시조는 신라 핏줄이다 · 130
- 유감이 깊어도 해칠 수 없다 · 134
- 미친 여자가 시를 외우다 · 146
- 어린 시녀(侍女)를 남장(男裝)하다 · 151
- 제주도는 몽고족 성씨들이 있다 · 155
- 왕의 이름 글자와 같으면 불경이다 · 159
- 고려는 처녀들을 조공하다 · 164
- 이제 가면 언제 오나 · 172
- 고려는 간통을 엄히 다스리다 · 180
- 신돈이 죽어야 나도 죽겠다 · 183
- 달은 명월인데 재상들은 밝지가 못하구나 · 188
- 우왕(禑王)은 신돈의 자식이 아니다 · 195
- 정몽주는 죽음을 자초하다 · 200
- 옛 왕조시대도 동요가 있다 · 206
- 불사(佛事)가 많아서 망하다 · 210

3부 조선시대 — 가뭄이 심하면 절로 비가 온다

- 태조 이성계는 다른 이름도 있다 · 218
- 스승인들 어찌 안 죽이랴 · 223
- 명나라에 부처의 사리를 바치다 · 229
- 옛날에는 결혼이란 말이 다르다 · 234
- 양녕대군의 폐세자에 통곡하다 · 238
- 가뭄이 심하면 절로 비가 온다 · 245
- 조선은 여자의 개가(改嫁)를 금지하다 · 249
- 서울 광통교는 이래서 생기다 · 254
- 신문고는 아무나 치는 게 아니다 · 259
- 《보살여래가곡》을 외우다 · 263
- 조선은 부인에게도 벼슬을 주다 · 268
- 세종대왕은 왕도를 택하다 · 275
- 귀화 여진족은 김씨 성을 갖다 · 282
- 영의정 장리는 죽어도 꿔 쓰지 않는다 · 287
- 조선은 노인을 우대하다 · 291
- 공창(公娼)을 폐지할 수 없다 · 295
- 조선의 백성을 잡아와도 좋다 · 299
- 조선 문종은 금욕정신이 강하다 · 306
- 죄의 연좌는 부당하다 · 311

- 조선 성종임금은 두주불사하다 · 316
- 태어난 지 8개월 만에 글자를 알다 · 321
- 거제도 섬이 육지로 옮겨가다 · 325
- 조선은 폐백을 주고받지 않았다 · 329
- 흰옷 입는 것을 금지하다 · 333
- 중벌만 내리려 하지 말라 · 338
- 미성년자도 군적(軍籍)에 올리다 · 343
- 조선은 이렇게 벼슬을 주다 · 347
- 대마도에도 이런 의인(義人)이 있다 · 352
- 조선은 귀화 왜인들이 많다 · 356
- 왜인들 근성은 이러하다 · 361
- 독도는 죽도(다께시마)가 아니다 · 366
- 교하(交河)로 천도 준비를 하다 · 373
- 은(銀)을 공물로 바치다 · 379
- 왜인(倭人)은 흑치족(黑齒族)이다 · 384
- 족보 등장에 위보(僞譜)가 뒤따르다 · 391

제1부

삼국시대

—

암탉이 울면 집안이 망한다

중국은 고대부터 동성혼을 금하다

동성혼同姓婚은 같은 성姓끼리 결혼하는 것을 말한다. 이 동성혼을 금지하는 법이 이미 기원전 1천년경의 주周 나라에 있었다고 한다.

중국의 옛 문헌 통지通志를 보면 '氏同姓不同者 婚姻可通・姓同氏不同者 婚姻不可通(씨동성부동자 혼인가통 성동씨부동자 혼인불가통)'이란 말이 나온다.

이 말은 '씨氏가 같아도 성이 다르면 혼인을 할 수 있고, 씨는 다른데 성이 같으면 혼인을 할 수 없다.'라는 뜻이다.

다른 문헌에서는 '同姓不同通婚(동성부동통혼)'이라고 기록한 것을 본다.

이 말은 '성이 같으면 혼인을 할 수 없다.'는 뜻이다.

고대국가 주나라는 성과 씨를 가질 때 종족 내지 혈족 표시로 삼았다. 당시는 왕실과 특정 귀족계층에만 가졌던 것으로 그 수가 많지 않았다.

주나라에서는 바로 성姓과 씨氏를 구분하였다. 성은 핏줄이 같은 의미의 종성宗姓이라 하였다. 종성은 왕실의 성을 말한 표현이었다. 씨는 종성이 아닌 것으로 핏줄이 달라도 같을 수가 있는 것을 말했다. 그러하기 때문에 같은 씨끼리는 혼인에 구애받지 않는다고 하였다.

주나라의 종성은 희姬였다. 이 희의 성은 왕실의 혈족을 표시하는 것이었다. 그런데 이것은 모계 성母系姓이었다. 어느 어머니로부터 핏줄이 나타났는가를 표시하는 성이었다. 이 모계 성을 가진 사람이 다른 글자를 취하였을 때는 씨라 하고 오늘날처럼 실제 성으로 사용해 왔다.

씨는 부계 성父系姓 표현인데 성씨제도가 확립된 이후에는 이 부계 성으로 혈족표시를 계속하였던 게 주나라 이후 중국의 성씨제도였다.

주나라의 종성은 오직 하나로서 변할 수가 없기 때문에, 이를테면 한국인이 갖는 성씨의 본관과 같은 개념이었고 불변의 원칙이 있었다.

성의 글자가 같아도 본관이 다르면 혈족이라 하지 않는 한국인의 성씨개념이다. 그리고 성과 씨를 구분하지 않았다. 지금 중국인도 마찬가지로 부계 성 중심의 혈족표시가 되고 나서는 성과 씨를 구분하지 않았다. 성씨 하면 꼭 성으로 칭하였다.

주나라 왕실의 사람들은 각각 봉국封國으로 나가서 나름대로 씨를 취하고, 그 씨로 나라 이름을 삼기도 하였다. 한국인에게는 본관을 표시하지 않으면 누가 혈족인지 같은 조상의 후손인지 성 그 자체로써는 구별은 못한다. 중국인과 다른 양상의 성씨제도를 가진 것이다.

중국인은 엄청난 인구수로 같은 글자의 성을 가진 사람도 엄청나게 많다. 그 많은 인구수가 들어서 실제로 같은 핏줄인지 알 수 없다. 이런 것을 잘 아는 중국의 위정자들은 특히 공산주의 통치권자들은 부계 성 연속성을 법으로 변질시켰다.

즉 어머니가 갖고 있는 성을 아들이나 딸에게도 붙이게 할 수 있다는 법 개정을 한 것이다. 남녀평등권의 이유라 하지만 그들의 성은 한국인의 전통적 본관제도 같은 것이 없어서 군이 혈족표시의 성으로 유지시킬 필요가 없었던 것이다.

옛날에 있었던 중국의 동성금혼은 그 범위가 커서 근친혼 관계를 성으로 따질 수는 없었다.

한국인은 동성금혼으로 근친혼을 방지하였던 게 아니고 동성동본으로 근친혼을 막았다. 즉 성의 글자가 같고 성의 지역표시인 본관이 같으면 혈족 간 혼인이라 하고 막았다.

그런데 현재는 법률상 8촌까지만 근친혼으로 인정하고 그 이상은 결혼에 구애받지 않는 것으로 법 규정이 되어 있다. 즉 법에서는 근친혼이 아니라 하는 것이다.

서양이나 동양이나 고대국가에서는 왕족 및 귀족세력에서 혈족의 순수성을 지킨다 해서 근친혼이 성행하였다. 사촌간의 결혼이 비일비재하였고 더러는 남매간 결혼도 있었다.

암탉이 울면 집안이 망한다

암탉이 울면 집안이 망한다고 하는 말이 언제부터 있어 왔느냐 하면, 과거 우리 조상들은 곧잘 이 말을 내뱉었다고 한다. 이것은 분명 남존여비男尊女卑의 가부장家父長 시대에서 있었던 말이다.

그런데 '암탉이 울면 집안이 망한다.'고 하는 말은 옛 우리 조상의 입에서 생겨난 말은 아니었던 것이다.

중국의 옛 역사책 사마천司馬遷이 저술한 사기史記에 다음과 같은 내용이 있다.

"백성들에게 고한다. 옛말에 암탉이 울면 집안이 망한다고 하였다. 그런데 지금 은나라 주왕紂王은 달기라는 여인의 말만 들으며 하늘을 공경하지 않고 횡포한 정치를 일삼는다. 그래서 백성들은 도탄에 빠져 허덕인다. 이에 짐은 하늘의 명을 받아 은나라를 토벌하고자 한다. 지금 토벌하지 않으면 천하가 어지러워지리라. 그러니 그대들도 호랑이처럼 용맹하게 싸워라. 그러나 도망하고 항복하는 자는 죽이지 말고 우리의 일꾼으로 만들라."

중국의 고대국가 주周나라의 무왕武王이 은殷나라를 치려 할 때 낸 포고문의 한 대목이다.

은나라는 왕이 여색女色에 빠져 주나라에 망했다고 전한다. 당시 주나라의 총사령관은 우리가 잘 아는 강태공姜太公이다. 낚시로 세월을 낚았다는 위인인데 그는 책략가로 유명하였거니와 후에 제齊나라의 제후가 되었다.

사마천은 중국 춘추전국시대의 사람이다. 그의 저서인 사기史記는 기원전 97년에 나왔다. 신라가 건국하기에 앞서 40년 전에 나온 것이다.

사마천의 이런 말을 인용한 것은 김부식金富軾이 찬술한 《삼국사기》에서도 보게 된다. 《삼국사기》의 신라본기新羅本紀의 선덕여왕편에 있다. 이 내용은 저자가 평評한 글에서 본다.

"하늘을 두고 말하면 양陽은 강한 것이고 음陰은 유연한 것이다. 사람을 두고 말하면 사내는 높고 계집은 낮은 것이다. 어찌 늙은 할미가 안방으로부터 나와 나라의 정치를 처리한다는 말인가? 이것이 용납될 일인가? 신라는 여자를 내세워 임금의 자리에 오르게 하였다. 참말로 어지러운 세상에서나 볼 법한 일이 아닌가? 그런데 나라가 망하지 아니한 것을 보면 참 다행하다 할 것이다. 《서경書經》에 이르기를, '암탉이 새벽에 운다.' 하였다. 주역에는, '암퇘지가 껑충거린다.' 하였다. 그러니 어찌 경계하지 않겠는가?"

이 평의 말에는 중국의 측천황후則天皇后가 어린 왕의 뒤에서 수렴청

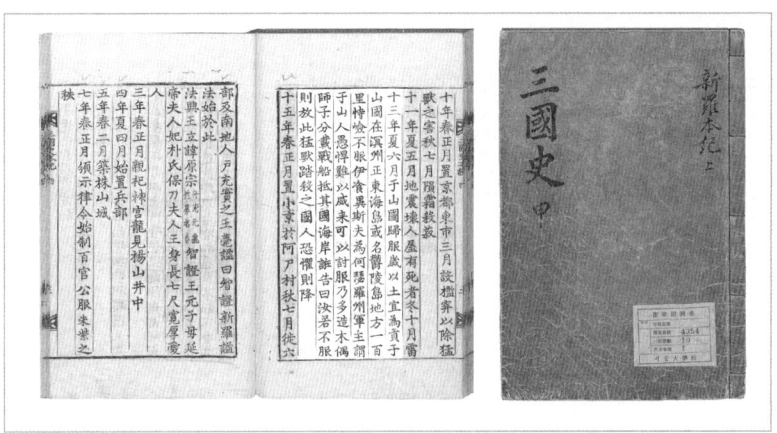

김부식이 편찬한 《삼국사기》

정을 한 것을 인용해서 표현하였다.

선덕여왕이 비록 왕위에 있었으나 남자 대신들이 실제 정사政事를 돌보고 한 것으로 저자는 그들을 비교하는 데서 이런 언급을 했던 것이다.

선덕여왕은 비록 여왕이었지만 여느 남자 왕들보다 오히려 정치를 잘한 것으로 후세에서는 평가되고 있는 것이다. 그가 직접 정사를 돌보는 일이 없었다 하여도 신하들을 잘 기용하여 그 신하들로 하여금 나라 일을 잘 보게 했기 때문에 성군의 대접을 후세에서 받았던 것이다.

선덕여왕이라 하면 첨성대부터 먼저 떠올린다. 뿐만 아니라 삼국을 통일하게 만든 태종무열왕, 즉 김춘추와 김유신을 연상한다.

암탉이 울면 나라가 망하는 게 아니라 흥한다고 할 것이다. 신라의 선덕여왕도 그러했지만 서양의 예를 보면 일찍이 영국의 빅토리아여왕과 오늘날의 대처 전 영국총리이다.

빅토리아여왕은 선박을 많이 건조케 하여 해양국가가 되게 하고 여기서 세계 여러 지역에 진출시켜 식민지 개척에 큰 치적을 보였다. 그 치적에서는 영국이 식민지 대제국이란 말을 들었다. 특히 빅토리아여왕은 자식을 많이 둔 여왕으로 유명하다. 무려 9명의 자녀를 두었다. 그만큼 출산을 많이 한 것이다. 빅토리아여왕은 18세에 왕위에 올랐다. 그리고 64년간 통치의 자리에 있었다.

대처 영국 전 총리는 영국의 어려움을 구제한 큰 인물이다. 그는 '철의 여인'이라는 별명이 붙기도 했다. 여기에는 대처가 소신이 강하고 의지가 굳세기로 남달랐기 때문이다. 재임 시 노동자들의 불법행위를 과감하게 막았고 국익을 위해서는 전쟁도 불사하였던 것이다. 아르헨티나가 자기네 영토 반환을 요구하며 무력위협을 벌일 때 양보 없이 대처하며 전쟁을 하여 승리를 했다. 바로 포클랜드 전투의 승리였다.

이런 예를 보면 암탉이 울면 나라가 망한다는 게 아니라 되레 나라가 흥한다 할 것이다. 가정도 그럴 것이 아닌가 한다.

한·중 김씨 성 원조는 김일제

한국인에게 김씨 성이 있듯 중국인에게도 김씨 성이 있다. 이 김씨 성의 원조가 한국과 중국을 통해서 김일제가 원조라는 설이 있다. 원조라는 말은 김金이라는 글자의 성을 취한 최초의 사람이었다는 것이다.

중국의 옛 문헌에 보면 김씨 성은 분명히 중국에서 먼저 등장한 것으로 기록되어 있다. 신라와 가락국에서 등장한 김씨 성보다 160여 년 앞서 먼저 등장한 기록이다.

중국의 김씨 성 등장은 한漢나라 무제武帝 때이다. 그들 중국의 기록에 보면 기원전 80여 년 경에 흉노족 지역의 휴도왕休屠王 왕자가 김씨 성을 최초로 가졌다고 하며 그는 한나라 무제로부터 성姓을 김씨로 하사받은 것이고, 그때 이름도 중국 한족들과 같은 양식을 취했는데 김일제金日磾라 하였다고 한다.

중국의 역사서에 보면 김일제는 한나라 때 투秺라는 국명을 가진 제후국의 왕이었던 것이다. 투라는 제후국은 오늘날 중국 산동성山東省의

한 지역을 차지한 나라이다.

중국의 산동성은 오늘날 태산泰山이 있는 곳으로, 이 태산의 서북西北 지역에 투柂라는 제후국이 있었던 것이다.

중국의 사기사전史記辭典과 중국인명대사전中國人名大辭典에서 김일제와 그의 아버지 휴도왕에 관한 기록을 보면, '김일제는 흉노족의 휴도왕 태자太子이다. 한나라에 공이 있어 한 무제漢武帝로부터 후국侯國을 받았다.' 하는 내용이 있다. 후국은 제후국을 말한 것이다.

휴도왕은 당시 흉노족계의 한 부족국가의 왕으로서 지금의 중국 감숙성甘肅省 무위武威 지역에 세거하였다. 김일제는 한나라가 일어나 강성해지자 투항해 와 한나라를 돕는 장군이 되었다.

그는 한나라의 여러 장군이나 왕의 신하들이 이름에다 붙이고 있는 것과 달리 성이 없었다. 이에 한나라 무제는 그에게 성을 붙여 주었는데 그것이 김金이라는 성이었다. 당시의 한나라는 후세에 와서 전한前漢이라고 부른 것으로 그때는 기원전 2세기경이었다. 지금으로부터 2200여 년 전이다.

한반도에서 김씨 성 등장은 신라의 김알지에서 비롯된 것이 먼저라고 한다. 비록 설화說話에서 보게 되는 김씨 성 등장이지만 한국의 역사서에서 보는 기록은 이때인 것이다. 김알지의 탄생과 김씨 성 취득은 기원후 65년경으로 알려져 있다. 지금으로부터 1940여 년 전이다.

전한前漢에서 김일제가 무제로부터 김씨 성을 받았다는 시기는 기원전 1세기경이 된다. 그러면 신라의 김알지와는 160여 년 앞선 것으로 볼 수 있다.

한나라의 무제는 기원전 156년경 즉위한 왕으로 유학儒學을 관官의 학문으로 정하고 내치內治에서 법치주의法治主義의 정치모습을 보였고 대외적으로 적극적인 국토확장정책을 보여 국위를 크게 선양하였다. 한 무제의 이러한 통치에서 변방의 흉노족이 많이 투항하여 와 한나라 사람이 되었고 여기에 김일제도 그 중 한 사람이었던 것이다.

흉노족은 기원전 3세기경부터 몽고지방에 세력을 뻗고 있던 종족으로 그들이 부족단위로 연합체를 이루어 국가 모습을 보였으며, 언어는 알타이어족에 속하고 말을 잘 타 유목생활을 하면서 철기제품鐵器製品을 만들어 사용하는 등 청동기문화가 발달되어 있었다.

한나라 무제가 김일제에게 김씨 성을 붙여준 것은 흉노족 사람인 휴도왕이 금동金銅으로 만든 사람 모습의 상像을 만들어 두고서 하늘에다 제사를 지내는 풍습이 있음을 알고 금金의 글자를 성으로 삼게 하였다는 것이다.

중국의 사기사전史記辭典 내용에 이런 글이 있다.

'休屠王祭天金人, 金人卽今佛像(휴도왕제천금인, 금인즉금불상)'

이 말은 '휴도왕은 금인金人을 두고서 하늘에다 제祭를 올렸다. 금인은 오늘날 불상을 말한다.' 하는 내용이다.

김일제는 휴도왕의 태자였고 하여 아버지가 그런 관습을 보였음에 그 같은 의미를 부여하여 한 무제가 성을 김씨 성으로 내려 주었던 것이다.

> 見 **史记辞典**
> 【金日磾 (mī dī密低)】 （前134—
> 前86) 西汉时大臣. 字翁叔, 匈奴人. 原为匈奴休屠王
> 太子. 武帝元狩二年(前121), 匈奴浑邪王杀其父, 胁
> 迫他降汉. 被没入宫为养马奴. 因才貌出众, 马又
> 养得肥壮, 受武帝赏识, 提升为马监. 历迁侍中、
> 驸马都尉、光禄大夫. 有于为武帝弄臣, 与宫女私
> 通, 即杀之, 由此更受帝信重, 出则陪乘, 入则侍
> 从左右. 后元元年（前88）, 侍中马何罗谋刺武
> 帝, 为他发觉擒杀, 次年, 得迁车骑将军. 昭帝
> 立, 他以武帝遗诏与大将军霍光同辅政. 始元元年
> （前86), 封秺侯, 食二千二百户. 同年病卒, 谥
> 敬.

> 見 **中国古今名人大辞典**
> 金日磾(前134——前86) 西汉, 匈奴休屠王
> 太子, 字翁叔, 武帝初归汉, 初为马监, 累官侍中,
> 容貌严肃, 侍帝数十年, 笃慎无过失, 长见亲重. 因
> 休屠作金人为祭天主, 故赐姓金, 封车骑将军. 莽向
> 罗谋反, 日磾擒斩之, 封秺侯. 帝崩, 日磾与霍光同
> 受遗诏辅政. 卒谥"敬".

사진 설명 글이 들어가는 곳

한나라는 이미 성씨제도가 확립되어 있었다. 왕이든 조정의 대신이든 모두 자기네 혈족 또는 부족표시의 방법으로 성을 이름에다 붙이고 있었던 것이다. 한나라 왕실은 유씨劉氏 성이었다.

중국 한나라의 성씨제도가 한반도에 전파되기 시작한 것은 상당히 늦은 시기였다. 신라에서 김씨 성 등장이 사실 김알지로부터 시작되었다면 앞서 언급하였듯 김일제의 김씨 성 취득 이후였던 것이다.

전한은 기원전 45년경에 왕망王莽에게 망했다. 이때가 신라의 초대왕 혁거세가 재위한 지 13년째였다. 왕망이 전한을 멸하고 자신은 신新이라는 나라를 세웠는데 20년도 못가서 한나라 왕족이었던 유씨 성의 사람에게 망했다. 왕망이 나라를 세웠을 때 김일제의 투의 후국도 마찬가지로 왕망에게 망한 것이다.

일부의 설說에 의하면 김일제의 김씨 성 일족들은 바다로 또는 육로로 한반도에 건너갔다고 한다. 바로 그들 일족들에 의해 한반도에 김씨 성이 나타난 것이라 한 것이다.

중국의 성씨 관계문헌들을 보면 김씨 성의 최초 인물은 소호김천少

昊金天이라 하였다. 그렇지만 소호김천은 고대 전설상의 인물이다. 현실에 있던 인물이 아닌 것이다. 황제 헌원黃帝 軒轅의 아들로 얘기되고 하였는데, 황제 헌원도 역시 전설 속 인물로 중국 한족漢族의 으뜸 조상으로 숭배되는 신神이다.

황제 헌원이 신이 아니고 사실적 인물이라고 이야기하는 측에서는 그가 기원전 2600년경에 황하유역에 거주하며 중국 한족의 국가를 건설하였다고 한다. 그때의 시기라면 기원전 2333년에 단군 조선이 있었다는 시기보다 267년 앞이 되는 시기이다. 기원전 4300년경에 인도의 인더스 문화가 있었고 기원전 4000년경에 바빌로니아왕국이 건설되었다는 이야기가 있고 보면 설화 속 신의 존재가 아닌 현실에서 보게 되는 사실적 사람이라는 생각도 할 수 있는 것이다.

그러나 그들 인물에게 성姓이 있었다는 것은 누가 생각해도 믿지 않는다. 이유는 그때라면 문자文字 같은 것이 없었기 때문이다. 중국이면 한문글자가 그들의 문자이다. 한자의 기원으로 보는 갑골문자甲骨文字는 기원전 1400년경 은殷나라 때이다. 이 갑골문자가 원시적原始的 문자였고 하여 이 문자로써 성을 표시하기는 어려운 것이다.

그런데도 중국의 여러 문헌에서는 아득한 고대국가의 인물들에게 이런저런 별난 성이 있는 것으로 하여 표기해 두었다. 황제 헌원에게는 공손公孫, 신농神農에게는 강姜, 복희伏羲에게는 풍風, 소호(少皞 : 少昊)에게는 희姬의 성을 가졌다는 것으로 기록을 해 둔 것이다. 이런 기록들은 사실 성씨제도가 등장한 후 후세 사람들이 어떤 이유로 짐짓 붙였다고 할 것이다.

그들이 본 소호김천의 본래 성은 희姬라 하였다. 그런데 왜 김씨 성의 원조라고 그들 중국인은 물론 한국인 가운데 김씨 성의 일부 사람들도 말하며 믿고 있는지 알 수 없다.

김천金天은 소호의 호號이다. 이 호도 후세에서 붙인 것이라 할 수 있다. 소호의 호가 후세에서 김씨 성의 원조가 되었다는 설이 있는데 이것은 중국의 고대국가 주周나라 시대에 나타난 성의 기원을 아는 사람은 이해를 하는 바가 있다. 그것은 당시 성을 취할 때 나라 이름, 지역 이름, 벼슬 이름, 선조의 호 같은 것에서 자신들과 유관한 것을 선택하여 그 명칭에서 글자 하나를 골라 성으로 삼았다는 것을 아는데서 이해가 갔다는 것이다.

과거 흉노족의 김일제와 그의 일족들이 김씨 성을 취한 게 사실이라면 흉노족계 김씨 성이 오늘날에도 중국에 있을 것은 물론이고, 신라인이 당나라에 귀화한 사람들도 있고 하여 그때의 김씨 성 후손들이 오늘날 중국에는 적잖게 많다고 할 것이다.

신라의 김씨 성이 자생적自生的이었다 하더라도 중국에서 먼저 나온 김씨 성을 수입하여 사용한 것만은 사실이다. 신라에는 그 같은 한문글자로 성을 붙이는 글을 만든 적도 없다는 데서 그렇다고 할 수 있다.

경주 김씨의 옛 족보에 이런 내용이 있다.

"일제는 그 후 한나라에서 큰 공이 있어 표기장군驃騎將軍이 되고 투후秺侯에 봉해졌다. 아들 상賞과 건建 형제를 두었으나 상이 후사가 없어 건의 손자 당當으로 양손養孫을 삼아 투후에 봉해졌다. 당의 생모는 신新나라 왕 왕망王莽의 배다른 어머니 남대행대南大行大 부인이었고 윤倫의 증손 흠欽이 경거망동하여 집이 패가敗家되었는데, 계대系代를 살펴보면 휴도왕 — 김일제 — 상 — 당…… 알지閼智 — 성한星漢으로 이어진다."

 이 내용을 보면 신라의 김알지가 흉노족 후예라는 것을 알게 된다. 투후는 제후국 '투'의 약칭이다.

 중국 산동성 지역의 투후국이 사라진 시기와 신라의 김알지 등장 기간은 불과 40여 년 밖에 안 된다. 이 짧은 기간에 김일제의 후손들이나 흉노족계 사람들이 이동하여 한반도 쪽으로 왔을 것으로 보는 것이다. 그리고 그들에 의해 김씨 성 등장이 신라에 있었다고 추정되는 것이다.

예맥의 단궁檀弓과 신라의 노弩

중국의 문헌인 《후한서後漢書》에 보면 한반도의 고대국가인 예濊에 관한 내용이 있다.

"예의 북쪽은 고구려와 옥저, 남쪽으로는 진한辰韓과 접하여 있다. 동쪽으로는 넓은 바다에 접하였고 서쪽으로는 낙랑과 접하였다. 예와 옥저沃沮, 그리고 고구려高句麗는 본래 모두 옛 조선의 땅이다. 옛날 주周나라 무왕武王이 기자箕子를 조선의 왕으로 봉하였다. 기자는 백성들에게 예의와 농사짓는 법과 누에치는 법을 가르치고 또 8조八條의 교훈을 만들어서 가르쳤다."[1]

"그들 백성들은 도적질하는 일이 없고 하여 문을 닫는 일 없이 살았

---

[1] 8조의 교훈은 팔조지교(八條之敎)라 하는 것으로 기자(箕子)의 교화(敎化)라고 전해졌다. 여덟 가지 조목으로 된 고조선(古朝鮮)의 관습법(慣習法) 또는 팔조지금법(八條之禁法)이다. 여러 범죄를 처벌하는 여덟 가지 법조항으로 그중 3개 조항만이 전하고 나머지는 전하지 않는다. 전하는 조항은 ① 살인자는 사형에 처한다. ② 남을 상하게 한 자는 곡물로써 보상한다. ③ 남의 물건을 훔친 자는 그 주인의 노예가 되는 게 원칙이고 속죄하고자 하면 매 한 명당 50만전(萬錢)을 내놔야 한다. 이 8조는 후에 중국 한(漢)나라의 한사군(漢四郡)이 설치되면서 중국인들이 범죄자가 많아 60여 조로 늘어났다.

으며 부녀자들은 정조를 소중하게 여겼다."

"여기 풍속은 산천을 중히 여기고 산천마다 각각 고을경계가 있어서 함부로 간섭하지 않으며 같은 성씨끼리는 혼인을 하지 않았다."

"해마다 10월이면 하늘에다 제사를 지낸다. 이때는 밤낮으로 술을 마시고 노래를 부른다. 이를 두고 무천舞天이라 불렀다."

"도보로 전쟁을 잘한다. 창의 길이가 세 길이나 되며 간혹 여러 사람이 이것을 함께 쓰기도 하였다. 낙랑의 단궁檀弓이 이 땅에서 출토되었다."

이런 내용들에서 낙랑의 단궁이 이 땅에서 출토되었다 하는 대목이 있는데 눈여겨 보게 되는 대목이다.

단궁이라 하면 단단한 박달나무로 만든 활이다. 박달나무로 만든 활은 탄력성이 좋아 탄력에 의해 날아가는 화살이 더 멀리 날아간다. 따라서 힘이 좋은 활이라 할 수 있다.

활은 고대국가에서 사냥은 물론 전쟁에 절대로 필요한 일급 무기이다. 중국의 후한서에서 새삼 단궁출토를 언급하였다. 바로 그만큼 당시의 무기로서 중요하였기 때문에 언급하는 기록을 해 두었다고 할 수 있다.

낙랑의 단궁이라 말하였는데 실은 낙랑의 단궁이 아니라 그 이전에 있었던 단궁이라 할 수 있다. 이유는 낙랑은 중국의 한漢나라가 기원전 108년경에 위만조선衛滿朝鮮을 멸하고 군현제郡縣制에 의한 한사군漢四郡을 설치했을 때 한반도에 등장시킨 속령屬領의 한 지역이었기 때문이다. 예는 그 이전의 부족국가였다. 일명 예맥濊貊이라 불려지기도 하였고 한편 동예東濊라고도 하였다. 한반도의 북동쪽지역에서 동해에 접한 곳이 예의 지역이었다. 오늘날 함경남북도와 강원도 지역이 예맥의 사람들이 살던 땅이다. 이 때문에 낙랑에서 출토되었다는 단궁은 바로 예맥의 단궁이었던 것이다.

지금도 예맥의 흔적을 볼 수 있는 유적지가 있다. 강원도의 화천군 간동면과 하남면, 춘천시 신북면 셋 경계선상에 있는 용화산의 용화산성지가 바로 그 흔적인 것이다.

예맥은 현 한민족韓民族의 근간이라는 설이 있다. 고구려의 부족처럼 만주지역에 분포되어 있었으나 기원전 3세기와 2세기에 걸쳐서 한족漢族과 몽고계 부족들의 동진東進으로 인해 한반도의 동북방까지 옮겨 온 종족들이었다. 중국의 사서史書인《후한서後漢書》기록들을 보면 고구려를 일명 맥이라고 하였다. 그러고 보면 고구려를 형성한 종족과 예를 형성한 종족은 동일계 종족임을 알 수 있는 것이다.

고구려를 세운 주몽도 단궁을 잘 다루는 명사수인 것으로 알려졌다. 부여, 고구려, 예맥과 동일 종족으로 형성된 국가였다면 활 제조와 사용 솜씨는 중국 한족들이 당황할 만큼이었다고 할 수 있고, 그것으로 인해 동이족 소리를 십분 들었다고 할 수 있다.

활에 대해서는 신라의 노弩가 제일 우수했다는 말이 있다. 이것은 중국 당唐나라 황제가, 신라가 삼국을 통일하는데 이 활의 역할이 컸다는 데 놀라고 당나라에서도 그 기술자를 데려다가 만들게 했다는 기록이 있는 것이다.

《삼국사기》의 신라본기新羅本紀 문무왕 9년 편에 보면 다음과 같은 내용을 본다.

"겨울에 당나라 사신이 와서 황제의 조서를 전하고 노弩 만드는 기술자 구진천仇珍川을 데리고 돌아갔다. 황제가 그에게 명하여 나무로 노를 만들게 하였는바 그 화살이 30보밖에 가지 않았다. 황제가 묻기를, '듣기로 너희 나라에서는 노를 쏘면 1천 보를 간다는데 지금 여기서는 겨우 30보 가니 도대체 어찌된 일인가?' 하니 구진천은 대답하기를, '재료가 좋지 못해서입니다. 만약 본국에서 목재를 구해오면 잘 만들 수 있을 것입니다.' 하였다. 황제가 사신을 보내서 나무를 구하게 했는데 구한 나무는 복한대나미福漢大奈麻였다. 그 나무로 만들게 하였는바 쏘아보니 60보밖에 못 갔다. 황제는 그 까닭을 또 물으니 구진천은 대답하기를, '저도 그 까닭을 알 수 없습니다. 아마도 목재가 바다를 건널 적에 습기가 차서 그런 것 같습니다.' 하니 황제는 그가 일부러 그렇게 만든 것 같다고 의심을 했다. 그리고 중죄를 내리겠다고 위협을 하였는데 그는 끝까지 자신의 활 만드는 재능을 보이지 않았다." 하는 내용이다.

여기서 대뜸 느낄 수 있는 것은 나라를 위해서는 상국上國이고 동맹국이고 하더라도 나라의 중요 기밀은 누설하지 않는다는 국민 된 도리의 애국심이 있었다 할 것이다. 노는 기계 활인데 연속으로 쏠 수 있고 멀리 나가는 특징이 있다. 활을 떠받칠 수 있는 노대弩臺가 있다. 오늘날 포대砲臺와 같은 것이다. 고대 중국에서도 이런 활이 있었는데 신라의 노대는 개량되고 우수하였던 것이다.

왜국은 노략질과 침략근성이 있다

왜국이라 하면 오늘날 일본을 말한다. 일본이란 국호를 정할 때까지는 왜(倭)라는 이름으로 불려진 나라였다. 그들이 일본이라는 나라 이름을 사용하기 시작했어도 이웃 여러 나라에서는 계속하여 왜국이라 불렀다. 일본으로 나라의 이름이 고쳐진 것은 신라 문무왕 재위 10년이라고 《삼국사기》는 기록하였다.

왜국이라 부른 데는 남의 나라에 시도 때도 없이 침범해 와 노략질을 하여 마치 대명사처럼 불려진데서 이웃 여러 나라에서는 좀처럼 고쳐 부르지 않았다. 왜국은 지리상으로 4면이 바다로 둘러싸여 있다. 그런 지형에서 지진이 자주 발생하고 해일이 자주 일어나 그들은 대륙진출을 동경했다. 그 발판이 가까운 한반도였고 한반도에서 그들의 생활에 필요한 물자를 구하는 교역을 하는 일도 자주 있게 되었다. 이런 그들 왜인은 정상적인 교역을 하지 못하는 데서 피할 수 없이 남의 땅을 침범하고 노략질을 하는 습관이 나타났었다. 그 습관이 결국 그들 왜인들에게는 근성이 되어버렸고 그것이 수백 년을 잇는 근성으로 고착된 것이었다.

왜인의 한반도 내침은 오래전 가까운 나라 신라와 가야에 있었다. 대대적인 군사행동도 아닌 그저 떼 지어 수시로 침범하는 도둑집단의 모습을 주로 보였다.

노략질은 바로 그런 양상을 일컫는 것으로 그 양상이 발전하여 조선시대에 와서는 중국대륙 명나라를 정복한다는 명목에서 대대적으로 군사행동을 벌린 것이 바로 조선 침략이었다. 조선 침략은 그들에게는 전례 없는 대대적 침략행위였던 것이다.

《삼국사기》의 기사에서 왜인의 침범과 노략질 행위가 적잖았음을 보는데 그래도 조선 침략과는 같지 않았다.

《삼국사기》의 기록에서 첫 왜국 침략의 기사는 신라의 시조 혁거세 재위 8년에 왜인이 군사를 돌고 와 변경을 침범하였다는 내용이 있는데서 보게 된다. 병선 백여 척이 와서 해변의 민가를 노략질하였다는 기사가 있는 것이다.

이후 왜인의 신라 침범이 계속되었는데 그들의 침략에 삼국을 통일한 문무왕이 죽을 때 오죽해서 유언을 하건데, '동해 어구의 큰 돌 위에 장사지내라. 그러면 내가 바다의 용이 되어 그들 왜인들 침입을 막겠다.' 하였는가 하는 것이다.

문무왕 재위 이전에 동해 어구를 통해서 왜인이 신라의 서울인 금성까지 쳐들어와 궁을 둘러싼 일도 있었다고 《삼국사기》는 기록하였다.

하늘에서 바라본 문무대왕릉

앞서 20대 자비왕 2년459에 왜적이 병선 백여 척을 가지고 동해 변경으로 침범해 와서 수도 월성月城을 에워싸고 공격을 한 일도 있었다.

신라가 망하고 고려가 개국되고 나서는 왜인의 침범은 덜하였다. 그 이유는 고려 초기에 왜국 침범에 철저히 대비한데 있었다. 고려에 대한 왜인의 침범이 덜했던 것은 거란, 여진, 몽고의 고려 침략에서 침략이 쉽지 않았는데 있었다. 특히 몽고의 간섭에서 왜적은 되레 몽고의 일본 정벌 획책을 두려워하여 자국 방어에 급급한데 따라 고려 침범을 덜했던 것이다.

그런데 30대 충정왕(1348~1351) 이후에 가서는 일본이 고려 침범을 다시 계속하는 모습을 보이기 시작했다.

충정왕 재위 2년(1350) 2월에 고성, 거제 등지에 침범하고, 그해 4월에는 왜적의 배가 순천에 침입하여 노략질을 자행하고, 또 6월에 합포에 들어와 노략질을 일삼았다. 그뿐만 아니라 재위 3년 8월에 왜적이 배 1백여 척으로 경기도 지방에 침입해 와 노략질을 하고, 11월에는 남해에 또 침입해 와서 노략질을 하여 여느 왕조 때보다 심했다.

31대 공민왕조(1351~1374)에 와서는 더욱더 침략이 많아 고려를 심히 괴롭혔다. 공민왕조의 왜적 침략을 열거해 보면 다음과 같은 내용으로 알 수 있다.

공민왕 재위 원년(1352)에는 왜적이 풍해도(황해도) 지역에 대거 침입해 와서 파음도巴音島의 사람들을 살육하고 노략질을 하였거니와 개성 가까운 강화도 교동까지도 여러 번 침입해 노략질을 일삼았다.

경상도 지역에서는 고성, 울주, 동래, 거제, 양산, 김해 등 해안에 접한 지역에 자주 출몰하여 민가의 물건을 많이 노략질해 갔다.

공민왕 재위 13년(1364) 3월에는 왜적이 왜선 2백여 척을 갈도葛道에 정박해 놓고 경상도 하동, 고성, 사천, 김해, 밀양, 양산 등지로 들어가 많은 민가를 불사르고 노략질하여 그 피해가 대단하였다. 그해는 흉년이 들어 살기도 어려웠던 참이었는데 그 같은 심한 왜인의 노략질 때문에 고향을 버리는 일이 많았다.

공민왕 재위 15년(1366)의 기사를 보면, '왜적이 교동(강화도 앞 섬)에 침입하여 주둔하면서 떠나지 않고 해서 서울이 크게 뒤숭숭하였다. 왕이 찬성사贊成事 안우경安遇慶, 평리評理 지용수池龍壽, 판개성부사判開城府事 이순李珣 등에게 명하여 33명의 병마사를 인솔해서 승천부昇天府에 나가 주둔케 하였다. 이때 영전影殿과 정릉正陵을 짓느라고 일반 사무는 거의 중지되어 창고는 비었고 왕궁 호위는 허술하였다. 또 군인들이 정치하는 일은 중지되지 않았으며 이에 따라 실제 조련시킬 군사들은 없고 하여 무장武將들은 나오지 않았다. 그래서 부대들은 쓸쓸하게 왜적들을 바라보고만 있을 뿐이었다.'

당시 군인들이 국토방위에 전념할 생각은 아니하고 정치에 간여하여 왜적 방어는 허술하고 나약하였다는 내용인 것이다.

고려 공민왕조는 조정 신하들 간에 정권 싸움이 심했다. 이런 환경이 왜적한테는 침탈의 기회를 많이 준 것이 되기도 한 것이었다.

당시 명나라 황제가 고려에 보낸 교서에 이런 내용이 있었다.

"내가 들으니 그대들의 지방에서는 왜적이 도처에서 약탈하고 있어서 해변에 사는 백성들이 먼 곳으로 피해가고 있다 하는데 이 도적들이 바다 건너 와서 소란을 피우고 있는 줄로 안다. 우리는 이곳 연해주의 수비관을 독려하여 왜적의 배 13척을 포획하였다. 탐라(제주도)의 목자들이 만약 이 도적들과 서로 함께 있으면 섬멸하기가 어려울 것이다. 또 들으니 여진이 고려의 동북부에 들어와 있다 하니 아무쪼록 방어를 잘 하도록 하라."

고려의 왜적 방어가 얼마나 허술하였는지 명나라 황제가 보낸 다른 교서에서도 알 수 있는 내용이 있다.

"그대 국왕에게 말하여 주어라. 우리 명나라를 의심하지 말고 성을 수리하여 양식을 비축하고 활, 화살, 포, 군마를 준비하여 실제 적대하는 모습을 보일 것이지 첩자 같은 자를 보내 우리 명나라가 어떻게 할까 봐 정탐이나 하니 이게 무슨 소용이 있나? 들으니 고려는 다 부서진 성 하나 수축 못하고 버려져 있기만 하고 바다 동쪽에서 왜적들이 군량을 축적하느라고 백성들을 많이 괴롭힌다 하는구나. 왜적이 간단없이 침범하니 배를 사오백 척이라도 준비하여 군인에게 줘서 그놈들을 모조리 잡도록 하라. 이것이 고려를 지키는 것이 되고 왜적이 이곳에 오면 우리도 가차없이 잡아 없앨 것이다."

일본 풍속화에 그려진 일본 왜구의 모습.

고려가 신생 명나라와 친교를 갖지 않고 의심하여 눈치를 살필 때 명나라의 황제는 이런 불만의 글도 고려에 보낸 일이 있었다.

"우리 중국 사신을 보내면 오히려 죽이니 나는 다시는 사람을 보내지 않겠다. 너희가 올 뜻이 있으면 오고 그렇지 않으면 오지 말라. 전번에 내가 배 한 척을 보냈더니 수많은 군마를 동원하여 위협했다. 이게 어디 예법인가? 배 한 척이 아니라 열 척이 갔다 한들 그렇게 겁낼 일인가? 내가 들으니 왜적은 2~3백 리나 안으로 들어가 농토를 짓밟고 하는데도 방임만 하고 성을 버린 채 달아났다 하는데 나를 오히려 의심하고 하니 내가 너희들을 공략하겠다면 드러내놓고 공공연하게 할 것이다. 그러나 지금은 정벌은 못한다. 그러나 10년이 지나면 정벌을 할지도 모르는 것이다."

이런 글이 오고 할 때 강화도 앞 교동 섬이 왜적의 발굽아래 함락된 일이 있었다. 이것은 개성 가까운 서해가 왜적의 침범이 잦았다는 사실을 증명해 주는 것이었다.

비단 교동 함락만이 아니라 왜적은 해주에 들어와 당시 해주목사 엄익겸을 죽인 사건도 있었다.

하도 왜적의 침범이 잦자 고려는 명나라에 도움을 청하는 일이 있었다. 그것은 배를 불사를 수 있는 화약 공급을 요청한 것이었다.

"왜적이 시도 때도 없이 침범해 온 지가 이미 20여 년이다. 그간 우리 고려는 연해의 주州와 군郡 그리고 수비하는 지역들을 떠나서 바다로 나가 그들을 추격하고 잡아오지 못하였는데, 근래에 와서는 그들의 기세가 등등하여서 도저히 백성들을 보호할 수 없으므로 이런 화를 없애기 위해서는 공격할 선박 건조와 화약, 유황, 염초, 기계 등이 필요한 것이다. 이에 공급을 바란다."

하는 내용이었다. 이런 요청에 명나라 황제는 종주국의 예를 표시하라는 조건이 있어 고려는 선뜻 응하지는 못하였다. 그때까지도 원나라의 조정 눈치를 봐야 하는 입장에 있었던 것이다.

공민왕은 재위 23년에 사망하였다. 신하들에 의해 피살된 것이다. 왕의 재위 중 전국 각지에 왜적의 침범을 받은 것이 40회가 넘었다. 해

안가 어느 큰 고을도 침범을 안 받은 곳이 없었다.

이렇듯 공민왕 재위 때의 예를 드는 것으로만 해도 왜적의 침범과 노략질이 많았음에 왜인의 침략근성은 과연 습관처럼 있었다는 것을 알 수가 있는 것이다.

우왕 5년(1379)에는 무릉도武陵島에 침입하여 반 달이나 머물러 있었다는 기록이 있다. 무릉도는 그때 울릉도를 별칭한 것이다. 우왕 재위 때에도 고려는 왜적 침입이 빈번하여 변경 백성들이 살해당하고 약탈당하는 일이 많았다. 그들이 침범해서 노략질한 곳을 열거하면 전라지역에는 낙안, 보성, 고부, 흥덕, 부안, 김제, 장성 등이었고, 영남지역은 진주, 동래, 양산, 언양, 기장, 고성, 의창, 밀성, 합포 등이었다. 내륙 깊숙히 침략해 들어오기도 한 것이었다.

왜적이 강화도에 침공하여 살육과 약탈이 심할 때는 수도를 내륙 지역인 철원(옛 궁예가 궁의 터로 잡은 곳)으로 옮겨갈 것을 의논한 적도 있었다. 이 의논에서는 최영 장군이 서울 바로 앞까지 왜적이 침입했는데 점괘를 믿고 서울을 옮기겠다는 것이냐 하며 큰 소리로 반박한 일이 있었다.

신라와 고려는 지진을 많이 보다

역사책에 지진이 일어난 것을 기록하였다면 예사로웠던 지진이 아니었음을 생각하게 된다.

신라와 고구려, 백제의 역사를 기록한 《삼국사기》에 지진이 일어난 것에 대하여 어느 해, 어느 달, 어느 곳에 있었다는 내용을 간략하게 기록해 놓은 것을 본다.

《삼국사기》의 지진 기록은 신라의 지진이 유난히 많다. 백제는 13번, 고구려는 8번의 기록이 있는데 비해 무려 50회가 넘는 기록이 있는 것이다.

세 나라에서 왜 신라가 유독 지진이 많았는가 하는 생각을 하게 된다.

신라는 지진이 예나 지금이나 많다는 일본과 바다 하나 건너 이웃하고 있다. 이 때문에 일본에서 발생하는 지진의 여파를 받아서 신라도 그렇듯 지진발생의 빈도수가 많았다고 할 것이다.

《삼국사기》에서 최초로 보는 지진은 3대 유리왕(24~57) 11년이다.

서울서 땅이 갈라지고 샘이 솟았다는 기록이 있다.

유리왕 다음의 4대 탈해왕 때에도 지진이 있었다는 기록이 있고, 이어 5대 파사왕, 6대 지마왕 재위 때도 지진이 있었던 것으로 기록하였다.

파사왕 때는 서울에 지진이 두 번이나 있었고, 한 번은 민가가 무너지고 사람이 죽었다는 기록을 하였다.

서울이라 하면 당시 신라의 수도 금성을 말한다. 금성은 오늘날 경주 지역을 칭하는 것이다. 민가가 무너지고 죽은 사람이 있었다는 기록은 14대 유례왕(284~298) 때와 22대 지증왕(500~514), 30대 문무왕(661~681), 36대 혜공왕(765~780) 때의 지진 기록에서 보는데, 특히 혜공왕 때는 지진이 6번이나 있었고 이 여섯 번의 지진에서 재위 15년 3월의 서울 지진은 민가가 무너지고 죽은 사람이 백여 명이나 되었다는 기록이 있다.

백여 명이라 하면 적잖은 인명 피해가 된다. 대단한 지진이 일어났음을 말해 주는 것이다.

36대 혜공왕에 앞서 32대 효소왕(692~702) 때는 '동해물이 서로 맞부딪치며 소리가 서울까지 들렸다. 병기고兵器庫 속에서 북과 나팔이 저절로 소리를 냈다.'하는 기록이 있다.

이 기록에서 알 수 있는 것은 쓰나미 현상이 당시 신라의 바닷가에도 있었다는 게 된다.

효소왕 다음의 33대 성덕왕(702~737) 때도 여느 왕 때보다 지진이 많았음을 기록하였다. 무려 6번이나 지진이 있었음을 기록해 두었다.

신라의 왕조는 56위이다. 56명의 왕이 재위하였다. 이 왕위에서 반수에 가까운 25명의 왕 재위에서 지진이 있었다는 기록을 사기에서 보여 주었다.

이런 통계를 보아서 신라는 실로 지진이 많이 일어났음을 알 수가 있다. 비단 신라 때만이 아니라 고려에서도 지진이 많이 발생했음을 《고려사高麗史》에서 볼 수 있다.

고려의 지진 기록은 태조(왕건) 11년 6월에 벽진군에 지진이 있었다고 하는 최초의 기록을 비롯해서 4대 광종 22년 12월과 이듬해 23년 2월에 지진이 있었고, 8대 현종 때는 같은 해 경주에 두 번이나 있었고, 다음 해에도 또 경주에서 지진이 발생했다는 기록이 있으며 이 해에는 금주에도 지진이 두 번 있었으며, 그때 경주와 금주가 함께 지진이 있었다는 기록을 하였다. 금주는 오늘날 김해시 지역을 말한다.

《고려사》의 지진 기록은 현종 때가 제일 많이 있었음을 보이고 그것도 여러 지역에 광범위하게 지진이 발생하였음을 기록하였다. 특히 영남지역에 많았음을 기록하였는데 경주를 비롯해서 상주, 안동, 밀성(밀양) 등지였다.

강원도 지역에도 지진이 있었다고 했는데 그곳은 희양과 양양이었다. 이 두 지역은 모두 동해를 끼고 있는 해안지방이다.

재위 22년 동안에 10여 차례의 지진을 본 현종 때였다.

《고려사》의 지진 기록에서 경주와 금주, 상주에서 지진이 많이 일어났고 송도(개성)에도 역대 왕조에서 지진이 자주 있었음을 기록하였다.

10대 정종(1034~1046)때는 경주가 사흘 동안 계속 지진이 있었으며 그 때 많은 집들이 파괴되었다고 하였다. 28대 충혜왕 때는 3일간 계속 지진이 있었는데 다음 달에도 지진이 잇달아 두 번 있었다는 기록을 하였다.

고려의 역대 왕조에서 31대 공민왕(1351~1374) 때도 지진이 십여 차례나 많이 있었음을《고려사》의 기록을 보게 된다.

조선시대의 지진 상황의 기록을 보면 세종 8년에 강화도 마니산에 지진이 있었다는 기록과, 9대 성종(1469~1494) 9년의 지진과 14대 선조 때 두 번의 지진이 있은 것을 본다. 특히 선조의 재위 37년에는 함경도 안변과 덕원에 심한 해일이 있었던 것으로 기록하였다. 두 지역은 모두 해안 지역이다.

16대 인조 재위(1623~1649)에는 두 번의 지진이 있었는데 재위 14년에는 동래의 앞 바다가 해일로 바닷물이 넘쳐 들었다는 기록이 있었다.

해안의 지역이 아닌 내륙지방에서는 숙종 재위 때 상주, 옥천에서 두 번이나 집이 흔들리는 큰 지진이 있었다고 했다.

숙종 4년(1677) 1월에 평양과 전주, 진안, 곡성, 구례, 남원, 순천 등 여러 곳에서 지진이 있었던 것으로 기록하였다. 이 기록에서는 당시 한반도의 서쪽지방 전체가 지진이 있었음을 알게 하였다.

신라와 고려시대에 지진이 많이 있었다는 것을 알게 하는 역사책의 기록들이 있고 보면 한반도가 지진에서 결코 안전하다고만 생각할 수 없다 할 것이다.

우리 역사에 민족이란 말은 없다

고구려, 백제, 신라의 삼국시대에 민족民族이란 말은 없었다. 또 고려와 조선시대도 그런 용어를 찾아 볼 수 없다. 《삼국사기》나 《고려사》 등의 사서史書, 또는 옛 명인名人들의 문집 같은 데를 살펴봐도 그런 용어는 발견하지 못한다.

그러면 언제부터 이 민족이란 말이 나타났을까 살펴보자.

민족이란 말에서 한문 글자의 '민民'을 두고 볼 때 백성이란 뜻의 民(민) 이다. 그리고 백성이란 뜻에서는 성씨라는 뜻의 姓(성)자 두 글자가 들어 있다.

국어사전에 민족의 뜻을 설명하기를, '같은 지역에 살며 언어, 혈연, 풍습, 문화, 역사, 생활, 양식 등을 공동으로 하는 사회집단'이라고 설명하여 놓았다.

이 설명에서 보면 핏줄의 표시인 혈연만 갖고 민족의 개념을 정립할 수 없고, 귀화인이라도 언어나 풍습 그리고 역사 같은 것을 같이하면 민족의 범주에 들어가게 된다는 것을 생각하는 것이다. 사실 우리 민족도 오랜 역사를 가지면서 혈연에서 다른 핏줄이 많이 섞였음을 보게 된다. 즉 우리의 역사에서 보면 선비족이니 거란족이니 여진족이니 하는 여러 종족이 섞였다는 것이다.

민족이란 낱말은 분명 한문글자에서 나왔다. 여기에 백성이란 뜻의 글자가 들어 있고 이 백성은 바로 오늘날 국민國民이란 말과 같은 것이다.

국어사전에서 백성을 설명하기를, '국민의 예스러운 말'이라고 하였다. 예스러운 것이란 옛날이란 뜻이다. 그러니까 옛날에 불렀던 백성이란 말이 곧 국민이란 것이다.

국민이란 말에도 역시 民(민)자가 붙어 있다. 한문글자로 뜻을 풀이하여 보면 나라의 백성이란 뜻이다.

백성을 영어로 표기할 때는 the people이고 국민은 nation으로 표기한다.

그런데 이 국민이란 말은 북한에서는, 즉 조선민주주의인민공화국이란 나라에서는 인민人民이란 말로 쓴다. 그들은 국민이란 말을 쓰지 않고 있다.

중국도 그렇다. 인민이란 말을 쓸 뿐 국민이란 말을 쓰지 않는 것이다. 두 나라는 똑같이 공산주의 국가이다.

국민이란 말을 그들은 쓰지 않지만 민족이란 말은 똑같이 쓴다. 조선민주주의인민공화국이든 중국 인민공화국이든 한결같이 쓰고 있는 것이다.

이 국민이란 말에서 대한민국의 일부 극성스러운 좌파적 사고방식의 사람들이 국민이란 말은 일본에서 건너온 말이라고 하며 거부감을 보이기도 하였다. 그들은 일본제국주의가 만들어 낸 용어라고 하며 배척하기도 했다. 그들의 극성에서 그러했는지 과거 정권에서 국민학교란 말이 초등학교로 바뀌게 한 것은 그런 이유 때문이란 것이다.

국민이란 말도 민족처럼 삼국시대나 고려나 조선에서는 사용되지 않았던 낱말이었다.

《조선왕조실록》의 〈태종실록편〉에 보면 國民(국민)이라고 볼 수 있는 한 문맥文脈이 있다. 그러나 이 문맥에서 국민이란 게 단어는 아닌 것이다. 그 문장에서 國(국)과 民(민)이 해석상으로 볼 때 떨어진 글자이기 때문이다.

국어학계에서는 일제가 창안한 국민이란 말이 아니라는 것으로 보고 있다. 일제는 국민보다 신민臣民이란 말을 많이 쓴 것이다. 만약 국민이란 말이 그들에 의해 나타났다면 황국신민皇國臣民이라고 그들이 잘 호칭했던 네 글자에서 줄여 표기하게 된 것이 국민國民의 말이 나온 게 아니었나 하는 것이다.

민족이란 용어에 대해서 한반도에서 출현한 시기가 1907년 6월 21일이고, 출현된 곳은 황성신문이다.

황성신문皇城新聞은 1898년 9월 5일에 창간된 신문이고 장지연張志淵, 남궁억南宮檍 등이 대한황성신문의 판권을 물려받아 국한문國漢文을 혼용한 일간신문이다.

1905년 11월 17일 을사보호조약이 체결되자 장지연이 11월 20일자 이 황성신문에 是日也放聲大哭(일야방성대곡)이란 제목으로 논설을 쓴 게 유명하였다. 여기에 민족이란 낱말 용어가 처음 나타난 것이다.

민족과 국민이란 용어는 서양의 영어권 나라와 접촉이 있자 그들 나라의 nation이나 people의 단어를 번역하는 데서 민족 또는 국민이란 한자 문화권에서 창출된 것이었다 하는 설이 있는 것이다.

누구에 의해 이 용어가 등장하였건 고대국가에서는 사용된 용어가 아니었던 것만은 사실이다.

민족이란 의미와 같은 말에는 동족이니 부족이니 또는 종족이니 하는 말이 있다. 이 말은 핏줄의 집단표시로 나왔고 사용되었다.

국민이 근세에 나타난 용어이고 그 이전에는 같은 뜻으로 백성이란 말로 통했는데 이 백성이란 말이 실은 일찍이 중국에서 성씨제도가 등장하자 그 성씨를 가진 집단의 사람들이 국가를 형성했던데서 나타났던 것이다.

백성에 대한 용어풀이를 하면 백 개의 성이란 뜻을 가졌고 이 백 개는 다수라는 뜻을 가진 것으로, 즉 이씨, 박씨, 최씨 등 각각 글자가 다른 많은 성씨 사람들을 표현한 것이며 그런 성씨 사람들의 집단을 바로 백성이라 칭한 것이다.

오늘날 우리가 곧잘 입에 담는 민족이란 말은 우리 역사에는 없었던 것이다.

일본의 소가蘇我는 백제인 성씨다

《삼국사기》에 백제 21대 〈개로왕(455~475)〉편에 보면 다음과 같은 내용이 있다.

"도림道林이 도망을 쳐 돌아와서 왕에게 사정을 아뢰니 장수왕長壽王은 기뻐하여 백제를 치려고 장수들에게 군사를 나눠줬다. 백제왕 개로蓋鹵가 이 소식을 듣고 아들 문주文周에게 말하기를, '내가 어리석고 총명치 못하여 간사한 사람의 말을 믿다가 내가 고구려의 침략을 받게 되었다. 백성들이 모자라고 군사들이 약하니 위급한 사태에서 누가 나를 도와 힘들어 싸워 주겠는가? 나는 당연히 나라를 위하여 죽어야 하지마는 너는 여기 있다가 함께 죽는 것은 마땅치 않으니 왕통을 위해서라도 피해야 한다.' 하였다. 그래서 아들 문주는 곧 목협만치木劦滿致와 조미걸치祖彌傑致 등을 데리고 남쪽으로 떠났다."

이 내용에서 목협만치라는 이름이 나온다. 목협만치는 두 글자의 성으로, 즉 목협이 성姓인 것으로 표기되었는데 다른 자료에서는 목木이란 하나의 글자가 성이고 이름은 만치滿致라 하였다.

　도림은 고구려인으로 고구려 조정에서 백제에 간첩으로 보낸 사람이다. 도림이 백제에 가서 궁궐을 크게 짓고 성곽을 수축하게 하는 역사役事를 크게 벌이는 계략을 써서 백제의 재정과 백성들의 노역을 무겁게 하여 도탄에 빠지게 하였다. 이렇게 한 후 그는 백제를 탈출하여 고구려의 장수왕에게 백제의 사정을 보고하였던 것이다.

　문주는 개로왕 다음에 왕위에 올라 22대왕이 되었지만 재위는 2년밖에 하지 못하였다. 문주는 백성을 사랑하는 마음이 컸으나 우유부단한 면이 있는 왕이었다. 왕은 고구려의 침입을 받았을 때 몸소 신라에 가서 구원병을 요청하여 당시 백제의 수도였던 한성漢城을 둘러싼 고구려 군사를 격퇴한 일이 있었다. 한성은 한산주漢山州를 말한다.

　문주왕은 고구려와 접한 수도가 자주 고구려로부터 위협을 받는 것을 알고 재위한 그해 10월에 웅진熊津으로 수도를 옮겼다. 웅진은 지금의 충남 공주지역이다. 이곳으로 옮기고 나서 재위 2년 만에 신하 해구解仇의 무리에게 죽음을 당했다.

　24대 동성왕東城王도 권신 백가苩加에 의해 피살되었다. 백제는 웅진을 수도로 천도해 있었지만 불과 60여 년밖에 유지하지 못하였다. 여기서 백제는 다시 천도를 하여 지금의 부여 땅인 사비泗沘로 옮겨갔다.

　웅진이 2명의 왕이 피살되는 불행을 보여주는 곳이 되자 나라가 혼란해져 백제의 왕족이나 귀족들은 다른 나라로 망명해 가는 일이 많았다. 목협만치도 그런 사람의 한 사람이었다.

야사野史에 의하면 목협만치는 성이 목씨인 것으로 그의 족친들 세거지는 현 충남 천원군 목천면의 흑성산黑城山 지역이었다. 백제의 왕권 싸움에 휘말려 삼족三族이 멸하는 지경에 이르렀을 때 검술에 뛰어났던 그는 피해서 망명길에 올라 일본으로 건너갔다.

그가 망명국에서 정착한 곳은 소가(そが)라는 곳이었다. 일본말로 소가는 한자로 曾我(증아)이다. 오늘날 그곳은 일본의 나량현奈良縣 강원시 橿原市에 있는 하천의 중류지역이다. 그 하천은 일명 백제천百濟川이라고도 불렀다.

목만치는 그곳에 도착해서는 목木이란 성을 바꾸었는데 정착한 지명과 같은 발음인 소가로 성을 삼았다. 그러나 한자로 표기하는 것에 글자 한 자가 달랐다. 소そ라는 曾자 대신에 蘇자의 글자를 썼다. 그러니까 목木의 성을 바꾸어 蘇我(소아 : そが)라는 두 글자의 성으로 삼았던 것이다.

목만치의 손자는 마자숙니馬子宿禰인데 일본 최초의 사찰인 법륭사法隆寺를 세우게 한 장본인이다. 법륭사는 후에 이름을 바꾸어 비조사飛鳥寺라 하였다. 비조는 일본말로 아스카라 한다. 이 아스카의 사찰은 바로 목만치의 후손들 사찰로 알려졌다. 사찰은 현재 일본의 아스카시(비조시 : 飛鳥市)에 고스란히 남아 있다.

법륭사가 세워지고 백제에서 부처님 사리가 건너와 봉안될 때 당시 많은 고관대작들이 백제식 옷을 입고 참배하였다는 기록이 있다.

담징曇徵이라 하면 고구려의 승려로 일본에 가서 법륭사의 금당벽화(관음보살)를 그린 것으로 유명하다.

일본에서는 국보 제1호로 보존되어 오다가 1949년 1월에 화재가 나서 소실되었는데 1935년에 촬영한 사진이 있어 그 모습을 볼 수 있는 것이다. 법륭사와 유관한 유물들은 일본 아스카飛鳥문화의 대표로 꼽고 있다.

일본의 고대 황실에서 성덕태자聖德太子라고 하는 사람이 있었다. 이 태자가 소가[蘇我]의 성씨계 사람인데 그는 서기 593년 4월에 일본 오사카大阪에 사천왕사四天王寺를 세웠다. 지금도 성덕태자의 사천왕사를 기리는 행사가 오사카 시민에 의해 보여주고 있는데 성덕태자는 백제의 아좌阿佐를 스승으로 모신 적이 있었고, 스승이 자기의 화상畵像을 그려 준 것이 유명한 그림으로 보존되고 있는 것이다. 아좌는 백제의 왕자였다. 서기 579년에 일본으로 간 것이다.

목만치가 창씨創氏한 소가 성씨는 일본 황실에서 대신大臣이 되기도 하였다. 오늘날 일본의 소가 성씨들이라면 그의 후손이 되는 셈이다.

조선시대 편찬된《동국여지승람東國輿地勝覽》을 보면 고려 태조 왕건이 나라를 세우고 나서 목천지방 사람들이 자주 반란을 일으키자, 그들을 미워하여 우牛·마馬·상象·돈豚·장獐이란 짐승 이름의 뜻을 가진 글자로 성을 삼게 하였다는 일화가 있다. 이런 예로 볼 때 목천 사람들은 일찍부터 반골이 강했던 것이 아닌가 한다.

목씨木氏 성을 가진 사람은 고려는 물론 조선에서도 볼 수 없었다. 백제가 망하자 이미 그들 성씨들은 목만치처럼 개성改姓을 하여 사라진 게 아닌가 한다.

북한산은 산 이름이 아니다

서울의 도봉산과 이웃하고 있는 북한산은 서울의 진산鎭山인데, 이 진산의 이름이 잘못되었다는 말이 이미 오래전부터 있어왔던 것이다.

진산이라 하면 그 지역에서 대표되는 산을 일컬은 것으로 현 서울의 진산인 북한산은 본래의 이름이 아니었다. 누구에 의해 변질된 이름이었던 것이다.

그러면 언제부터 북한산이라 불려지게 되었는가. 이에 대해서는 일제 강점기때 어떤 관리 또는 어떤 학자가 잘못 말을 한 데서 나타났던 것이라 한다.

사실 잘못된 서울의 진산 이름이었다면 왜 여태 바로 잡지않고 있는가 하는 말을 듣게 된다. 잘못된 산 이름이란 사실은 선대에서 기록하여 놓은 자료들을 살펴보면 알게 된다.

《삼국사기》와 《고려사》의 〈지리지地理志〉, 그리고 《세종실록》 지리지에서 기록들을 보게 되는데 《삼국사기》에서는 다음과 같은 기사가 있다. 이 기사에서 북한산은 산 명칭이 아니고 지명이었음을 알 수 있다.

"한양군漢陽郡은 원래 고구려의 북한산군北漢山郡을 진흥왕이 주州로 삼아 군주郡主를 두었고, 경덕왕景德王이 한양군으로 이름을 바꾸었다."

〈대동여지도〉에서 보는 북한산 본래 이름 삼각산. 현 정릉쪽 지능선의 봉우리 보현봉(보현봉)과 북한산성. 사찰과 암자 등의 이름도 눈에 띈다.

그리고 《고려사》는 "남경유수관양주南京留守館楊洲는 원래 고구려의 북한산군北漢山郡인데 백제의 근초고왕近肖古王이 빼앗아서 25년(370)에 남한산南漢山으로부터 이곳으로 수도를 옮겼다. 개로왕蓋鹵王 20년(474)에 고구려의 자비왕慈悲王이 군사를 거느리고 와서 한성漢城을 포위하므로 개로왕이 성을 벗어나 달아나다가 고구려 군사에게 살해당했으며, 이해 개로왕의 아들 문주왕文周王이 수도를 웅진熊津으로 옮겼다."[2]

그후 신라 진흥왕眞興王 15년(554)에 북한산성北漢山城에 이르러 국경을 정하고 군주郡主를 두었으며, 경덕왕 14년(755)에 개편하여 한양군漢陽郡으로 만들었다는 기사가 있다. 이 두 기사에서 북한산이란 말은

---

[2] 고구려의 자비왕이란 것은 잘못된 기록이다. 자비왕은 신라의 왕이고 고구려는 이때 장수왕(長壽王) 재위 때이다.《고려사》는 잘못 기록한 것이다.

진흥왕의 북한산 순수비

산 이름이 아니고 고을이란 명칭이었다는 것을 쉽게 알 수 있다.

양주는 현 북한산과 인접한 양주군 지역이다. 당시는 양주지역이 한강을 끼고 한양의 진산을 포함하고 있었던 것이다. 그 지역은 유수留守라는 벼슬아치를 두었고 유수는 수도권을 지키는 지역의 책임자 자리에 있는 정3품의 벼슬이었다. 남경南京은 고려 때 한양을 남경이라 칭했다.

고려가 수도 송도 아래 남경을 둔 것은 문종(1045~1083) 때이다. 조선시대의 《세종실록》지리지를 자료로 하여 편찬된《동국여지승람》은 성종 17년(1486)에 편찬된 것으로 이것을 훗날 다시 증보增補하는 작업도 있었는데 연산군과 중종 때 있은 것으로 이 증보판은 현 북한산을 삼각산三角山이라 기록하였다.

고산자 김정호古山子 金正浩의 대동여지도에도 북한산이 아닌 삼각산으로 표기해 두었다.

진흥왕이 고구려의 북한산군을 점령하고 순수비를 현 북한산의 서쪽 능선에 세웠다고 하여 삼각산을 북한산이라 지칭하였는지 모르지만, 진흥왕은 분명히 고구려의 북한산군이라는 고을을 점령하고 그 고을과 경계가 되는 산에다 경계비를 세운 것뿐이었다. 후세 학자들이 산山이란 글자가 있어서 지역(고을) 이름을 가지고 산으로 오해하여 삼각산을 북한산이라 말하며 기록을 했다고 할 것이다. 북한산성北漢山城이 산 쪽에 있는 것을 가지고 마치 그 산이 북한산이어서 북한산성이란 말이 생긴 것이라고도 하는데 사실은 산에 산성이 있어서 북한산성이라 한 것이 아니고 지명에서 그 이름이 붙여졌던 것이다.

어느 지역이나 지명 그 자체에 산山이 붙은 게 많았다. 지금도 마찬가지로 그런 지명이 많은 것이다. 예로 문산汶山, 안산安山, 선산善山, 금산錦山, 예산禮山, 논산論山, 경산慶山 등등 무수히 많다. 산이라는 글자가 있다고 하여 산 이름으로만 볼 수 없는 것이다.

서울을 한양이라고 하면 조선시대 중국을 대국大國으로 부르는 사대사상事大思想을 가진 사람들이 만든 수도명칭이라고 말하는 사람들도 있는데 이런 사람들은 한반도의 역사를 잘 모르는 데서 나온 것이다. 지금의 서울지역은 한산漢山, 북한산北漢山, 한양漢陽, 남평양南平壤, 양주楊州, 광릉廣陵이란 명칭도 있었던 것이다.

이런 명칭들은 한강의 북쪽지역에 있었던 것이고, 한강 남쪽지역에는 남한산南漢山이란 지명이 있었다. 남한산성이 있는 산을 남한산이라 하는데 이곳의 산 이름도 실은 일장산日長山이 원 이름이고 남한산은 고을 명칭이었다.

한강 북쪽지역이 고구려의 땅이었을 때 북한산군이라 하였고 신라의 땅이었을 때는 북한산주라 하였던 지명이었음을 선대先代의 기록에서 보는 것으로 지금의 북한산은 삼각산 명칭이 옳다.

당나라를 토사구팽하다

삼국시대에 작은 나라인 신라가 큰 나라이었던 백제와 고구려를 멸하고 세 나라를 하나로 만드는 삼국통일의 위업을 보였다. 어떻게 해서 그렇게 되었는가 하는 것에는 중국의 큰 나라였던 당唐나라와 연합하여 이를테면 나당군사동맹羅唐軍事同盟으로 싸웠기 때문이라 대개 말들을 한다.

이런 말들에서 다소 구체적인 설명이 들어가면 비록 당나라의 힘을 빌려 백제와 고구려를 멸하였어도, 당나라의 군사를 백제 땅이나 고구려의 땅에 진주시키는 일을 막지 않았으면 비록 싸움에 이겼어도 삼국통일이란 대업을 볼 수는 없었다는 말을 하게 된다.

당나라는 백제를 패망시키고 나서 백제의 웅진熊津에다 도독都督을 두어 직접 통치하려 하였다. 이를테면 식민지화하려는 행태를 보였다. 그것은 백제의 왕족과 귀족들을 포로로 본국으로 데려간 후 그중에 왕족인 부여융夫餘隆을 내세워 웅진도독으로 삼은데 있는 것이다.

백제를 멸하고 다시 백제의 왕족을 도독의 자리에 앉힐 때는 당나라의 속지屬地로 두려는 속셈이었던 것은 사실이다. 당나라는 내륙의 인접도 아닌 바다 건너 먼 나라를 직접 다스리는 것은 쉽지 않았다. 그래서 백제인을 내세워 신라의 영토가 되는 것을 막은 것이다.

《삼국사기》의 신라 문무왕文武王편에 다음과 같은 내용들이 있다.

"비열성卑列城은 본래 신라의 땅인데 고구려가 쳐서 빼앗은 지 30여 년 만에 신라가 도로 이 성을 찾아서 백성들이 옮겨 살게 관리를 두어 지키게 하였는데 당나라는 이 성을 가져다가 도로 고구려에 주었다. 또 신라가 백제를 평정하기 시작하여 고구려를 평정할 때까지 충성을 다하고 힘을 바쳐 당나라를 저버리지 않았는데 무슨 죄가 있기에 하루아침에 신라를 버리는지 알 수 없다. 비록 이와 같은 억울한 일이 있었지마는 우리는 당나라에 반역할 마음은 없었다."

"당나라가 배를 수리하면서 겉으로는 왜국을 정벌하기 위해서라 하지만 실은 우리 신라를 치려한다 하는 소문이 나돌고 있어 백성들은 두려워하고 있다."

"당나라에 들어갔던 사신 김흠순金欽純 등이 돌아와서 전하기를, 장차 신라와 백제의 경계를 정하려고 하는데 지도에 의하여 백제의 옛 땅을 조사하여 죄다 돌려주게 한다고 하였다. 황하黃河가 아직 마르지 않았고 태산泰山이 아직 그대로 남아 있는데 불과 3~4년 동안에 한 번 주었다가 빼앗으니 신라 백성들이 모두 본래의 기대가 아니라고 실망하면서 말들 하기를, '신라와 백제는 여러 대를 두고 지독한 원수사이인데 지금에 백제의 경우를 본다면 따로 한 국가를 스스로 세우는 것으로 백 년 이후에는 우리 자손들이 반드시 그들에게 먹혀 없어지고 말 것이다."[3]고 하였다.

이상의 기록 내용에서 보면 백제와 고구려를 멸망시키고 나서 당나라의 태도가 어떠하였다는 것을 알 수 있는 것으로, 신라는 심지어 지난날에 빼앗긴 영토마저 도로 차지할 수 없는 지경에 있기도 하였던 것이다.

《삼국사기》에는 이런 내용도 있었다.

"당나라는 한 명의 사신이라도 보내서 사실 여부도 물어보지 않고 단번에 수만의 무리를 보내어 우리를 둘러엎겠다고 큰 배를 바다에 가득 차게 하고 작은 배를 강 어구에 잇달아 대서 백제의 웅진도독부를 독려하여 이곳 신라를 치려 하고 있는 것이다. 아아! 두 나라(백제, 고구려)가 평정되지 못할 때는 사냥개처럼 부려 먹더니 이제 와서는 들짐승이 없어지고 하여서 우리가 도리어 삶아 먹히는 꼴로 당하고 있구나."[4]

사냥개처럼 부려 먹다와 도리어 삶아 먹힌다는 말은 토사구팽兎死狗烹이란 말이다. 토사구팽의 뜻은 사냥개더러 토끼를 잡게 하고 잡은 후에는 개마저 잡아 삶아 먹는다는 것이다. 중국의 고대국가 한漢나라에서 나온 고사성어이다. 이 고사성어는 한나라를 세운 유방劉邦에 의해서

---

[3] 황하(黃河)와 태산(泰山)은 중국에 있는 산을 말함.
[4] 사냥개처럼 부려먹다는 것은 백제·고구려를 멸하기 전에 신라로 하여금 두 나라와 싸우게 한 것을 말함. 들짐승은 백제와 고구려를 가리킨 것임.

지략가 한신韓信이 배신당한 데서 한신의 입에서 나온 말이다.

한신은 지략으로 천하를 통일하게끔 유방을 도와주었다. 도움을 받은 유방이 그를 잡아 포박을 하였을 때 한신은 탄식하며, '토끼사냥이 끝나면 사냥개를 잡아먹고, 하늘을 나는 새가 없어지면 활을 창고에 처박아 놓으며, 적국을 함락시킨 후에는 공신들을 처치한다는 말이 과연 맞긴 맞습니다. 천하가 평정되었으니 나 같은 자를 잡아먹는 것입니까?'라고 유방에게 말한 것이다.

당나라는 신라에 약 주고 병 주고 한 행동을 보인 것이다.

당나라는 일찍부터 신라와 동맹관계를 갖고 있었다. 신라인이 많이 당나라에 유학가고 거기서 거주하기도 하였다. 백제도 그러하였지만 백제는 강성해지고 나서는 당나라와 소원하였고 고구려와 오히려 가깝게 지냈다. 여기에서 신라는 고구려와 백제 두 나라에 의하여 영토가 침식당하고 항시 침략의 위협을 받았다. 그래서 멀리 당나라에 도움을 청하는 일이 많았고 종주국으로 당나라를 섬기는 모습을 보였다.

예나 지금이나 자주국방이란 것은 한낱 허상에 불과한 것이었다. 고대 중국대륙에 있었던 그 많은 국가들도 혼자 힘으로 나라를 지탱하는 일은 드물었다. 동맹국을 둬 국가유지를 하였다.

당나라는 삼국통일이라는 대업의 길을 닦은 신라의 태종무열왕이 백제를 멸하고 죽자 왕위계승에서 무열왕의 둘째아들 김인문金仁問을 왕위에 오르게 하려 하였다. 그 이유는 김인문이 당나라 황실에서 오랫동안 숙위宿衛를 하였고 당나라 황제 고종으로부터 큰 벼슬도 제수받았던 일도 있고 하였을 뿐만 아니라, 당나라 군사가 신라의 원군으로 왔을 때 총사령관 소정방蘇定方 다음의 부사령관으로 왔고 하여 신라왕실에서 어느 누구보다 당나라 조정과는 친밀한 데가 있었기 때문이다.

그렇지만 신라 조정에서는 무열왕이 승하한 후 이미 태자가 되었던 문무왕을 왕위에 오르게 하는데 한 치도 양보가 없었다. 왕위에 오른 문무왕은 고구려 공격을 직접 지휘하였고 자신의 재위에서 결국 고구려를 패망시키는 통일의 대업을 본 것이다.

문무왕은 백제와 싸울 때는 장군으로 참가하여 공을 세웠다. 왕위에 오르고 나서는 재위 중에 당나라가 백제의 땅 웅진에 도독부를 설치하고 고구려의 땅에 안동도독부安東都督府를 설치하는 것을 반대하였다.

《삼국사기》의 〈신라〉편에 문무왕 14년의 기사를 보면 다음과 같은 내용이 있는 것을 본다. 당나라의 황제가 노해서 한 말의 내용을 담은 기사이다.

"문무왕이 고구려 유민들을 받아들이고 백제의 옛 땅을 차지하고 하니 당나라 고종은 크게 노하여 조서를 보내 신라왕의 관작官爵을 삭탈하고 대신에 왕의 아우 김인문을 신라왕으로 삼아 다스리게 하리라 하였다."

관작은 당나라 황제가 내려주는 자기 나라의 벼슬을 말한 것이다. 당시 그들은 상국上國이라 하여 속국 같은 나라의 왕에게도 짐짓 벼슬을 내려 주었다.

문무왕은 당나라의 도움을 받아 백제를 멸하고 고구려를 멸하였어도 당나라의 도독부가 설치되는 것을 반대하여 백제 유민은 물론 고구려의 유민까지 포용하며 오히려 그들로 하여금 당나라 군사가 백제의 고토와 고구려의 고토에 주둔하지 못하게 그들 유민들 스스로가 공격을 하게 하였다. 그 예의 하나가 신라는 고구려의 귀족 안승安勝을 고구려 왕으로 봉하고 고구려 옛 지역을 다스리게 한 것이다.

《삼국사기》의 기록에서 당나라 군사와 신라의 군사가 군사요충을 차지하려는 충돌이 빈번하게 있던 기록을 보게 된다. 그것은 망한 나라의 영토를 차지하려는 두 나라의 싸움이기도 하였다. 이 싸움에서 당나라 군사의 주된 장수들은 유인궤劉仁軌와 설인귀薛仁貴였다.

당나라 군사는 말갈족과 거란족의 군사를 함께 동원하여 신라 군사와 대적하였다. 역사를 들여다보면 아무리 밀접한 동맹국이었다 하여도 이해가 상충하면 동맹국이 적이 되는 수가 비일비재하다.

웅진도독부의 부여융과 백제유민은 당나라를 업고 백제 부흥을 획책하였지만 신라의 부단한 방해로 결국 당나라로 망명하는 것으로 끝냈다. 그후 웅진도독부는 신라의 영토로 완전히 편입되고 통치하에 들어갔다.

당나라 군사가 한반도에서 물러간 것은 문무왕이 마치 중국 한나라의 유방과 같은 토사구팽의 지혜를 보였던데 있었다고 할 것이다.

중국은 일본의 종주국이다

일본의 고대사를 보면 중국보다 자기네가 대국大國이고 종주국宗主國이라고 은근히 나타내고 있다. 종주국이라 하면 종속되어 있는 여러 나라, 즉 제후국을 거느린 으뜸의 나라라는 것이다.

'아주 오랜 옛날에 신인神人이 칼 한 자루, 옥새 하나, 거울 하나를 가지고 일향주日向州에 내려와서 스스로 천황天皇이 되었는데, 그는 신무천황神武天皇으로 중국 주周나라 유왕幽王과 같은 때였다.' 하는 기사를 그들 일본의 고대사에서 보여주고 있으며 또한 다음과 같은 내용도 기록해 둔 것이다.

'해 뜨는 곳의 천자는 국서國書를 해 지는 곳의 천자에게 보낸다.' 하는 내용이다. 이것은 종주국이 제후국에 내리는 교서인 것으로 중국 수隋나라에 보냈다는 그들의 역사서에서 보는 기록인 것이다.

유왕과 같은 때라 하면 2천7백수십년 전이다. 옛 중국에서 춘추시대가 시작되는 시기이다. 일본의 천황 등장은 이때부터라 하는 일본의 역사인 것이다. 석가모니, 공자의 탄생보다 2백 년 앞서 천황이 있었다는 얘기이다.

중국의 수나라는 고구려와 여러 차례 싸우고 했던 당시 강대국이었다. 고구려에 패배를 당하기도 했던 나라였지만 중국 중원천지를 장악하고 있었던 대국이었다. 그런 나라의 황제와 같은 위치에서 마치 대국처럼 대국의 수나라에 그 같은 국서를 보내고 하였다면 중국측 학자들은 고소를 금치 못 한다.

일본日本이라는 나라 이름이 생긴 것은 중국 당唐나라 함형咸亨 초년(670)이라고 조선 숙종 때 관리였던 신유한申維翰이 1719년(숙종 45)에 일본에 갔을 때 쓴 해유록海遊錄이란 일기에서 본다.

당나라 때라면 신라가 고구려를 멸하고 고구려 왕족인 안승安勝을 고구려의 왕으로 추대한 무렵이다. 그러니까 일본국의 실제 역사는 한반도의 삼국시대 이후인 것이다. 일본이란 나라 이름이 생기기 전에 우리 조상의 문헌에서는 왜국倭國이란 나라 이름만 썼다. 그리고 일본인을 왜인倭人이라 불렀다.

신유한의 해유록에는 다음과 같은 내용도 있다.

"명明나라 태조가 조질趙秩을 보내 일본의 왕 양회良懷를 효유曉諭하여 표表를 올려 신臣이라 일컫게 하였다. 성조成祖는 조거임趙居任을 보내서 일본 왕에게 관복冠服을 주고 10년에 한 번씩 조공을 하게 하였다. 또 도어사都御使 유사길兪士吉에게 명하여 인장印章을 주고 일본 국왕으로 봉하였으며……" 하는 내용이 있다.

이 내용이면 오히려 일본은 중국 명明 나라의 제후국으로 등장하였다는 것이다. 제후국이면 천자니 천황이니 하는 칭호를 쓸 수가 없다. 왕이란 칭호밖에 갖지 못한다. 그런데 일본은 천황이란 호칭을 사용하였다.

대마도 도주島主가 조선에 조공을 하여왔다. 그것도 계속하다시피 했다는 기록을 많이 본다. 조공이라면 종속국이란 입장을 보인 것이다. 대마도 도주가 조공을 계속하여 왔다면 일본이 그 같은 종속국이었다면 대마도는 일본의 땅이 아니었다는 말이 된다.

대마도가 일본의 섬이고 영토였다면 일본 천황이 있는데서 종주국 행세하는 그들이 천황의 허락도 없이 대마도 도주가 조선에 굽실대며 조공을 할 턱이 있나 하는 것이다.

조선 중기 성현成俔의 수필집에 용재총화慵齋叢話가 있다. 이 저서에 사화史話, 시화詩話, 서화書話, 인물평人物評 등 다양한 종류의 내용이 들어있는데 다음과 같은 대마도에 관한 글이 있다.

"대마도의 토지는 돌이 많고 흙이 적어 오곡이 자라지 못한다. 다만 구맥瞿麥 밖에 심을 수 없어 사람들은 칡뿌리와 고사리를 캐서 먹는다. 도주도 역시 삼포三浦에서 조선의 세금(양곡)을 받아먹고 살았으며 그곳에 사는 사람들 중에 우리나라에 와 벼슬을 받아 간 사람도 있는데 호군(護軍 : 무관벼슬, 주로 경호에 종사)이 된 사람들이다. 그들은 해마다 한 번씩 조회를 받았는데 그 수가 무려 배로 50여 척이나 되었다. 오기만 하면 그들은 몇 달씩 묵고 양료(養料 : 양곡을 급료로 받는 것)를 받아 처자식을 먹이고 하여 경상도 아래쪽 지방은 미곡이 태반이나 왜인에게 나갔다."

이 내용에서도 알 수 있듯이 대마도 사람들은 조선의 속국인 대접을 받았던 것이다.

삼포三浦는 세종임금 때 왜인의 왕래를 허가한 세 포구浦口를 말한다. 세 포구는 동래의 부산포釜山浦, 울산의 염포鹽浦, 웅천熊川의 내이포乃而浦이다. 이 세 포구에 왜선倭船들이 들어오게 허가하고 교역의 장소로 만들어 주었다. 만들어 주었지만 그들은 조선 조정의 취지는 무시하고 눌러앉아 거주 지역으로 삼아 돌아갈 생각을 아니한 왜인이 많았다.

이 때문에 삼포지역은 왜인들 수가 늘어났다. 그래서 귀화인도 아닌 그들 인구수가 많아져서 조정에서는 불안해하였고, 따라서 왜인들의 거류자 수를 제한하는 등 통제를 하였다. 중종 임금이 즉위하고서는 좀 더 통제를 하였는데 여기서 그들 왜인들은 폭동을 일으켰다. 그 폭동을 후에 삼포왜란三浦倭亂이라 한 것으로 중종 5년(1510)에 일어난 사건이었다.

조선은 개국하자 대마도 정벌을 단행했다. 그 이유는 고려 때에도 대마도의 왜인들에 의해 해안지방이 피해를 입는 일이 많았기 때문이다. 조선은 개국 초부터 백성들이나 영토 안전에 힘을 썼다.

왜인들은 풍해도(황해도)까지 올라와 노략질하는 일까지 있었다. 태조실록에 보면, '태조 5년(1396) 2월 신축일에 풍해도 도관찰사 송문중宋文中이 왜적의 배 1척을 붙잡았으며 왜적의 목을 벤 것을 바쳤다. 그래서 대장군 김점金漸을 보내 술과 비단을 주었다.' 하는 기록이 있는 것이다. 대마도의 왜인들 행패와 침범이 한반도에서 광범위했다는 것을 알 수 있는 대목이다.

　조선의 대마도 정벌이라 하면 이종무李從茂를 주로 생각한다. 이종무는 세종 1년(1419)에 대마도를 정벌했다. 정벌을 하였으면 당연히 조선 땅이 된다. 그러나 조선에서는 영토 편입보다 그들로 하여금 노략질하지 않겠다는 다짐을 받고 신뢰와 화해에만 무게를 두고 땅 자체는 방치했다. 물론 척박한 땅이고 하여 굳이 내 땅으로 만들 필요가 뭐 있겠냐 하여 방치한 것이다.

　이러한 처지에 있던 일본이 물론 고대사 이야기라 하지만 중국보다 대국 행세를 하며 일향주日向州 운운하는 달로 중국의 황제를 천황 아래 있던 것으로 기술하였다는 것은 지나친 왜곡의 역사라 할 것이다.

제2부

고려시대

―

달은 명월인데

재상들은 밝지가 못하구나

고려국 이름 유래는 이렇다.

고려라는 나라 이름은 원래 궁예가 사용한 것이다. 궁예는 신라의 왕족으로서 신라를 배반하고 난을 일으켜 옛날 신라에 망한 고구려를 재건한다는 이유를 내세워 구句자 한 자를 뺀 명칭인 고려로 나라의 이름을 정했다.

궁예가 먼저 고려라는 나라 이름을 사용하였다는 것은 일연선사一然禪師가 쓴《삼국유사》의 〈왕력편王歷篇〉에서 볼 수 있다.

〈왕력편〉은 중국, 신라, 고구려, 백제, 가락의 왕 이름과 함께 내력을 간단하게 기록한 것으로《삼국유사》의 권 제1편에 있는 것이다.

〈궁예편〉에는 고려라고 표기한 나라 이름과 함께 다음과 같은 내용이 있다.

"대순大順 경술년庚戌年에 처음으로 북원北原의 도적 양길良吉)집단에 의탁해 있었다. 병진년丙辰年에 철원성鐵原城에 도읍을 정하고 정사년丁巳年에 송악군松岳郡으로 도읍을 옮겼다. 신유년辛酉年에 나라 이름을

고려라고 하였다. 갑자년甲子年에는 나라이름을 고쳐 마진摩震이라 하고 연호 짓기를 무태武泰라 하였다."¹

김부식金富軾이 찬술한《삼국사기》의 권卷 제31의 연표年表에서 고구려 항목란에 궁예의 행적을 적은 것을 보게 된다.

다음과 같은 내용이 있다.

"궁예는 신라인이다. 성은 김씨이고 아버지는 47대 헌안왕憲安王이다. 어머니는 헌안왕의 후궁이고 이름은 전해지지 않았다. 어떤 사람은 궁예가 48대 경문왕景文王 응렴(膺廉)의 아들이라고 하였다. 그가 5월 5일에 외가에서 태어났는데 그때 지붕에는 긴 무지개와 같은 흰빛이 하늘로 닿아 있었다. 천문을 보는 일관日官이 아뢰기를, '이 아이가 오일午日이 겹쳐진 날에 태어나면서 이빨이 있고 하였으며 이상한 빛이 서리고 하였음에 장차 이 나라에는 이롭지 못한 일이 있을 것 같으므로 양육하지 않음이 좋겠습니다.' 하였다. 이에 왕은 사자使者를 시켜 그 아이가 있는 집에 가서 죽여 없애라 했다. 사자는 포대기 속에 있는 아이를

---

1 · 대순(大順) : 중국 당나라 소종(昭宗)의 연호(年號)
  · 경술년(庚戌年) : 신라 진성왕 4년(890)
  · 북원(北原) : 현 강원도 원주지역에 있던 지명
  · 양길(良吉) : 삼국사기에는 梁吉(양길)로 표기했다. 북원지역에 세력을 갖고 있는 비적(匪賊)집단 우두머리
  · 병진년(丙辰年) : 신라 진성왕 10년(896)
  · 정사년(丁巳年) : 신라 효공왕 1년(897)
  · 송악군(松岳郡) : 현 개성지역
  · 신유년(辛酉季) : 신라 효공왕 5년(901)
  · 갑자년(甲子年) : 신라 효공왕 8년(904)
  · 마진(摩震) : 궁예가 세운 태봉국(泰封國)
  · 무태(武泰) : 궁예가 쓰던 연호(年號)

다락 아래로 던졌는데 젖 먹이던 종이 그 아이를 받다가 실수하여 손가락으로 아이의 눈을 다치게 하였다. 그래서 아이의 한쪽 눈은 멀었다. 종은 받은 아이를 안고 도망을 쳤다. 도망을 친 후 숨어 살며 그 아이를 양육하였다."

궁예가 한쪽 눈이 없는 것을 다 안다. 언제나 한쪽 눈을 가린 안대를 두르고 있는 것이다. 그가 장성해서는 중이 되었다. 중이 된 신분이었지만 신라에 대한 원한은 버리지 않고 언젠가 복수를 하겠다고 벼르고 있었다. 그는 각 지역에서 세력을 뻗치고 있던 반란군 세력들을 찾아다니며 함께 도모할 것을 획책하였다. 그러나 여의치 않았는데 마침 양길梁吉이라는 비적匪賊이 북원北原에서 크게 세력을 떨치고 있는 것을 알고 찾아가 의존하기를 청했다.

그가 의존을 청한 것은 수하의 장수가 되어 함께 신라군을 격파하는데 일익을 하겠다는 것이었다. 당시 신라는 조정이 문란하고 각 지역에 도적과 반란의 무리들이 날뛰고 있었다.

백제를 다시금 건국한다는 명목으로 후백제를 세운 견훤도 신라 사람이었다. 그는 백제의 옛 땅을 거의 차지하다시피 하여 세력이 컸다. 북원지역의 양길은 한때 견훤 휘하의 장수로 있었다.

궁예가 처음에는 후고구려국을 세웠으나 얼마 안가서 태봉국이란 다른 명칭의 나라 이름을 썼다.

궁예가 만약에 나라 이름을 바꾸지 않고 그대로 고려라고 사용하고 있었으면 왕건이 고려라는 나라 이름으로 건국을 하지는 않았을 것이다.

어느 왕조에서든지 다른 성씨의 왕조로 바뀌면 역성혁명易姓革命의 나라라 하여 필시 나라 이름을 다르게 하였던 것이다.

역성혁명은 성이 다른 사람이 기존 나라를 뒤엎고 새 왕조를 세운다는 옛 중국의 고사에서 나온 말이었다.

왕건은 당나라 왕실의 혈통이다?

왕건王建은 고려 태조를 말한다. 고려 태조 왕건은 중국 당나라 왕실의 혈통이란 말이 있다.

이 말에는 그의 조부가 당나라의 임금이었던 숙종 또는 선종이 낳은 자식이었다는 데서 나온 것이다.

고려 태조 왕건의 윗대 조상에서 조부 되는 작제건作帝建이라는 이름의 조상이 있다. 이 조부의 아버지가 사실 누군지는 밝혀진 바는 없이 왕건의 증조부가 되는 게 실은 외증조부였던 보육寶育이었다. 외증조부는 딸 둘이 있었는데 그중 둘째딸이 후에 중국 당나라의 왕이 된 숙종 또는 숙종의 3대 아래의 왕이었던 선종과 관계해서 바로 왕건의 조부(작제건)를 낳았다고 하는 기록이 있는 것이다. 당나라 선종과 관계해서 낳았다는 것은 고려 27대 충숙왕 때 재상인 민지閔漬의 편년강목編年綱目에서 보게 된다.

고려 태조 왕건의 윗대 조상에 관한《고려사》의 기록은 분명하지 않다. 단지 위의 아버지 용건龍健에 대한 기사만이 어느 정도 서술되어 있는 것이다.

　조선을 건국한 태조 이성계는 자신의 상계가 분명한 것으로 하여 왕실의 족보에 사실적인 기록을 남겼다. 후세의 역사가도 인정하고 있는 세보世譜인 것이다.

　그러한데 고려 태조의 상계는 《고려사》에 정식적으로 표기되고 남겨지는 바가 없이 단지 황당무계하다고 할 만큼 전설적인 면의 언급만, 그것도 조정의 사관史官이 아닌 어느 한 사람의 검증되지 않는 기록에서 알게 된 것이었다. 즉 고려 18대 임금 의종(1146~1170) 때 김관의金寬毅라는 신하가 저술한 편년통록編年通錄에서 고려 태조 왕건의 상계조상을 알게 한 것으로 여기서 중국 당나라의 혈통임을 보인 것이다.

　고려 초기의 인물 황주량黃周亮은 왕건에 관한 태조실록太祖實錄을 편찬하였다. 그는 3대 정종 때부터 8대 현종 때까지 관직에 있었고 고위직의 재상 자리에 있던 인물인데, 고려 태조로부터 7대 목종에 이르는 7대까지 왕의 사적史蹟을 편찬하였던 것이다.

　그런 그가 실록의 기록에서 태조(왕건)의 윗대 3대 조상에 관해서 상술하는 바 없이 오로지 3대를 추증追贈했다는 정도의 간략한 기사만 보였고, 김관의의 편년통록처럼 왕건의 상계를 3대 이상까지는 물론 그들 조상에 대해 자세히 설명한 바도 없었다. 추증은 왕의 호칭을 붙여준 것을 말한다.

　김관의의 편년통록은 왕건의 조부를 작제건作帝建이라 하고 그 조부

고려의 태조 왕건 영전

는 중국 당唐나라의 숙종이 임금이 되기 전에 바다 건너 한반도에 유람 왔다가 한 여인을 알게 되어 그 여인과 동침하여 생겨난 자식으로 기록한 것이다. 연대상으로 보면 통일신라시대였다. 이러한 김관의의 기록 내용이라면 고려 태조 왕건도 역시 중국 당나라의 왕족 피가 섞였다고 할 수 있다.

김관의의 편년통록에 담은 고려 태조의 선계先系를 보면 조부 작제건은 부인이 용녀龍女이고, 작제건은 보육寶育의 둘째딸인 진의辰義와 당나라의 숙종 사이에 태어난 것으로 되어있다. 그런데 보육은 작제건의 외조부였고 그 외조부 보육은 처음 이름이 손호술損乎述로 아버지가 강충康忠으로 기록되어 있었다. 강충의 둘째아들로 부인은 덕주德周이고, 그의 부인은 바로 보육의 형인 이제건伊帝健의 딸이라 하는 계보로 설명을 해 둔 것이었다.

이런 계보 설명에서는 근친혼 관계였음을 보는데 고려 왕실은 한동안 근친혼이 사실 있었던 것이어서 김관의의 근친관계 계보는 별문제가 되지 않았지만, 중국 당나라의 왕족과 혈연이 연계되고 있었다는 것에는 이해가 아니 가는 것으로, 후세의 학자들은 특히 고려 충숙왕조부터 공민왕조까지 5대의 왕을 모신 재상 이제현李齊賢이 비판의 글을 보였다.

조선시대 정인지鄭麟趾 외 여러 사관史官들이 편찬한 《고려사》 내용에서 이제현이 비판한 글의 내용을 수록한 것을 보는데 그 내용은 다음과 같다.

"김관의는 성골장군聖骨將軍 호경虎景이 아간阿干 강충康忠을 낳고 강충이 거사居士 보육을 낳았으니, 보육이 곧 국조(國祖: 고려태조 왕건의 조부라는 뜻) 원덕대왕元德大王이요, 보육이 딸을 낳아 당나라의 귀성(貴姓: 귀족의 성씨라는 뜻, 곧 당나라의 숙종을 칭한 것)에게 시집보내서 의조(懿祖: 왕건의 조부라고 하는 작제건을 말함)를 낳았으며, 의조는 세조(世祖: 왕건의 아버지인 용건을 말함)를 낳고, 세조는 태조(왕건)를 낳았다고 했다. 만일 김관의의 말대로 한다면 당나라의 귀성이라는 사람은 의조(작제건)에게 아버지요, 보육은 그 의조의 아버지에게 장인이 되는 것인데 도대체 무슨 이유로 이런 계보를 만들었는가?"

이제현은 또 다음과 같은 말로 비판한 게 있다.

"김관의는 또 말하기를 태조가 3대의 조상들을 추존하였는데 아버지를 세조 및 위무대왕으로, 어머니를 위숙왕후로, 증조모를 정화황후로, 증조모의 아버지인 보육을 국조國祖 원덕대왕元德大王으로 추존하였다고 한다. 김관의의 이러한 설은 증조부는 생략하고 증조모의 아버지를 추존해서 합하여 3대 조상들이라고 한 것인데 이것은 또한 무슨 이유인가?"

익제 이제현의 영정

고려 왕실의 계보를 기록했다는 왕대종족기王代宗族記란 게 있었다고 한다. 여기에 국조는 태조(왕건)의 증조부요, 정화왕후는 국조의 왕후라고 하였다.

성원록聖源錄이란 게 또한 있었다. 이 책 역시 고려 왕실의 세계를 기술해 놓은 것으로 여기에서는 보육을 성인聖人이라 하고 그를 원덕대왕의 외조부라고 기록해 두었다고 한다.

이 두 기록의 책은 현존하지 않고 고려중엽 이전에 있었던 것으로 이 내용을 김관의가 참고하여 자신의 편년통록을 찬술했다는 것이다. 그러니까 고려태조 왕건의 조부가 작제건이면 중국 당나라 왕실의 혈통이 섞여 있었다는 것이다.

이제현은 김관의의 기록은 잘못된 왕대종족기王代宗族記라 하며, 그 이유를 든 내용에서는, '원덕대왕은 당나라의 귀족 성씨의 아들로서 의조작제건의 아버지가 되며, 정화왕후는 보육의 외손부外孫婦로서 의조작제건의 어머니가 된다. 이런 관계를 미루어 보아 김관의가 쓴 태조의 윗대 세계는 옳지 않는 바로 잘못된 기록인 것이다.' 하였다.

이제현의 지적은 보육이 고려 태조의 외조부가 되는 것인데 어찌 고려국 태조의 국조國祖라 말할 수 있는가 하는 것이었다. 국조는 건국시조의 조부를 뜻하는 것이다.

조선시대 정인지의 《고려사》 찬술에서는 '고려왕실의 선대는 알 수가 없다.'고 하였다. 단지 태조의 즉위 2년에 윗대 조상 세 분을 왕이란 칭호로 추존했을 뿐이다 한 것이다.

고려는 지역차별을 두다

　대우 차원에서 차별이란 말이 있다. 이것은 감정적 문제가 들어 있는 것이다. 정권에서 차별이란 말이 있다면 대개가 대우 차원에서 나오는 말이다. 정권에서 공직의 한자리를 주거나 그렇지 않거나 하는 데서 차별이란 말을 쓰고 한다.

　여기에 지역이란 말을 붙이면 지역차별이란 말이 된다. 박정희 정권 때 이 지역차별이란 말이 많이 입에 오르내렸다. 그 이유에 대해서는 당시 정권을 경험한 사람들이면 잘 안다. 정권창출과 유지에 특정 지역에서는 협조를 해 주지 않았기 때문에 차별을 두었던 것이다.

　이 지역차별이란 것은 그때 나타난 일은 아니었다. 이미 오래전 고려 때부터 있었던 것이다. 고려를 세운 고려 태조 왕건이 지역차별을 계획적으로 두었다. 둔 이유에 대해서는 자신의 건국에 비협조적이었거나 방해를 받은 일이 있었기 때문이다.

　태조 왕건이 나라를 세운 뒤 어느 지역 사람들이 자주 반란을 일으키고 하여 신분상 불이익이 되는 처분을 내렸다는 기록이 있다. 그것은 당시 백성들한테는 가문의 표시로 또 비천인非賤人의 표시로 중요시하였던 성姓을 바꾸게 하였다는 내용이다. 그 내용은 《동국여지승람》에서 보는데 다음과 같은 내용이 있다.

"태조 왕건은, 목천木川지방 사람들이 반란을 자주 일으키자, 그들 반란자들을 증오하여 우于의 성을 우牛로, 상尙의 성을 상象으로, 돈頓의 성을 돼지란 뜻의 돈豚으로, 장張의 성을 노루란 뜻의 장獐으로 바꿔 쓰게 명령하였다."

그들이 갖고 있는 기존의 성을 바꾸게 하였다는 것을 성으로 쓰는 한자漢字에서 뜻을 보면 그 성의 글자 우牛는 소의 뜻이고, 상象은 코끼리의 뜻이고, 돈豚은 돼지의 뜻이고, 장獐은 노루라는 뜻이었던 것이다.

고려를 건국한 태조 왕건은 사실 그의 자손들에게 유훈遺訓으로 남긴 훈요십조訓要十條란 게 있었다. 10가지의 유훈遺訓은 한편 신서십조新書十條라 말하기도 했다.

훈요십조는 오늘날 우리가 보는 《고려사》와 《고려사절요》의 사서史書에도 기록되어 있는데 다음과 같은 내용이었다.

"차현車峴 이남의 공주公州강 바깥은 산과 강의 형세가 모두 반대 방향으로 뻗어있고 하여 그곳 사람들의 마음도 그와 같기도 하여 거기에 사는 고을 사람들이 만약에 나라 일에 참여하거나 왕후와 왕의 인척들과 혼인이라도 하여 혹시 정권을 잡게 되면 반란을 일으킬 것이다. 더러는 백제를 통합한 고려에 대하여 원한을 가지고 우리 왕실을 침범하

《고려사》 원본

는 난을 일으킬지도 모른다. 그뿐만 아니라 이 지방 사람들은 일찍이 관官의 노비로 또는 진津과 역驛의 잡척雜尺에 몸담고 있었던 자들이어서 세도 있는 자들에게 부탁하여 자기네 신분을 바꾸거나 왕후와 궁중 관리에게 아부하여 벼슬자리를 얻고 또 간교한 말로써 정치를 어지럽게 하는 짓을 보여 필시 나라에 환난을 가져오게 할 것이다. 그렇기 때문에 이 지방 사람들은 비록 양민일지라도 벼슬자리를 주어 나라 일에 참여시키는 일은 없도록 하라."

차현은 오늘날 차령車嶺이라 부르는 곳이다. 이 고개를 이룬 산줄기를 차령산맥이라 한다.

공주강은 오늘날 금강錦江을 말한다. 진津은 나루터이고 역의 잡척은 옛날 운송수단의 하나인 역마驛馬를 갈아타던 곳을 일컫는 것이다.

이 훈요십조는 10개의 조항이 있는데, 이 조항에서 앞서 적은 것이 여덟 번째 조항에 있는 내용인 것이다.

왜 이런 조항을 유훈으로 두었는가 하는 데서는 당시 고려가 풍수지리설과 도참설을 믿는 사상이 있어서 태조 왕건도 이런 설들을 실제 생활에 반영해 보는 바가 있었던 것으로 후손들에게도 유훈의 하나로 언급한 것이었다.

사실 고려 태조 왕건은 신라 말기의 고승 도선道詵의 풍수지리설에 영향 받은 바가 많았다.

고려 태조 왕건의 훈요십조는 재위 26년(943)에 졸할 무렵 작성된 것으로 신하 박술희朴述熙에게 건네줘 뒷날 알려졌다. 이를 후대 왕들이 필히 지킬 것을 당부하는 데서 열 가지 훈요마다 일일이 끝머리에 중심장지中心藏之의 네 글자를 써두기도 했다. 이 네 글자의 뜻은 '마음속에 다 간직하라.'하는 것이다.

태조 왕건의 유훈처럼 고려에서는 한동안 차령 이남의 주민들이 차별을 받는 바가 왕왕 나타났다. 이 차별에는 역향逆鄕이란 이유가 붙고 있었다.

역향은 나라에 반역을 하는 고장이란 뜻을 가진 말인 것이다.

왕건의 훈요십조는 후대 왕들이 필히 지킬 것을 당부한 것으로 내용에 따라 비단 왕들만이 아니라 조정에 몸담은 신하들도 그런 당부를 지키기도 했다. 당시 죄인을 다스리는 귀양지를 차령 이남 쪽에다 많이 둔 것이 바로 그 이유였다 볼 수 있었다.

《동국여지승람》에 각 고을마다 부곡部曲이란 지역표기가 있다. 예로 양량부곡陽良部曲이니 오정부곡烏丁部曲이니 하는 어느 한 지명地名에다 부곡部曲이란 말을 붙인 것이다.

이 부곡이 붙여져 있는 지명은 양민良民이 아닌 신분이 낮은 천민들과 노비 계층이 사는 곳의 지역 표기인 것이다. 역시 차별의 표시인 것으로 그곳의 주민들은 관官이나 사회의 활동에 제한을 받는 차별이 있었다.

부곡 이외에 향鄕, 소所란 표시의 말도 있다. 부곡이나 향·소는 공식적인 지방의 하급 행정구획의 표시였다. 이것은 신라시대부터 조선 초기까지 있던 것으로 천민계급이 집촌을 이룬 마을이었다.

부곡이란 말은 원래 고대 중국에 있던 것인데 그 뜻은 노예·노비를 지칭하였다. 이 말이 한반도에 들어와서는 백성들의 신분에 따라 모여 살게 하는 곳으로 하여 차별을 둔 행정구역의 표시였던 것이다.

양민의 행정구역은 군郡·현縣의 단위로 표시되었다. 그런데 이 단위의 행정구역이 더러 부곡표시로 격하되는 경우도 있었다. 그것은 조정에 반역하거나 역향逆鄕으로 지칭되었을 때 나라에서 강등시켜 부곡이란 지명을 붙여준 것이었다.

예로 큰 고을의 지명을 가졌던 밀성(밀양)군이 고려 충렬왕 때 군郡의 사람들이 고을 수령을 살해하여 반란을 일으키고 여기서 삼별초三別抄의 무리에 가담하였다는 이유로 귀화부곡歸化部曲이란 고을 명칭으로 격하시켜 이웃 계림(경주지역)에 귀속시킨 일이 있었다.

소는 나라에서 필요로 하는 광물 생산과 실, 종이, 도자기 등을 만드는 곳에 종사케 하던 죄인·천민의 집단 지역을 말하는 곳이었다. 향鄕은 부곡과 비슷한 행정구획이었다. 이런 곳에 거주하는 사람들은 대개 전쟁에서 포로가 된 자, 역모죄인들과 그들의 유족들, 특수 공산품을 위해 동원된 사람이었다.

고려는 전국에 걸쳐 부곡지역을 두었다. 나라의 운명에 관한 중대 범

죄가 어느 지역에 나타나면 그 지역은 차별을 받는 부곡으로 격하시켜 나갔다. 그런데 조선시대에 와서는 부곡지역은 자연히 감소되어 갔다. 그 이유는 인구가 늘어나고 하는데서 그들 천민이 아닌 사람들도 그 지역을 차지하는 경우가 있어서 따로 구역을 정하기보다 신분 자체에서만 차별을 두고 거주지는 따로 두는 것을 없애 나갔기 때문이다. 이에 따라 신분의 구별이 아닌 행정구획이 되어 갔던 것이다.

노비를 없앨 수 없다

노비라 하면 남자종과 여자종을 통칭한 말이다. 종은 남의 집에서 천한 일에 종사하는 사람을 일컫는 것이다. 노비를 두는 제도는 옛날 왕조국가에 있었던 것으로 알고 있다.

고려와 조선에서는 노비에 대한 법이 확연히 정해져 있었다. 옛 문헌에 보면 보다 훨씬 앞서 기자조선箕子朝鮮에서 종을 둔 제도가 있었다. 그것은 기자가 백성들을 위하여 만들었다는 팔조지금법八條之禁法에서 보게 되는 내용에서 알 수 있는 것이다. 팔조지금법은 일명 팔조지교八條之教라고도 하는데 여덟 가지 조목으로 된 가르침이다. 백성들이 지켜야 하는 조항으로 여기에, "도둑질한 남자는 도둑질한 그 집의 남자 종으로 삼고, 여자가 도둑질을 하였다면 그 여자는 그 집의 여자종으로 삼는다." 하는 내용이 있다.

기자는 사료史料에 의하면 고조선시대 전설적 인물로 기록되어 있다. 은殷나라의 성인으로 주周나라가 은나라를 패망시키자 동으로 도망하여 와서 조선의 왕이 되었다는 위인이다.

조선 14대 선조 때 이조판서吏曹判書를 지낸 이기李墍의 글에 다음과 같은 내용이 있다.

"우리나라에 공사천인公私賤人을 규정하는 법은 사실 성군聖君의 법이 아니다. 모두 같은 핏줄의 백성인데 억지로 종놈을 만들고 종놈으로 얽어매어 대대로 천한 계급이 되게 하고 사족士族에는 끼어들지 못하게 하였으니 참으로 안 된 노릇이다. 그러나 기자가 은나라의 세 성인 중 한 사람으로 중국에서 와 가지고 중국에도 없는 법을 만들었는데 그 이유가 없지는 않은 것이다. 대체로 우리 동방은 산세山勢가 굴곡지고 험준하며 인심과 습속習俗이 강직하고 편협하면서도 간교하고 교활한 데가 있어 명령을 잘 따르지 않아 제재하기가 어려워 풀 베듯 악을 제거할 수가 없었다. 그래서 간악한 도적과 훔치는 자들을 모아 집종으로 삼아 각기 선한 사람이 되게 교화가 필요했고 이로 인해 문을 닫지 않고 지내는 좋은 세상을 보게 하였다. 이리하여 동방에서 고칠 수 없는 빛나는 큰 관습이 되었는데 여기서 군신君臣의 도리가 나타났고 사람마다 위와 아래 사이에 분별을 알게 하였다."

이 내용은 노비제도의 당연성을 설명한 것이다.

고려는 한때 노비제도를 없앴다. 이것은 고려 태조 왕건이 다음과 같은 조서를 내린데 있었다.

"태봉왕(궁예)이 무도한 데다가 나라 사정이 흉년과 전염병이 겹쳐서 백성들이 몸을 팔고 자식을 팔아 다른 집의 노비가 되기까지 하였다. 이에 짐은 매우 불쌍히 여기는 바 각 지방의 관리들은 이런 실상을 빠짐없이 적어 보고하도록 할지어다."

이런 조서가 있은 후 조정에서는 천여 명이나 되는 보고가 올라 온 것을 보게 되고 따라서 포백布帛으로 그들의 몸값을 대신 치러주고 그들로 하여금 본래의 집으로 돌아가게 하였다. 포백은 베와 비단을 말한 것이다.

그런데 고려 6대 성종 때 와서는 종전의 노비를 도로 노비로 하는 법을 정하였다. 이유는 기존 노비가 본 주인을 경멸하고 상하의 질서를 무시하며 부도덕한 행태를 곧잘 보이곤 하였기 때문이었다.

고려 8대 현종 때 와서는 천민이 된 사람이 다시 양민이 되기를 호소하는 자를 오히려 매로 다스리고 얼굴에 글자를 새겨 노비의 주인에게 돌려보내는 일이 있었다.

고려 25대 충렬왕(1274~1308)은 공사노비를 양민으로 하는 것을 금하고 양민을 억압하여 천민으로 만드는 법을 정하고 양천良賤을 알 수 있는 문서가 없거나 사실이 아닌 것이 드러나면 엄하게 처벌하는 일이 있었다.

이러한 고려의 양민과 천민 관계의 법이 고려 초기부터 지속되어 온 것에 대하여 원나라에서는 고려의 노비제도를 비판하며 없앨 것을 권했다. 그러나 고려 조정은 다음과 같은 내용의 반론을 원나라에 보낸 일이 있었다.

"옛날 우리 시조가 후세에 전한 경계의 말씀이 있었는데, 내용인즉 천민들로 하여금 양민이 되는 것을 허용한다면 뒷날 그들은 벼슬길에 나와서 요직에 오르기도 하고 여기서 나라를 어지럽게 하는 일도 있을 것이며, 따라서 사직을 위태롭게 하기도 할 것입니다. 우리 고려의 법은 그자의 8대가 호적에서 천민의 계급과 관계된 기록이 없어야 벼슬길에 나설 수 있게 했습니다."

고려 말 공양왕은 노비제도에서 선대의 왕과 다른 시각을 보였다. 노비를 팔고 사는 행위를 금지했으며 노비가 비록 천한 신분이나 역시 하늘이 내린 백성이라 하였다. 그리고 물건처럼 취급하지 말라고 신하들에게 명령하였다.

조선을 세운 태조 이성계는 재위 원년에 이런 어명을 내렸다.

"전 왕조(고려) 말년에 전답과 노비의 법이 극히 문란하여지고 간사한 계교가 갖가지로 생겨 골육지간에도 서로 해치고 하여 풍속이 손상되었다. 그래서 매우 근심하였다. 무진년(戊辰年:1338) 위화도에서 회군回軍한 이후 곧 사유 전답을 개혁하여 민심이 안정되었는데 노비에 대한 것만은 아직껏 옛날 폐단 그대로 남아 있다. 홍무 25년(1392) 이전부터 노비가 양민이 되기를 호소하여 온 자는 그간 일을 시켜 부린 지가 오래되었으면 그전대로 천인으로 하고 일찍이 부린 일이 없이 억지로 천인을 만든 자는 양민이 되게 하라. 만일 명령을 어기는 자가 있으면 문권文券은 관청에서 몰수하여 불태우며 해당 관청으로 하여금 안팎으로 알려라."

문권은 땅이나 집 등의 권리를 양도하는 문서를 말하는데 여기서는

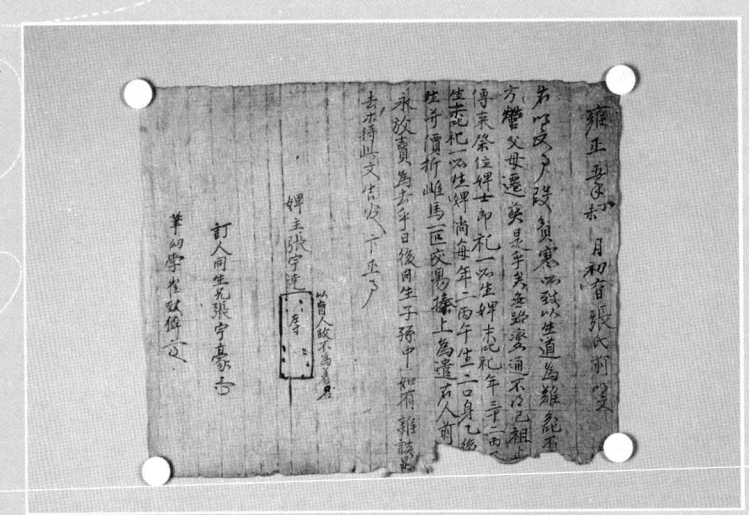

'노비매매문서'는 노비를 매매하면서 이를 증빙하기 위해 작성한 문기이다. 노비매매도 토지매매와 마찬가지로 관에 신고하여 입안을 받아야 하였으나, 조선후기에는 입안을 받지 않고 매매가 이루어지기도 하였다. 그러나 토지매매와는 비교되지 않을 정도로 입안 절차를 준수하여는데 그것은 노비들의 도망과 출산 및 사망 등으로 변동이 심해서 입안을 받아두어야만 후일 수유를 증빙할 수 있기 때문으로 추정된다.

노비에 관한 문서를 말한 것이다.

    태조 이성계는 오래된 기존 노비는 그대로 노비로 두되 노비의 신분으로 전락된 일이 오래되지 않았으면 그 사람은 노비의 신분을 벗어나서 양민이 되게 허락한다는 지시를 내린 것이다. 그러니까 노비를 두는 제도는 그대로 존속시킨다는 것이었다.

    노비에는 사족士族의 집안에서 대대로 부리고 오는 사적私的 노비라 하는 사노비私奴婢가 있고 중앙관청과 지방 고을인 주州, 군郡에서 부리는 노비를 공노비公奴婢라 하였다.

    이런 노비가 긴 세월을 거치면서 그 수가 불어나고 이에 따라 그들을 관리하고 다스려야 하는 관청도 설립되었다. 조선시대 장예원掌隷院이 그 관청이었던 것으로 여기에는 노비에 관한 문서와 노비에 관계된 송사문제를 다루었다.

    일찍이 윗대가 선비나 무인이 되지 못하고 천한 일에만 종사하여 후세도 마찬가지로 그런 신분에 처해져 선비 또는 무인의 집에 종속되기라도 한 신분에서 자연히 주인과 종이란 관계가 설정되어 노비란 존재가 등장하였다. 이런 노비의 신분은 군역軍役에도 종사시킬 수 없는 것이어서 노비의 수가 늘어나는 것은 나라에서 크게 근심하는 바가 되었다.

    노비의 수가 늘어난다고 하는 것에는 다음과 같은 규정이 있었기 때문이었다. 그 규정이란 노비의 신분으로 정하는 조건이었다.

    조선 효종 때 충청감사忠淸監使 이경억李慶億이 왕께 아뢴 말에서 알 수가 있다.

"아버지가 양민이고 어머니가 천민이면 어머니의 신분에 따르고, 어머니가 양민이고 아버지가 천민이면 아버지의 신분에 따르게 하였으니 이 때문에 낳은 자식들로 인해서 날로 천한 신분의 노비는 그 수가 늘어나고 양민은 수가 줄어들고 있습니다. 그래서 이제는 그 소생이 사내아이이면 양민인 아버지의 신분을 따르게 하여 양민이 되게 하고 계집아이면 양민인 어머니의 신분을 따르도록 하여 양민이 되도록 하소서."

이 말은 어느 한쪽이든 양민의 피가 섞이면 양민의 신분을 갖게 해야지 어느 한쪽은 천민의 피가 섞였다고 해서 천민의 신분으로 인정하면 천민 수만 늘어난다고 하는데 있었던 간언이었다.

당시 천민들은 군역 동원에는 제외되고 하여서 천인의 장정만 늘어나는 것은 우려하는 바가 되었다.

조선 선조 때 재상 유성룡柳成龍이 왕께 다음과 같은 내용의 간언을 한 것을 보게 된다.

"사가의 종이라고 하여 백성이 아니지 않습니다. 우리나라에는 사갓집 종이 날마다 수가 늘어나고 하는데 양민은 과중한 부역에 점점 소모되어 가고 있습니다. 지금 수천수백의 적을 방어할 계획을 하는데, 무식한 사대부 무리가 수명의 종을 아껴 거느려서 국가의 대계를 무너뜨리려 하고 있습니다."

이 말이 나온 것은 사가의 종들을 군역에 동원시키지 않고 사사로이 가사와 농사에만 부리고 있어서 나온 것이다.

고려 왕건은 29명의 비妃를 두다

역대 제왕 가운데 후비后妃를 제일 많이 두었던 왕이 누군가 하면 고려를 건국한 왕건王建을 손꼽는다.

후비라 하면 왕의 정비正妃와 후궁後宮을 통틀어 일컫는다. 옛 왕국에서는 왕이 첫째 부인이 있는 데도 둘째, 셋째 등 여러 부인을 두는 것을 관례로 하였다. 이 관례는 왕의 자손들이 많아지는 것을 바라는데 있었다. 왕의 자손들이 많고 보면 왕조가 그만큼 튼튼해진다는 관념을 갖고 있었기 때문이다. 당시의 왕조국가는 나라를 세운 건국의 시조와 그 후손에 의해서 계속 왕조가 이어지는 것을 소원하고 있었다.

고구려, 백제, 신라의 왕들에게도 분명히 정비가 아닌 후궁도 있었을 것이다. 그런데 《삼국사기》나 다른 여러 문헌들을 보면 고려나 조선의 왕처럼 몇 명씩 두었다는 기록은 없다.

고려 태조 왕건은 자그마치 29명의 후비를 두었다. 고려의 역대 왕들은 물론 조선의 역대 왕들에게도 후비를 한두 명이 아닌 적잖은 수의 후비를 둔 왕도 있었지만 그토록 고려의 태조처럼 스무 명이나 넘는 비를 둔 것을 볼 수 없다.

고려 태조 왕건의 후비들을 적어 보면 다음과 같다.

① 신혜왕후神惠王后 유씨柳氏,

② 장화왕후莊和王后 오씨吳氏,

③ 신명순성왕후神明順成王后 유씨劉氏,

④ 신정왕태후神靜王太后 황보씨皇甫氏,

⑤ 신성왕후神成王后 김씨金氏,

⑥ 정덕왕후貞德王后 유씨柳氏,

⑦ 헌목대부인獻穆大夫人 평씨平氏,

⑧ 정목부인貞穆夫人 왕씨王氏,

⑨ 동양원부인東陽院夫人 유씨庾氏,

⑩ 숙목부인肅穆夫人 (성씨 미상),

⑪ 천안부원부인天安府院夫人 임씨林氏,

⑫ 흥복원부인興福院夫人 홍씨洪氏,

⑬ 대량원부인大良院夫人 이씨李氏,

⑭ 대명주원부인大溟州院夫人 황씨黃氏,

⑮ 광주원부인廣州院夫人 왕씨王氏, 소광주원부인小廣州院夫人 왕씨王氏, 동산원부인東山院夫人 박씨朴氏, 예화부인禮和夫人 왕씨王氏, 대서원부인大西院夫人 김씨金氏, 소서원부인小西院夫人 김씨金氏, 서

전원부인西殿院夫人(성씨 미상), 신주원부인信州院夫人 강씨康氏, 월화원부인月華院夫人(성씨 미상), 소황주원부인小黃州院夫人(성씨 미상), 신무부인信茂夫人 박씨朴氏, 의성부원부인義城府院夫人 홍씨洪氏, 월경원부인月鏡院夫人 박씨朴氏, 몽량원부인夢良院夫人 박씨朴氏, 해량원부인海良院夫人(성씨 미상).[2]

이상의 29명 후비 중에서 어떤 후비는 그냥 왕후로 표기되어 있고, 어떤 후비는 왕태후라고 표기하였고, 또 대부인, 부인으로 표기한 후비가 있다. 모두가 같은 후비인데 칭호에서 다른 표기로 되어 있는 것으로 후비 사후에 붙이는 시호諡號 어떤 이유에서 차이를 둔데 있었다.

《고려사》 후비열전后妃列傳에서 네 번째 후비인 신정왕태후편에 이런 기록이 있다.

"신정왕태후 황보씨는 황주사람이니 태위삼중대광충의공太尉三重大匡忠義公 황보제공皇甫悌恭의 딸이다. 대종戴宗과 대목왕후大穆王后를 낳았다. 처음에는 명복궁대부인明福宮大夫人으로 봉封하였으며 성종 2년 7월에 죽었다. 성종은 일찍이 선의태후宣義太后를 여의고 후后의 품에서 장성하였으므로 그가 죽었을 때 애통하였으며 예의를 극진히 갖추어 백관百官을 데리고 빈전殯殿으로 가서 시호를 신정왕태후라고 올렸다." 하는 것이다.

---

[2] 성씨 미상은 역사서에 기록이 없다는 것임.

빈전은 왕비가 거처하는 곳의 용어이다.

이 내용을 보면 후비의 사후에 어떤 이유로 시호에 차이를 둔다는 것을 알 수 있는 것이다.

고려의 왕비 호칭에서 왕의 어머니를 왕태후王太后라 부르며 본처를 왕후, 첩을 부인이라 불렀다. 이런 호칭에서 사후의 시호에서는 부인이란 호칭에서 높여 왕태후라 부르기도 하였던 것이다.

태위삼중대광충의공은 태위라는 관직官職과 삼중대광이라는 벼슬 품계, 그리고 충의공이란 시호를 합쳐 부른 것이다. 태위는 고려에서 제일 높은 벼슬자리 셋을 두고 호칭하는 삼공三公의 하나이다. 품계는 정1품이다. 삼중대광은 관직이 아닌 벼슬의 계급 명칭으로 역시 정1품이다. 충의공은 시호의 명칭이다.

대부인은 부인이라는 호칭에서 한 단계 높여 부른 데서 나타난 호칭이다. 시호를 붙이지 않은 후비는 동양원東陽院이니 광주원廣州院이니 하는 후비가 거처하던 곳의 이름을 따서 또는 출신 지명을 붙여 호칭되었다. 그러니까 부인夫人이란 칭호에는 시호가 없었던 것이다.

고려의 태조 왕건이 왜 이렇게 왕비를 많이 두었느냐 하는 질문이 있다. 이 질문에는 다음과 같은 대답으로 설명이 되고 있는 것이다.

태조 왕건은 고려를 건국하였지만 각 지방의 호족 세력들을 충성스러운 신하로 만들기는 쉽지 않았다. 각 지역의 호족 세력들이 그들 나름대로 지역통치권 행사를 하기라도 한다면 왕의 1인 통치가 어려웠던 것으로, 왕건은 어떻게 해서든 그들이 하나로 뭉쳐진 자신의 신하로 있게 하기 위해서는 무엇보다도 특별한 유대가 필요하였다. 그중에 하나가 자신과 직접 관계를 갖는 혼맥婚脈이었다. 이 혼맥에서 바로 호족의 딸을 비妃로 삼는 것이었다. 호족 세력들 중에서는 성姓도 없는 사람이 있었다. 성이라 하면 그때 귀족계층에서만 갖던 것이었고 하여 성이 없는 호족에게 사성賜姓이라도 해서 귀족화 시켜주면 충성스러운 신하가 되기도 했던 것이다. 태조 왕건이 사성을 많이 하였다는 것은 역사서에서도 잘 알려진 사실이다. 사성이라 하면 왕이 신하에게 성을 내려주는 것을 말한다. 당시는 성을 임금으로부터 직접 받는다는 것을 대단한 영광으로 생각했다.

태조 왕건은 심지어 다른 성이 있는 신하들에게 자기와 같은 왕씨 성으로 사성하기도 하였다. 이것은 일찍이 중국의 당唐나라를 세운 당태종이 자기의 성인 이씨李氏를 다른 성의 신하들에게 많이 사성한 것과 같았다.

당시는 성이 없으면 벼슬자리에도 못 나가고 하여서 성을 임금에게 하사받는 것은 실로 영예로웠고 가치가 있었다.

고려 태조 왕건이 둔 후비의 집안은 대개 지역의 호족들이었다. 다섯 번째 후비가 되는 신성왕태후 김씨는 신라의 마지막 임금 경순왕의 큰아버지이며 경순왕이 왕건에게 항복할 것을 알리고자 사신으로 보낸 김억렴金億廉의 딸이다.《고려사》의 기록에는 경순왕이 짐짓 왕건에게 백부(큰아버지)의 딸을 비로 맞아들일 것을 청했다고 하지만 실은 태조 왕건이 신라의 왕족과 혼맥을 가짐으로 해서 경주지역의 신라 백성들을 끌어 들이기 위한 한 방편이었던 것이다. 일곱 번째와 열한 번째의 후비도 경주사람이다. 왕건에게는 신라의 옛 땅을 다스리는데 지역 사람들의 저항심이 강했기 때문에 이를 달래기 위해 지역의 호족출신의 딸을 비로 맞이했다. 명주, 충주, 나주, 승주, 의성 등 출신의 후비가 그들이었다.

고려 태조 왕건은 실로 여러 성씨와 여러 지역의 출신을 후비를 둔 데서 그렇듯 29명의 왕비가 있었던 것이다. 이 많은 왕비에서 왕자(아들)들은 25명이고, 공주(딸)는 9명에 불과했다.

어머니의 성씨姓氏도 따르다

고려시대 어머니의 성씨를 따르는 경우가 있었다. 이것은 일반 백성들에게 있은 게 아니었다. 나라 일에 종사하는 고관대작이나 하급관리들에게도 있었던 것도 아니었다. 오로지 왕실에 있었다.

고려 왕실은 종친 간에 혼인을 하는 풍습을 신라의 성골에서 본을 딴 일이 있었다. 여기서 어머니의 성씨를 따르는 일이 있었다. 신라는 종친 간에 부부가 되어도 성씨만은 어머니의 성씨를 따르는 일이 없었다.

신라의 왕실은 부모 사이의 성씨가 다른 진골眞骨의 신분이었을 때는 가까운 왕족 간 결혼은 피하였다.

고려는 같은 성씨의 왕족이 근친혼을 할 때는 여자 쪽에서는 성을 바꾸는 일이 있었다. 그 예로 4대 광종의 비 대목왕후大穆王后가 있었는데 그 비는 태조 왕건의 4번째 부인인 황보皇甫 성씨의 왕후 소생이었다. 그러니까 아버지는 같은데 어머니가 다른 이복남매지간이었다.

광종은 태조 왕건의 3번째 부인인 유씨劉氏 성씨의 소생이다. 광종의 비는 태조 왕건이 낳았으니까 당연히 성은 왕씨였다. 그러나 결혼 후 어머니 성씨인 황보의 성씨로 바꾸었다. 어머니는 신정왕후神靜王后 유씨劉氏였다.

6대 성종의 아버지 왕욱王旭은 임금의 자리에 오르지 못하였으나 대종戴宗으로 추존받았는데 그의 부인 의의왕후宜義王后가 태조 왕건의 딸이었다. 후비 유씨柳氏에게서 난 딸인데 결혼 후 어머니의 성씨였던 유씨 성으로 바꾸었다.

8대 현종의 비 원정왕후元貞王后도 마찬가지로 본래 성씨인 왕씨에서 어머니 성씨인 김씨 성으로 바꾸었다. 원정왕후는 6대 성종의 딸이다. 현종에게는 종질녀從姪女가 된다. 그러니까 근친 간 결혼을 한 것이다. 왕후의 어머니는 성종의 둘째 후비였고 성은 김씨였다.

11대 문종도 같은 경우를 본다. 인평왕후仁平王后가 왕씨 성에서 김씨 성으로 바꾼 것이다. 문종과는 배다른 남매지간이었다. 왕후의 어머니는 현종의 셋째 후비 원성왕후元城王后였고 성은 김씨였다.

오늘날에도 예천 권씨禮泉權氏가 있다. 시조 권섬權暹은 원래 성이 흔昕이다. 이 글자가 당시 충목왕의 이름자와 같다고 하여 어머니의 성씨인 권씨로 바꾸게 하였다. 이것은 왕족이 아닌 데서 나타난 특별한 경우였다.

혈족 간에 결혼하는데 굳이 성을 바꿀 이유가 뭐 있는가 한다. 당시는 본관제도가 확립되어 있지 않더라도 같은 성씨의 금혼풍습은 있었다. 이것은 중국에서 들어온 유교적 문화관습 때문이었다.

중국은 동성금혼의 관습이 있었다. 성씨가 같으면 모두 종족이란 개념을 갖고 있었던 그들이었다. 그들의 조상은 이미 주周나라 때 동성금혼의 풍습이 있었다고 하는바 그 풍습이 오랫동안 그들 생활 속에 변화되지 않고 있었던 것이다.

중국은 그간 많은 나라가 등장하고 사라지고 했어도 나라의 중심이 되는 종족은 대개 한족漢族이었다. 그들의 넓은 대륙에는 수많은 종족이 살고 있었다. 지금도 57개 종족으로 분포되어 있다.

이들 많은 종족에서 성씨제도와 무관한 결혼관습도 있는 것으로 근친혼도 있다.

중국의 옛 문헌에서 보게 되는 한 예의 기록이 있다. 주나라가 동성금혼을 지키는 것과는 반대로 제濟나라는 환공桓公을 비롯하여 그의 신하들도 같은 성으로 혼인을 하였다는 내용이었다.

제나라가 같은 성으로 혼인을 하는 것을 보고 주나라는 동이족東夷族은 음탕한 족속이라 경멸하였다는 기록이 있다.

이 기록으로 보면 당시 제나라는 한족漢族이 세운 나라가 아니었다는 게 된다.

환공은 성을 강姜이라 하였다. 그의 윗대는 주나라 문왕文王을 도와 왕업王業을 성취시킨 인물의 한 사람인 양공襄公이다. 환공은 부국강병책을 사용하여 나라의 힘을 기르고 황하黃河의 하구부터 황해 바다에 이르는 산동반도 일대를 통치하게 만든 큰 인물이다. 이 때문에 주나라가 압박을 당하는 형편이 되었다.

주나라는 한족의 나라다. 그리고 노魯나라도 마찬가지로 한족으로 세워진 나라이고 주나라와는 친분관계를 유지하고 있었다. 이 노나라도 제나라가 산동반도에서 세력을 확장하는 관계로 지배를 당하는 꼴이 되었다.

주나라와 이웃한 진晉나라가 있었다. 진나라는 문화가 발달한 주나라의 풍습을 따르는 예가 많았다. 그럼에도 불구하고 남녀 간 혼인은 동성혼을 취하는 일이 많았다.

이런 것을 보고 진나라도 역시 한족의 국가가 아니라고 하였다. 그 나라 사람들을 북적北狄이라 하는 말이 있었다. 북적은 북방의 오랑캐를 두고 말한 것이다.

고려는 인질제도를 두다

고려 태조 왕건은 고려를 세웠지만 중앙집권을 하는 게 여의치가 않았다. 그것은 신라말기부터 후고구려, 후백제가 세워진 이후 각 지역의 호족세력들이 나름대로 분권화分權化하여 중앙관료들의 지시와 명령을 잘 따르지 않아 왕권강화가 쉽지 않은데 있었다. 그 예의 하나가 공주지역 이남에서 반역이 자주 일어난 일이다.

왕건이 유언으로 남긴 훈요십조訓要十條란 게 있다. 왕건이 죽을 때 유훈으로 남긴 10가지를 말한 것이다. 당시 측근인 박술희朴述熙라는 중신에게 친히 전한 것으로 이중에 차령 이남의 공주강(금강) 아래는 반역할 인심들이 많으니 공직에는 등용하지 말라는 내용이 있었다.

이 내용에서 보는 당시의 그런 사정뿐만 아니라 비록 신라왕조가 스스로 항복 해와 고려와 전쟁 없이 통합되었지만 신라 사람들이 부흥운동을 일으키려는 낌새가 여기저기에 나타나서 고려는 중앙집권화가 어려웠던 것이다.

각 지역에 전통적으로 세를 갖고 내려오는 토호土豪들을 다스리기도 만만치가 않았다. 이런 이유들로 고려는 짐짓 향직鄕職이란 벼슬을 만들어 그들 토호 족에게 주고 중앙의 지시에 따르게 하며 한편 자치권自治權을 다소 부여해 주는 방법을 썼다.

한편 그 지역의 자제들을 중앙관청으로 불러들여 또한 벼슬을 주고 인질처럼 잡아두는 것이 보였다. 이것은 볼모의 모습이다.

이 볼모 모습은 당시 기인其人이란 말로 지칭되었는데, 이를테면 향리鄕吏의 자제들을 뽑아 서울에다 두고, 한편 그 출신 지역 벼슬아치들로부터 그 지방의 사정을 자문 받고 또 중앙의 사정을 그들 지방의 수장에게 전달시켜 명령을 잘 따르게 하는 제도였다. 이런 제도는 앞서 통일신라시대에도 있었는데 그것은 신라가 취한 상수리上守吏라는 것으로 그것을 본떠서 만든 고려의 제도였다.

상수리는 지방 벼슬아치가 중앙의 명을 지키는 관리라는 뜻의 용어였다.

이 제도는 지방에서 세를 누리는 향리들을 회유하는 한편 그들 세력들을 누르는 정책에서 나타났던 것으로, 국가의 기반이 튼튼하게 잡힐 때까지 이용되고 이후 그들의 세력이 약화되어 갈 때는 자연히 없어져 갔다.

이런 제도가 공식적으로 드러난 제도는 아니었다. 단지 불문율처럼 나타났던 것으로 11대 문종(1046~1083)은 굳이 향리의 자제들을 기용해서 잡아둔다는 성격은 배제하고 그들을 기용하는 형평성을 보였다.

23대 고종(1213~1259)은 몽고 침입으로 국내 정치 사정이 병란과 함께 혼란해지자 더욱 왕권강화의 취지에서 그들의 자제들을 농사일에 동원 시켰다. 25대 충렬왕과 26대 충선왕은 창고를 짓는데 동원하여 보다 더 오히려 노예화하는 모습을 보였다. 이 때문에 그들의 불만이 비등해졌는데 27대 충숙왕은 그들의 불만을 잠재우기 위하여 폐지시키기도 했다. 그러나 다음에 왕위에 오른 충혜왕은 부활시켜 그들 향리의 자제들을 보다 더 압박했다.

이 같은 향리 억제정책이 조선에 들어와서도 유지되었는데 조선 14대 선조 때 와서 대동법大同法이 실시되자 탄목납입인炭木納入人이란 명칭에서 완화되는 모습을 보였다.

고려는 향직에서 호장戶長이란 지방의 관직이 있었다. 이 관직의 사람들을 이족吏族이라 부르기도 하였는데, 이 이족의 자식들은 중앙으로 진출하여 벼슬을 할 수 있었고 중앙에서 사족士族의 신분이 되기도 하였다.

지방의 호족은 중앙에서 내려보내는 관리보다 비록 관직은 낮으나 그 영향력은 중앙관리보다 컸다. 이유는 지역을 통치하는데 호장에게 문의해서 알아보고 해야 원만한 통치가 이루어지기 때문이다.

호장의 자식들에게 중앙에서 주로 내려주는 벼슬에 동정同正이란 게 있었다. 이 벼슬은 시험 쳐서 제수받는 것이 아닌 음직蔭職으로 내려 받는 것이었다.

고려 태조 왕건은 나라를 세우고 중국의 고대국가 한漢나라가 실시했던 군현제郡縣制의 통치방법을 썼다. 즉 군과 현의 통치지역을 두어 마치 분권화 된 행정 방식을 취한 것이었다. 군이나 현에 중앙관리를 파견하여 왕명을 대신하여 직접 지역 행정을 펼치는 제도를 둔 것이다.

왕건은 토호세력들을 끌어들이는데 당시 성이 없는 토호족들이 적잖은 것을 보고 그들에게 짐짓 성姓을 하사하여 왕명을 잘 따르게 하는 방법도 썼다.

당시 성이란 것은 귀족계층의 전용처럼 되어 있었고 이 성을 가짐으로 하여 외부에 부족 또는 종족의 가치를 과시할 수가 있었다. 여기에 중앙관청에서는 성이 없는 자에게는 과거에 응시하는 기회도 주지 않았고 음직 같은 벼슬자리도 주지 않았다.

왕이 직접 성을 내려주는 것을 사성賜姓이라 하였고 사성은 매우 영광으로 생각한 성씨였다.

사성에 관해서는《고려사》에도 사실적 기록이 있다. 즉 당시 고려 건국에 큰 공을 세웠다는 네 공신인 배현경裵玄慶, 신숭겸申崇謙, 홍유洪儒, 복지겸卜智謙에 관한 기록이다. 그들은 처음에는 성을 갖고 있지 않았고 백옥白玉, 삼능산三能山, 홍술弘述, 복사귀卜沙貴란 이름만 그들에게 있었던 것으로 뒷날 고려 태조로부터 각각 배裵, 신申, 홍洪, 복卜의 성을 하사받았다는 것이다.

복지겸은 원래 세 글자로 된 이름인데 앞 글자 한 자를 성으로 삼게 하였다고 한 것이다.

고려 태조는 처음에 자신도 성이 없었던 것으로 알려졌다. 그만큼 당시는 성을 갖고 있다는 것이 신분상 또는 자기 선대의 족보상 큰 가치와 비중을 둔 것이었다.

이런 성의 의미를 가지고서 지방 토호세력들을 포섭과 포용을 보이며 통치하였고, 한편 그들의 자제들을 중앙으로 올려 벼슬자리 같은 것을 줘서 인질, 즉 지역에서 반란이나 반역을 하지 못하게 인질의 제도 같은 것을 두었던 것이다.

고려와 조선은 성姓을 중시하다

조선 성종 17년(1486)에 편찬된《동국여지승람》에 보면 고려 태조왕건가 나라를 세운 뒤 목천木川지방 사람들이 자주 반란을 일으켜 그 지역사람들을 미워하여 우牛, 마馬, 상象, 돈豚, 장獐 등 짐승과 관련된 뜻을 가진 글자를 성으로 쓰게 했다는 기록이 있다.

이들 성을 한자漢字의 뜻으로 보면 우牛는 소, 마馬는 말, 상象은 코끼리, 돈豚은 돼지, 장獐은 노루라는 뜻이다.

이런 성은 명예로운 사성賜姓이 아닌 아주 모욕적인 사성이었다. 사성이란 말은 임금이 내려주는 성을 뜻한 것이다.

고려 태조가 사성을 많이 하였다는 기록이 있는데 그 가운데 네 공신에 대한 사성이 대표되는 예라 할 수 있었다. 네 공신은 이름만 가진 홍술弘述, 삼능산三能山, 백옥白玉, 복사귀卜沙貴였고 그들에게 홍洪, 신申, 배裵, 복卜의 성을 주었으며 더러 여기에 이름까지 개명시켜 주었다.

그들에게는 사성을 받은 후 홍술은 홍유洪儒로, 삼능산은 신숭겸申崇

謙으로, 백옥은 배현경裵玄慶으로, 복사귀는 복지겸卜智謙으로 성과 이름을 가졌던 것이다. 복사귀는 부르던 이름이 이미 세 글자이고 하여 복卜을 그대로 성으로 삼게 한 것이었다.

성은 당시 관직(벼슬)처럼 중히 여겼고 성이 없는 사람은 벼슬자리에 오르지도 못하였다.

고려 4대 광종光宗 때 과거제도가 실시되었다. 관리를 뽑는 시험제도였던 것인데 여기에 성이 없는 사람은 과거시험에 응시하지 못하였다. 성은 당시 왕족과 귀족 일부 권력계층의 전용물로 있었다. 조선시대에 와서는 양반이라는 계층에서 뿌리의 징표로 중히 여겼다. 뿌리의 징표라는 것은 조상을 뜻한 것이다.

성은 본래 혈족의 표시로 등장한 것으로 이 때문에 혈족개념이 강하였던 옛 왕조시대에서는 벼슬보다 자기 성에 대하여 관심이 더 컸고 중히 여기는 사고가 컸다. 이것은 바로 조상을 숭배하는 숭조사상의 발로에 있었던 것이다.

그러니까 태조 왕건이 목천지역의 사람들에게 사성하였다는 짐승 뜻의 성은 아주 모욕을 주는 성씨였다.

이 모욕적인 사성은 훗날 우牛는 우于로, 상象은 상尙으로, 돈豚은 돈頓으로, 장獐은 장張으로 바꾼 것으로 전해졌다.

《고려사》에 보면 고종 6년(1218) 3월에 최충헌崔忠獻에게 왕王씨 성을 사성했는데, 그해 9월 최충헌은 사성을 반납했다는 기록이 있다.

최충헌은 우봉牛峰을 본관으로 하는 최씨였다. 우봉은 현 황해도 금천솗川의 옛 지명이다. 최충헌은 당시 왕권을 능가하는 세도를 부리고 있는 권신權臣이었고 그로부터 고려의 무신정권武臣政權이 등장한 것이다. 막강한 권력을 행사했던 그는 왕의 사성을 탐탁하게 여기지 않았다. 오히려 그는 조상이 준 성을 중히 생각하고 지키려 했던 것이다.

이런 예는 또 있었다. 원래는 권씨權氏 성인데 왕씨 성으로 사성 받은 것이다. 그는 권재權載란 사람으로 26대 충선왕忠宣王의 양자로 들어가면서 성과 이름을 왕으로부터 받은 것이다. 하사받은 그의 성과 이름은 왕후王煦였다. 왕후는 당시 학자이며 높은 벼슬자리에 있던 권부權溥의 둘째아들이다. 왕후는 충선왕이 죽은 후에는 본래 성으로 돌아갔다. 아버지와 같은 권씨 성으로 다시 되돌린 것이다.

고려에서도 자신의 성씨를 중요시하였지만 조선에서는 더욱 중요시하였다. 성은 곧 조상의 얼굴이라는 관념에서 성씨에 대한 명예를 지켰다.

이런 명예 때문에 조선에서는 무슨 중요한 약속에서 '만약에 지키지 못 할 때는 내 성을 갈겠다.' 하는 말까지 나왔던 것이다. '내 성을 갈겠다.' 하는 것은 바로 조상을 바꾸겠다는 뜻이었다. 조상을 바꾼다는 것은 가장 큰 불효의 의미였던 당시 숭조사회였다. 이러한 조상 숭배사상이 가장 농후했던 조선시대에서는 성을 갈겠다는 것은 큰 욕이었다.

자기 성의 존중은 조상숭배인 것이어서 조선에서는 본래의 자기 성을 바꾸는 일은 없었다. 만약 그런 일이 있으면 조선 조정에서는 불효막심한 놈이라 벌을 내리기도 하였다. 이런 성씨의 중시 사상이 깊어서 일제日帝가 조선을 강점하고 창씨개명創氏改名을 시켜도 조선의 백성들은 불응하는 일이 많았다.

일제가 한반도를 점령하고 식민지로 통치할 때 1939년에 성을 바꾸라는 창씨創氏에 관한 법령을 정하고 다음해 2월에 조선총독부에서 조선인들로 하여금 성을 바꾸게 하는 일을 강행했다.

그때 총독은 잔인하다고 소문난 미나미 총독으로 창씨개명을 강행을 시킨 것은 조선인에게 조상을 생각하는 사상을 근절시키지 않으면 조선인을 일본인화하는 내선일체內鮮一體가 어렵다는 데서 그 사상의 요인이 되는 것이 성씨라는 점을 잘 알고 강행을 한 것이었다.

일제日帝는 내선일체內鮮一體라는 조선인을 일본인으로 만드는 구호를 만들었는데 그것은 조선인은 어느 국가의 민족과 국민들보다 자기 성씨에 대한 경외감敬畏感을 갖는 일이 대단하다는 이유에서 창씨개명을 강행한 것이었다.

일제는 창씨와 함께 이름도 바꾸게 하는 개명정책改名政策을 폈다. 개명은 역시 조선인들이 전통적으로 작명作名하고 있는 항렬자 쓰는 것을 막아 보자고 한 것이다.

이런 정책에 반대하여 당시 목숨을 버렸던 조선인도 있었다.

창씨개명을 단행할 때 항의하고 목숨을 버린 대표적 인물이 바로 전라남도 곡성군谷城郡 오곡면에 사는 유건영柳建榮이란 사람이었다.

'말과 글을 빼앗더니 이제 성까지 빼앗다니? 조상이 준 성을 버리게 하는 건 5천 년의 우리 민족에게 내려 온 관습을 버리라는 것이다. 조상을 모를 바에야 나는 차라리 죽음을 택하겠다.' 하고 항의문을 미나미 총독에게 부치고 자결하였다. 당시 나이가 58세였다.

전북 고창군高敞郡에 산다는 소진영蘇鎭永이라는 사람이 자녀 입학 때 창씨가 된 것을 보고 비분강개하여 바다에 몸을 던져 죽었다는 얘기도 있었다.

구한말舊韓末에 일제의 강요에 의해 단행되었던 단발령斷髮令은 신체발부身體髮膚는 수지부모受之父母라는 유림들의 저항을 받았다. 창씨개명은 일반 백성들한테서도 뿌리가 깊은 조상숭배의 정신에서 저항을 받기도 한 것이다.

총독부령으로 창씨 개명이 강압적으로 단행되고 있을 때 창씨 모양은 일본 성씨의 형태처럼 두 글자로 하는 것이었다. 창씨 된 일본식 성씨 모양을 예로 들면 다음과 같았다.

김씨金氏 성을 가진 사람은 金本(가네모도) 金岡(가네오까) 등이고 강씨(姜氏) 성은 大山(오야마), 大野(오노) 등이며, 이씨李氏 성은 松本(마쯔모도), 松岡(마쯔오까) 의 모습이었다. 그들 식의 성은 조선인의 한 개 글자의 형식과는 달랐던 것이다. 물론 조선인에게도 선우鮮于, 독고獨孤 같은 두 글자의 성이 몇 있기는 하지만 대개 한 개 글자의 성씨를 취하고 있는 것이다.

고려시대도 다국적 귀화인이 있다

고려시대도 다국적 귀화인이 있다. 중국대륙의 여러 나라, 중동지역의 여러 나라 사람들이 고려에 와 귀화해 사는 사람들이 있었던 것이다.

몽고가 중국대륙의 지역에 거대한 제국帝國을 세운 후 인근 여러 국가를 침략하였다. 여기에 고려도 침략을 받아 강화講和란 명목하에서 종속국 형태의 국가 모습을 보였는데, 그때 그들 몽고인과 혼합되는 양상이 있어서 몽고측 사람들의 귀화가 많았다.

고려가 몽고인이 세운 원나라에 종속된 국가의 모습이 되자 매년 원나라 황제에게 새해 인사를 올리는 성하사절聖賀使節을 보냈다. 그리고 고려 왕실은 왕세자들로 하여금 원나라의 황제에게 숙위宿衛로 보내기도 하였다. 숙위는 원나라에 가서 일정기간 황궁에서 왕을 호위하며 기숙해 있는 것을 말한다. 이를 두고 독노화禿魯花라 일컬었던 것으로 그것은 인질과 같은 것이었다. 독노화를 몽고어로는 '뚤루게'라 불렀다.

이 '뚤루게'에서 고려 왕실은 원나라 황실의 공주나 귀족들의 딸과 결혼도 하였다. 귀국 시 그들을 데리고 와 그들 몽고의 여인들은 자연히 귀화 몽고여인이 되었다. 비단 고려의 왕자들에게만 이런 현상이 있던 게 아니라 고려 조정의 신하들 사이에서도 그런 현상이 있었다.

이 같은 몽고 여인과의 혼합은 고려 23대 고종(1213~1259) 때부터 나타났는데 고종 재위시 몽고의 침입으로 수도 개성이 함락되는 것은 물론 멀리 경주까지 점령당하였는데 당시 고려의 사정은 원나라의 군사를 막을 힘이 없었다. 고려는 한동안 수도 개성을 버리고 강화도 섬으로 천도해 갔었다. 그후 몽고와 굴욕적 화친을 맺고서는 왕자를 인질로 보내기 시작하였는데 최초로 인질을 보낸 것은 고종의 족자族子인 준綧이었다.

고종 재위 이후로 새 왕조 때마다 왕자들을 원나라 숙위를 보내면서 여기에 따르는 신하들은 물론 일반 백성들 사이에서도 자연히 원나라에 드나들면서 몽고 여인들을 데려와 첩으로 삼아 귀화시키는 일이 많았다. 한편 몽고인들은 그들대로 고려에 와 고려 여인을 부인으로 삼아 영구히 사는 귀화인이 되는 일이 많았다.

고려는 개국 이후 얼마 안 가서 만주지역에 세운 여진족의 국가인 금金나라의 침략과 교류가 있었는데 여기서도 고려로 귀화해 온 여진족이 또한 많았다.

여진족이 세운 금나라 이전에도 거란족의 침략이 많아 그들 가운데 귀화도 많았다. 거란족은 두만강과 압록강을 넘어 만주지역에 세거하던 종족으로 살기 좋다는 고려 땅으로 짐짓 들어와 귀화하는 일이 많기도 했다.

고려 고종조의 명신 조충원수가 포로가 된 거란인들을 각 고을에 나누어 공한지를 주고 거주케 하여 생업을 도운 일도 있었다. 그들의 생업 장소를 두고 거란장이라 불렀는데 바로 귀화한 거란인들의 거주지였다.

고려에 귀화하는 그들 중에는 유명인도 더러 있었다.

그 예의 한 인물들을 들면 《고려사》의 열전에도 기사가 있듯 후주後周에서 온 쌍철雙哲과 쌍기雙冀 부자가 있다. 그들은 후주에서 송나라로 바뀌어지는 무렵에 고려로 귀화해 온 것으로 그들의 귀화는 고려 4대 광종(949~975) 때였고, 그들 부자는 후주의 지식인이었으며 중국 한족漢族의 사람이다.

쌍기라 하면 고려의 과거제도를 창시시킨 인물로 잘 알려져 있다.

고려왕의 후비后妃로 최초로 고려인이 된 원나라 공주가 있다. 25대 충렬왕(1274~1308)의 비 제국대장공주齊國大長公主이다. 그녀는 원나라 세조의 딸이며 원나라의 이름으로는 '홀도로게리미실'이다. 충렬왕이 부왕인 원종의 재위 15년에 세자로 원나라에 가 있을 때 공주에게 장가들어 맞이한 비妃였다.

7대 목종(997~1009) 때 송나라 사람으로 학식이 높은 주저周佇가 귀화하여 왔다. 그는 고려 조정에서 벼슬을 하고 문사文士의 직위인 한림학사翰林學士 벼슬에 오른 위인이다.

31대 공민왕 때 귀화해 온 '위구르' 사람도 있었다. 그의 본명은 '백로숀'인데 고려에서는 설손偰遜이라 불렀다. '위구르'를 한자로 회골回鶻

이라 표기한 것으로 '백로숀'은 고향의 지명인 '살렌'이란 발음에서 첫 발음을 따서 설偰의 성을 가졌던 것이다.

설손은 처음에는 원나라로 귀화했다. 원나라에 귀화해서 벼슬을 하다가 고려로 다시 귀화해 온 사람이었다. 그의 고려 귀화는 공민왕이 왕자일 때 원나라에 숙위로 있다가 알았던 인연에서 공민왕의 귀국 시 함께 왔었다.

설손은 원나라 황태자에게 경전을 가르치는 벼슬자리에 있었고 문명文名이 높았다.

설손에게는 유명한 아들이 있었다. 역사에서도 잘 알려진 설장수偰長壽이다.

설장수는 공민왕조에 과거급제하고 벼슬자리에 올랐는데 여러 고위직을 거쳐 조선이 개국할 때는 태조 이성계의 뜻을 따라 개국에 참여하여 공신이 되었다.

귀화인들에게 유명인이 있었던 한편에 귀화인으로서 간신이 된 자들도 적잖았다.

몽고 사람인 '훌라대'는 충렬왕의 비가 된 제국대장공주齊國大長公主 따라와 고려의 중랑장中郎將이란 무관 벼슬을 받고 공주 곁에서 심부름꾼 노릇을 하였다. 그런 가운데 공주의 배경을 믿고 패행을 저지르길 예사롭게 하였다. 그는 귀화해서 인후印侯라는 이름으로 불렸는데 《고려사》에서 인후를 평하기를, '인후는 성정이 광폭하고 탐욕스러웠다. 충렬왕이 공주와 함께 원나라에 갈 때마다 따라갔다. 인후는 처음에는 궁핍

했으나 왕의 총애를 받자 재산을 모으고 남의 토지와 노비를 빼앗고 했다.'하는 내용이 있는 것이다.

　인후의 아들 인승단印承旦은 무식해서 과거급제는 할 수 없었는데, 당시 인후의 위세에 시험관은 그를 억지로 급제시켜서 벼슬자리에 오르게 하였고 이후에도 그는 승승장구하여 좌정승左政丞의 높은 벼슬까지 올랐다.

　인후처럼 원나라의 세조를 섬기던 아랍인이 있다. 그는 고려인으로 귀화해서는 장순룡張舜龍이라 이름 하였는데 역시 제국대장공주를 따라 고려에 왔었던 것이다. 고려에 와서 벼슬자리에 올랐고 역시 사치스러운 행태를 보이며 남의 재물을 빼앗는 짓을 곧잘 하였다. 이런 행패에는 인후처럼 공주를 배경으로 하여 원나라 세조의 권세를 이용한데 있었던 것이다. 그도 충렬왕이 원나라에 갈 때 곧잘 호종해 갔으며 원나라에 사신으로 자주 파견되기도 했다.

　장순룡에게는 이런 일화가 있다.

　"장순룡은 인후와 더불어 서로 권세를 부렸는데 생활도 서로 다투듯 사치스럽고 집을 특히 호화스럽게 꾸몄다. 기와와 자갈로 바깥담을 쌓으면서 화초 무늬를 담벼락에다 박았다. 이래서 당시 그 집을 장가담張家墻이라 부르곤 했다. 그의 집이 기거랑起居郎 오양우吳良遇의 집과 인접해 있었는데 이 집을 뺏으려다 뜻대로 안되자 몰래 무뢰한을 데려다가 그 집 담을 헐어 버렸다."

　난적亂賊으로 몰려 사형을 당한 귀화인이 있었다. 중국 한족의 심양인瀋陽人 변안렬邊安烈이다. 그는 원나라 말년에 병란兵亂을 피해서 고려로 귀화해 온 사람이다. 역시 공민왕을 따라 고려에 왔던 사람이다.

그는 공민왕에 의해 관직을 제수받아 벼슬길에 올랐는데 홍건적이 침입했을 때 공을 세웠다. 그리고 왜적이 대거 전라도 쪽에 침입해 왔을 때는 도순찰사都巡察使인 이성계李成桂를 도와 남달리 큰 공을 세웠다. 이리하여 공민왕으로부터 신임을 받게 되었는데, 승승장구한 후 고려 말 공양왕 때 폐위된 우왕을 복위케 하려는 모의에 연루되어 죽음을 당한 것이다.

당시 우왕은 괴승 신돈의 자식이라 하여 재위 4년 만에 이성계와 정도전鄭道傳 등 조정 대신들에 의해 폐위를 당하였는데, 우왕을 복귀시키려다가 귀양 가 현지에서 별 문초도 없이 목 베어 죽었던 것이다.

변안렬의 경우는 정당하든 정당하지 못하였든 역적모의라는 정치적 세력다툼에서 희생이 된 귀화인이었다.

우왕의 혈통문제에서 시시비비가 컸다. 고려의 왕통이 아니라는 데서 조정 신하들 간에 파쟁이 컸었다. 이 파쟁이 결국 조선을 개국한 동기가 되었던 것으로 변안렬은 사형장에서 이런 말을 했었다.

"신우(우왕 : 신돈의 혈통이라 하여 《고려사》에는 신돈의 성을 붙여서 기록한 것이다. 《고려사》 후기는 조선에서 찬술되었기 때문에 그런 표기가 가능하였다)를 맞아들이려고 획책한 자가 비단 나뿐이랴. 내가 죽는 것은 의당 그럴 것이지만 공모자가 어디 내 혼자뿐이랴? 어찌 나만 죽이려 하지?"

변안렬은 공민왕이 강원도 원주原州를 본관으로 삼게 해 주었다.

일반적으로 귀화인들의 성향을 보면 정치적인 문제로 망명을 해 왔거나, 살던 나라가 망해서 왔거나, 무역관계로 왔거나, 또는 전쟁으로 포로가 되었거나 하는 등의 여러 이유가 있었다.

조선 개국 초기에 이성계를 도왔던 개국공신 이지란李之蘭의 본래 이름은 동두란冬豆蘭이며 성을 이성계와 같은 글자로 택한 것이다. 그는 아버지가 한족漢族이고 어머니는 여진족이었다. 고려 공민왕 때 귀화해 왔었다.

고려는 감세減稅를 자주하다

고려 왕조는 오늘날에도 실시하기 어려운 감세정책을 자주 보였다.

감세라는 것은 조세租稅를 내려준다는 것이다. 쉽게 말하면 세금을 깎아준다는 것으로 어느 국가이든 선정善政과 실정失政의 표상表象이 되어 왔다. 가혹한 조세정책이 있었다면 실패한 정치로 보았다. 국가경영에서 꼭 필요한 것은 조세이고, 조세는 백성 또는 국민들로부터 나오는데 여기에는 상호불편한 관계가 있는 것이다.

고려의 역사를 들여다보면 역대 어느 왕도 조세문제는 직접 지시하는 일이 많았다. 이것은 자신의 재위 중에 백성들로부터 원성을 듣지 않으려는데 있었다. 과중한 세를 백성들에게 부과하면 원성을 듣는 것은 물론이라는 사실을 왕들은 잘 알고 있었다.

앞서 신라에서도 조세에 대하여 왕이 직접 신경을 쓴 흔적이 있었다. 삼국통일의 위업을 남긴 문무왕文武王은 박부성요薄賦省徭라는 유언을 남겼다. 이 말은 '납세와 부역은 적게 하라.' 하는 것이다. 고려시대는 역대 왕들이 한결같이 백성들의 조세 부담을 걱정하고 감하는 정책을 썼다. 당시 조세는 현물이다. 콩과 곡식, 베 같은 것이었다.

고려 17대 문종(1046~1083)은 조세부과가 크면 백성들 고통이 심화된다는 것을 알고 백성이 내는 세를 적게 쓰려고 자신이 절약과 검소를 몸소 보였다. 그리고 필요없는 관리들을 줄이고 국고지출을 줄이는 노력을 하였다. 그 노력의 결과는 나라의 창고에 비축되어 있던 많은 양곡이 붉은 색으로 변해 썩는 모습까지 보였다. 이것은 바로 국고지출을 적게 한 데서 나타난 현상으로 백성들에게는 부과를 적게 한 증거가 되었다.

《고려사》에 보면 다음과 같은 내용이 있다.

"의종(1146~1170)과 명종 이후로 권세 있고 간사한 신하들이 나라 정치를 제멋대로 좌지우지하고 백성들을 고통에 빠지게 하며 나라의 경비를 탐하고 쌀 창고를 텅 비게 하였다. 이 때문에 백성들이 부담하는 공물이 무거워졌다. 더욱이 원나라와 외교관계를 맺다 보니 그 나라에 바쳐야 하는 것이 많아 백성들은 더욱 부담이 컸다."

의종과 명종은 고려의 18대와 19대 왕이다.

일찍이 고려 태조 왕건은, '나는 백성들의 힘에 의해 왕이 되었다. 그러므로 나는 백성들의 생활에 신경 써서 그들이 안정되고 넉넉하게 살게끔 하리라 생각했다. 전 임금(궁예)의 잘못된 국정國政을 물려받은 것은 나라의 일을 바로잡기 위한 것이었다. 이에 먼저 조세와 부역을 3년간 면제하는 것과 걸식 유랑하는 백성들을 구제할 것이다.' 하였다.

19대 명종은 '국가나 개인이 이자를 받는 것에 백성들에게 불리한 게 있으면 모두 이자를 면제시킬 것이다.' 하는 명령을 내리기도 하였다.

27대 충숙왕은 이자제한 규정도 두었다. 지나친 이자가 따르는 부채 상환 요구를 금지 시켰고, 그런 차용증서이면 몰수하여 채무자에게 돌려주었다.

고려 31대 공민왕은 이런 말을 하였다.

"어진 정치에 우선시 되는 것은 구제라는 것이다."

구제는 남을 돕고 구한다는 뜻이다.

고려 5대 경종(975~981)은 왕위에 오르면서 백성들의 조세와 부채를 탕감하였다. 19대 명종(1170~1197)은, '국가나 개인이 이자를 받는 것에 백성들에게 불리한 내용이 있으면 모두 면제하라.' 하는 어명을 내렸다. 이때는 권세 있는 신하들이 서민에게 이자놀이(장리) 하는 일이 빈번했었다.

명종은 다음과 같은 소詔를 내린 적이 있었다.

"형벌의 적용이 맞지 아니하면 하늘로부터 견책을 받는 법인데 근래에 와서 벼슬아치들이 정치를 가혹히 하여 원망하는 백성들이 많다고 한다. 미납된 조세와 나라에서 빌려 쓴 빚이 오래되고 하였으면 이자로 인해 부담이 컸을 것이다. 군郡과 현縣의 책임자는 들으라. 미납된 조세는 5년간 기한으로 징수하도록 하고 독촉을 하지 말라."

당시 납세가 어려운 백성들이 많았는데 그들은 자식을 팔아 납세하는 일도 있었다. 이러한 백성의 고초에 명종은 지역의 관청더러 대신 부담토록 하고 그런 고초가 있는 백성들에게는 받은 것을 돌려주도록 명령하였다.

23대 고종(1213~1259)은 긴 재위기간 중 거란, 몽고의 침입으로 국난을 많이 겪었다. 그러면서도 백성들의 고통을 돌아보는 일을 소홀히 하지 않았다.

"수도를 옮겨 거기에서 백성들 조세부담이 늘어났다. 살림이 곤궁한데도 세 부담이 늘어났다는 것은 큰 고통이다. 오랑캐들의 침입으로 군역軍役도 많았으니 그들 백성들을 마땅히 구제해야 하는 것이다. 계사년(고종 20년) 이래 미납된 조세를 면제케 할 것이다."

고종은 송도(개성)에서 강화도로 천도한 일이 있었다. 몽고 침입으로 송도가 함락되자 옮겨 갔던 것이다.

고려의 조세정책은 오늘날에도 따르지 못하는 점이 많았다. 조세부과를 적게 하거나 탕감을 많이 하면 국가 경영이 어려워지는데도 과감하게 실행했던 것이다.

고려에는 직세直稅라는 게 있었다. 직세는 관직(官職)을 가진 벼슬아치에게 부과하는 세였다. 그런데 그 직세가 일반 백성들보다 무거웠다.

고려 28대 충혜왕(1330~1332) 때는 직세가 가중加重하여 식구들을 데리고 시골로 도망가는 벼슬아치가 있었다. 더러는 산속에 숨어 나오지도 않았는데, 징수책임자는 산에다 불을 놓아 못 숨게 하는 일이 있었다.

이 직세에서 다음과 같은 일화가 있는 기록을 《고려사》에서 보게 된다.

"경상도 어느 지역에 산원동정散員同正의 관직에 있는 자가 비록 벼슬자리에 있지만 몹시 가난하여 직세를 낼 형편이 못되었다. 그래서 집안 재산을 몽땅 팔아도 모자랄 형편이었다. 딸이 이런 사정을 알고 자기 머리를 잘라 피륙(베)을 사다가 바쳤다. 그런 후 그 딸은 목을 매어 죽었다."

산원동정은 지방의 무관 벼슬로 하급직이다. 고려는 관직의 높고 낮음에 따라 차등을 둔 징수제도가 있었던 것이다.

이 일화에서 알 수 있듯 벼슬자리에 있는 사람에게는 오히려 세 부담을 더 시켰다는 것을 알 수 있다. 조세를 내는 고위관리는 권력을 이용하여 고액의 납세를 조달하기 위하여 백성들을 착취하는 가렴주구苛斂誅求가 있었다.

고려는 백성들이 부담하는 조세삭감정책을 어느 왕조 할 것 없이 다 폈다. 조세감세정책만을 편 것이 아니라 어려운 백성들을 돕는 진휼賑恤의 정치를 많이 보였다.

고려 6대 성종(981~997) 때는 철로 만든 화폐 철전鐵錢을 만들었지만 유명무실해지자 대신에 콩과 쌀, 베 등의 납세물로 대신하게 하였다.

《고려사》에서 27대 충숙왕 5년에 있던 기록을 보면 '빚을 갚는 법은 자모정식子母停息의 법에 국한되어 있는데도 불구하고 이익을 탐해서 이자를 한정 없이 증가시키니 가난한 사람은 아내와 자식을 팔고도 갚지 못하는 지경까지 이르고 한다. 그 원금과 이자가 상당한 것으로 오히려 부채상환을 추궁하는 자가 있으니 그 차용증서를 몰수해서 빚진 자에게 돌려주도록 할 것이다.' 하는 내용이 있는 것이다.

아무리 장기간에 걸쳐 빚을 못 갚았다 하더라도 원금 이상으로 이자를 받을 수도 없는 것이 당시 고려는 빌려주고 빌려 쓰는 규정이 있었다.

34대 공양왕(1389~1392) 때 대사헌大司憲 조준趙浚은 이런 상소문을 올린 적이 있었다.

"모든 공사公私의 빚에서 이자 징수가 원금액수까지로 국법이 제한을 하였습니다. 그런데 근래에 와서 돈벌이꾼들이 오직 이익 나는 것에만 매달리고 이자를 원금의 10배나 되도록 받으며 꾸어 쓴 자는 처자를 팔고도 종내 갚지 못해 빌린 자는 집과 직업을 다 잃고 있으며 나라에서는 이들을 돌보지 않아 오히려 나라의 법을 못 지키게 되었습니다. 원컨대 지금부터라도 이자의 상한선을 원금까지로만 하고 그 이상을 못 받도록 하십시오."

대산헌은 감찰기관의 수장이 되는 관직이다.

조준은 후에 이성계의 조선개국에 동참하여 개국공신이 된 사람이다.

이 자모정식 규정은 이미 고려 6대 성종 때 있었는데, 이 용어는 이자子와 원금母 사이에 발생한 것을 정지시킨다는 뜻을 가진 것이다.

고려는 감세를 자주하면서 한편 진휼정책을 겸했는데, 이 진휼정책은 재해를 입은 것에 면세를 하는 것이며, 한편 홀아비, 과부, 고아, 아들 없는 늙은이들을 구제하는 것이었다.

형벌 판단을 신중히 하다

영화나 방송 드라마를 보면 고려나 조선의 왕조시대에 죄를 판단하는 것이 단순하고 형벌이 쉽사리 내려지고 무거운 줄 생각하게 된다. 왕의 말 한마디에 죄인을 옥에 가두고, 국문을 하고, 주리를 틀고, 불에 달군 시뻘건 인두로 살갗을 지지고 하는 장면이 예사로이 나오고 하여 그런 생각을 하는 것 같다.

사실 그때 그런 참혹한 형벌이 죄인에게 쉽사리 가해지고 하였는지 역사의 자료들을 보면 결코 그렇지가 않다는 것을 알게 된다.

고려는 일찍부터 휼형恤刑이란 제도가 있었다. 휼형은 죄인의 처지를 생각해 준다는 말이다.

예로 죄인이 유형지流刑地에 가거나 다른 어느 장소로 옮겨가더라도 조부모 또는 부모가 죽었다는 전갈을 받았을 때는 조정에서는 7일간의 휴가를 주어 장례식을 끝마치게 하였다.

비단 이런 예뿐만 아니라 구속 중에 있는 부녀가 임신 중이어서 해

산달이 오면 누구든 보증을 세우면 나가게 하였고 사형을 받았던 여인이면 산후 만 20일, 유형죄 이하는 만 30일간 출옥해 있게 하였다. 유형죄는 멀리 유배지로 보내는 죄를 말한 것이다.

그런데 남자의 경우 사형수이었을 때는 부모가 죽었어도 예외로 하였다. 단 하루도 내보내지 않았다.

이런 휼형의 제도가 있었던 것만이 아니라, 죄를 선별하고 따라서 형벌을 판단하는 것에 신중을 기하는 제도도 있었다. 조선에서는 아예 복심제覆審制를 두었다. 두 번 세 번 그 죄를 심사하여 처결한다는 것이다.

고려 문종(1046~1083)은 즉위 초에 이런 어명을 내렸다.

"법률이란 형벌을 판단하는 규정이다. 그것이 분명하면 받는 형벌에 억울하다거나 지나치다거나 하는 일이 없을 것이고 분명하지가 못하면 죄상에 대한 무겁고 가벼움이 옳게 처리될 수 없을 것이다. 현행 법률에 어떤 것은 잘못된 것이 많으므로 나는 이것을 가슴 아프게 생각한다. 시중侍中 최충崔冲에게 여러 법관들을 모아 교정을 상세히 하라고 지시하였다."[3]

문종은 이런 지시도 하였다. 상서형부尙書刑部에서 사형할 사람에 대한 보고서가 있을 때다.

"사람의 목숨은 귀중한 것이며 죽은 자는 다시 살아날 수 없다. 나는 사형수를 처리할 때마다 반드시 세 번씩 거듭 보고하게 하고도 오히려

---

[3] 시중(侍中)은 오늘날 국무총리와 같은 지위.

잘못 판단하지 않았는가 염려한다. 만일 죄인이 억울하게 누명을 쓰고 호소할 길도 없고 하여서 그 원한을 참고 소리를 내어 울지도 못했다면 어찌 원통하지 않겠는가? 그러니 신중하게 처리들 하라!"하였다. 상서형부는 오늘날 법무부와 같은 중앙관청이다.

문종은 재위 2년에 귀양 가는 사람이 늙은 부모가 있으면 임시로 봉양하다가 부모가 죽은 후에 유배지로 보낼 것을 지시하였다.

11대 문종에 앞서 9대 덕종(1031~1034) 때는 왕이 이런 어명을 내렸다.

"법규상으로는 꼭 죽어야 하더라도 혹시 의심나는 점이 있으면 가벼운 형벌을 주는 것으로 하라."

덕종의 이런 어명이 있을 때 69명이 사형을 면하기도 하였다.

덕종 임금은 재위기간이 3년에 불과하였지만 죄인들에게 형벌을 내리는데 역대 어느 왕보다 가벼웠다. 강도행위를 하였더라도 흉기가 아닌 막대기로 사람을 상하게 한 정도에서는 사람이 사는 섬으로 귀양을 보냈고, 하인이 집주인을 구타하였거나 사람을 죽이고 강도행위를 한 자는 곤장을 쳐서 사람 없는 섬으로 귀양을 보내게 하는 정도의 형벌을 내리고 웬만하여서는 사형을 하지 않았다.

16대 예종(1105~1122)은 중앙과 지방에서 법을 다루는 관리가 죄인을 문초할 때 정확한 증거를 잡지 않고 고문으로 자복을 하게 하면 안 되고, 범한 죄가 무겁지도 않은 죄인을 고문으로 죽게 하면 왕은 올바른 법 집행이 아니라며 지나친 고문행위를 금지시켰다.

17대 인종(1122~1146)도 고문을 금하였다.

"죄인을 고문할 때 곤장을 가지고 함부로 때리고 찌르고 하기 때문에 죄인은 고통을 참지 못하고 사실도 아닌 것을 거짓 자백하여 사형을 당하게 한다. 금후에는 죄인을 심문하는 시일을 미루지 말고 가벼운 죄에 대해서는 일체 고문을 하지 말라."

인종은 재위 14년째 법관法官이 남의 소를 때려잡은 자를 살인죄와 같이 취급하여 얼굴에다 낙인을 찍어 섬으로 귀양 보낸 것을 알고 오히려 그 법관에게 벌을 준 일이 있었다.

인종은 80세 이상의 노인이나 중병에 걸린 사람이 비록 살인죄를 지었다 하더라도 곤장을 치지 못하게 하였다. 단지 섬으로 귀양을 보내는 것만으로 죗값을 치르게 하였다.

31대 공민왕(1351~1374)은 '내가 듣건대 사건을 판결하는 관리가 흔히 형을 잘못 써서 범인을 죽게 한다고 하니 이제부터 형을 잘못 쓰는 일이 있으면 도평의사都評議使와 어사대御史臺에서 그들 관리를 엄히 처벌할 것이다.' 하는 말로 법을 집행하는 관리들을 질책한 일이 있었다.[4]

공민왕 재위 12년에는 다음과 같은 교서敎書를 내리기도 하였다.

"형벌이 옳게 내려지지 않으면 백성들의 원망이 쌓인다. 앞으로는 중앙과 지방의 죄수들을 억울하게 가두어 두지 말고 날짜를 정하여 처리하되 공평하고 타당하게 하라."

---

[4] 도평의사(都評議使)는 정치문제를 총괄 의논하는 관청이고, 어사대(御史臺)는 감찰기관을 말함

공민왕은 또 다음과 같은 교서를 내린 적이 있었다. 이 교서를 보면 당시 법을 맡은 관리가 어떠하였음을 짐작하게 되는 것으로 법의 행패가 심했다는 것을 알 수 있다.

"근래에 중앙과 지방의 관리들이 형벌에 전혀 신중치가 않아 곤장을 치고 또 속전贖錢을 받는 일이 예사로우니 백성들이 어떻게 견디겠느냐? 이제부터 곤장과 속전을 병행하지 못하게 할 것이며, 만일 위반하는 자가 있으면 그들 누구나 관청에 가서 소(訴)를 내게 할 것이고, 속전을 받은 관리가 있으면 그 관리는 배로 갚도록 할 것이다. 형벌은 명백히 조례가 있으니 자기 맘대로 가볍게 하거나 무겁게 할 수 없으며 더하거나 덜할 수도 없다."[5]

고려의 우왕(1374~1388) 때는 사형수에 대하여 세 번 거듭 심사하고 임금과 신하가 함께 의논한 후 사형 확정을 내리는 것으로 결정하였다. 이것은 사헌부에서 이런 결정을 내릴 것을 건의한 데서 따랐던 것이다. 사헌부의 건의는 중앙이나 지방의 관리들이 사형수를 처리할 때 임금에게 보고도 하지 않고 자기 마음대로 척결하여 무고한 사형수가 비일비재하였기 때문이다.

비단 고려만이 아니라 조선에서도 형벌을 내리는 일에 신중을 기하는 일이 있었다.

조선이 개국하고 나서 태조 이성계에게 형조판서 유관柳觀이 진언을

---

[5] 속전(贖錢)은 속죄하는 대가로 바치는 돈.

한 것이 있었다.

"사람의 기질은 경솔하고 사납기도 하며 굳세고 과감하기도 합니다. 한편 유약하고 기력이 없어 보이며 겁이 많기도 하여 이런 마음이 한결같지는 않습니다. 그래서 범죄를 저지른 사람이 형벌을 이겨내고 자복을 하지 않는 자도 있는 것이며, 더러는 무고誣告를 당하였음에도 형벌을 견디지 못하여 죄를 스스로 인정하는 자도 있습니다. 형벌을 다루는 관리들은 단지 스스로 죄를 자인하는 것을 바라고, 죄인으로 몰린 사람의 생명 같은 것은 고려하지 않으며, 법에 없는 형벌로 온갖 고문도 하여 죄상이 확인되기 전에 형장刑杖에 의하여 죽게 합니다. 청컨대 중앙과 지방에서 형벌을 가하는 관리들에게 고문은 다만 법의 조문에 의거하도록 할 것이며 함부로 형벌은 가하지 못하도록 명령하시기 바랍니다."

조선의 세종대왕은 이런 지시를 내린 일이 있었다.

"늙은이와 어린이가 옥에 갇히고 곤장을 맞는 것은 안타까운 노릇이다. 가여워할 일로 지금부터는 15세 이하와 70세 이상은 살인강도를 한 것 이외는 신체 구속을 하지 말고, 80세 이상과 10세 이하는 죽을죄를 범하였다 하더라도 구속하여 고문하지 말고, 여러 사람의 증언을 듣고서 죗값을 결정하라."

세종대왕은 형벌에 상당히 관대하였다. 무거운 죄인이라도 형벌을 무겁게 내리는 것을 피하게 하였다. 이에 대해서 반대하는 신하들도 있었다.

세종 21년에 한양과 지방에 사형수가 190명이나 되었다. 이를 보고

받은 세종대왕은, "근래에 흉년이 자주 들어 도적이 횡행하여 성안에서 다투는 일이 많았다. 이에 사형수가 전보다 배나 많아졌고 하여 짐은 부끄러움을 금할 길이 없다. 매양 옥사獄事를 듣고 결정을 내릴 때마다 가엾게 여기지 않을 때가 없었다. 싸움하고 때리고 하다가 사람을 죽인 일 같은 것은 법으로는 마땅히 죽어야 마땅하겠지만 본래 살인할 마음이 없던 것이다. 절도를 세 번 하였거나 관가의 돈과 곡식을 도적질 한 것은 대개 궁해서 범행을 한 것이다. 이것은 정리상 동정심을 보내야 하는 것으로 짐이 관대하게 처분하려 한다." 하였다.

이에 황희黃喜와 하연河演 등 대신들은 "어느 한 사람이라도 정해진 법으로 벌을 내리는 것은 수많은 사람들로 하여금 두렵게 생각하여 감히 악한 짓을 마음에다 두지 못하게 하는 것입니다. 형벌을 가볍게 하는 것은 단지 간사한 무리와 악한 자를 도와주고 착한 사람들을 해치게 되어 정치하는 도리에서는 옳지 않은 줄 압니다. 지금 전하께서 살려주기를 좋아하는 지극히 어지신 마음이신데 그것은 천성에서 나오신다 하겠습니다. 전하는 형벌을 결정하실 때마다 그런 마음을 반복하여 재심再審하고 가볍게 죄를 물었습니다. 그래서 마땅히 죽어야 할 사람이 면죄가 되고 한 사람이 많았습니다. 옛날 중국 정鄭나라 자산子産이, '불은 기세가 맹렬하여 백성을 두려워하고 물은 기세가 약하여서 백성이 항상 업신여긴다 하였습니다.' 이런 교훈을 태숙太叔이 따르지 않다가 결국은 군사까지 일으켜 도적을 쳐야 하는 일이 있었습니다. 형벌을 가볍게 하면 해를 보는 그 피해가 착한 사람에게 미치는 것으로 한결같이 법의 조문에 냉정하게 따르시길 바랍니다."라 간언하였다. 이 간언에 세종대왕은 수긍을 하고 그들의 간언을 따르기도 했다.

17대 효종(1649~1659)은 교수형에 처한 죄인이 방망이로 맞아 죽는 일이 많다는 것을 듣고 명을 내리기를 죽이는 것에는 여러 방법이 있겠는데 방망이로 때려죽이는 것은 아무래도 문제가 있는 것이다. 나는 그것을 슬프게 생각하니 형벌 맡은 관리에게 그런 형벌은 피하도록 하라. 하였다.

이 명이 있은 후 개 잡듯 때려죽이는 형벌은 없어지고 대신에 목을 매서 죽이게 하는 교형을 내렸다.

고려는 형법을 중국 당나라의 율법을 많이 참작하였다. 고려가 취한 형법은 조선에 전승되는 조항도 많았다. 두 왕조에서는 다름없이 형벌을 내리는데 신중을 기하였던 것이다.

금金나라 시조는 신라 핏줄이다

금나라 건국의 시조는 아골타阿骨打며 여진족女眞族이 세운 나라였다.《고려사》에 보면 다음과 같은 내용이 있다.

"생여진生女眞의 완안부完顏部 아골타阿骨打가 황제라 스스로 칭하고 이름을 민旻으로 고치고 국호를 금金이라 하였다.

그들의 풍속은 흉노匈奴와 같고 모든 부락에는 성책城柵이 없다. 그들은 산과 들에 분산되어 살며 문자가 없어 언어나 노끈과 매듭으로 언약과 증표를 삼았다. 그 지방에는 돼지, 양, 소, 말들이 흔하며 말은 우량한 것이 많아 어떤 말은 하루에 천 리를 달리는 것도 있다. 사람들은 사납고 날쌨다. 아이 적부터 활을 잘 다루고 하여 새와 쥐를 쏘며 장년이 되어서는 활을 잡고 말을 달려 전쟁연습을 하였다. 이래서 강한 군사가 되지 않은 자가 없었고 모든 부락마다 나름대로 그러하여서 하나의 부락으로 통일되는 일이 없었다. 그들 지역의 서쪽에는 거란에 닿고 남으로는 우리 고려와 인접하였다. 일찍이 거란과 우리 고려를 섬겨왔다.

우리 고려를 예방할 때마다 밀기울과 초피貂皮, 우량 말 등등을 바쳤다. 우리 고려에서도 은銀과 돈을 예물로 후하게 주었는데 매년 이렇게 하였다.[6]

어떤 사람은 말하기를 "옛적에 우리나라 평주平州의 중[僧] 김준金俊이 여진女眞으로 도망하여 아지고촌阿之古村에 살았는데 이가 곧 금金나라의 선조가 되었다."고 하였다. 다른 어떤 사람은 "평주의 중 김행金幸의 아들 극수克守가 처음 여진의 아지고촌에 들어가서 여진인 여자와 결혼하여 아들 고을태사古乙太師를 낳았고 고을태사는 활라태사活羅太師를 낳았다. 활라에게는 아들이 여럿이었다. 맏아들은 핵리발劾里鉢이요, 다음은 영가盈歌였는데 영가가 가장 뛰어나서 사람들 관심을 받았다. 영가가 죽은 후 핵리발의 맏아들 오아속烏雅束이 그 뒤를 이었고 오아속이 죽은 후 그의 아들 아골타阿骨打가 부족의 수장이 되었다."

아골타는 금나라를 세운 최초의 왕이다. 그가 왕의 자리에 오르고 나서 '나는 신라의 조상을 둔 사람이다.'하는 말을 하였다. 이 말은 그의 조상 김행을 두고서 나왔던 말이었다.

김준은 금준今俊으로 표기된 자료도 있다. 당시 금今이란 성이 신라나 고려에 없었고 보매 잘못 표기한 것이라 하는 말이 있었다. 이런저런 자료에서 보면 김준과 김행은 동일 인물임을 말하는 학자도 있었다.

여진족은 생여진과 숙여진으로 나눠 있었다. 김행이 간 여진은 생여

---

6 초피貂皮)는 노란색 단비의 모피.

진이었다.

조선시대 규장각奎章閣 부제학副提學을 지낸 김교헌金敎獻은 신라의 왕손이 여진 땅에 가서 먼저 완안부의 부족장이 되고 금나라를 세우게 되었다는 설명을 하였다. 그 내용은 다음과 같다.

"말갈이 발해에 속했는데 발해가 망하자 그 지역 부락의 전체 이름을 여진女眞이라 하였다. 백두산을 동과 서로 나누어 서쪽은 숙여진이라 하고 동쪽은 생여진이라 했다. 요遼나라에 속했으나 생여진은 나라를 스스로 다스리는 제도 아래에서 임금을 태사太師라 했다. 그리고 신라의 종실(宗室) 김준의 아들 극수를 맞아 왕위에 앉혔는데 부락의 이름을 완안(完顔)이라 하고 그들의 성(姓)이 되었다. 완안은 여진말로 왕자라는 뜻이다."

사학자 손진태는 금나라 왕은 신라 사람이고 완안은 왕의 뜻으로 사용된 것이라 하였다.

금나라는 서기 1115년에 건국되고 1234년에 망했다. 요나라를 멸하고 만주 일대를 다 차지하다시피 했다. 중국의 북송北宋을 병합하여 큰 제국을 형성하기도 하였다. 국호를 왜 금金이라고 하였는가 하는 것에는 조상이 한자로 금金이라는 성을 가진 데서 짐짓 그런 국호를 정했다는 것이다.

금나라가 강성했을 때는 고려가 상국上國으로 받들기도 하였다. 원元나라가 일어나자 금나라는 망하였고 이후 여진족은 한동안 나라 없이 지냈다.

금나라가 건국되고 나서 그들이 고려를 침범하지 않았다는데 사실 금나라 왕실은 신라의 핏줄이었음을 알게 한 것이다.

조선시대 이수광李晬光이 쓴《지봉유설芝峰類說》에서 "금의 완안씨는 본시 고려인이었기 때문에 고려에 매우 후하게 대했고 끝내 침략은 하지 않았다. 그리고 의주義州는 원래 고려 땅이고 하여 금나라가 요를 정벌한 후 고려에 돌려주었다." 하였다.

이런 기록에서도 금나라 왕실은 신라의 핏줄이 섞여 있었다는 데서 고려를 조상의 나라로 받들었던 게 아닌가 한다.

유감이 깊어도 해칠 수 없다.

 고려에는 왕이 아니면서도 한 핏줄로써 4대째까지 나라의 일을 전횡하고 권력을 세습한 집안이 있었다.
 그 집안은 최충헌崔忠獻을 비롯한 최우崔瑀, 최항崔沆, 최의崔竩로 이어진 최씨 집안이었다. 그들은 모두 부자관계에서 권력의 자리를 물려주고 잇고 하였다.
 최충헌은 명종(1170~1197) 때 무신武臣으로서 정권을 잡았으며 국정을 전횡하던 이의민李義旼을 죽이고 권좌에 오른 인물이다.
 당시 무신의 관직에는 대장군과 상장군이 있었는데 그들 관직의 16명이 한자리에 모여 군사에 대한 일을 의론하던 중방重房이란 사설 정치 기관이 있었다. 그런 그들에 의해 왕의 실권은 무시되고 국정이 그들에 의해 좌지우지되었다. 이의민도 이들의 한 사람이었고 그가 단독으로 정권을 잡았을 때 역시 무신이었던 최충헌이 죽인 것이다.
 최충헌이 집권한 후 그의 아들 최우가 집권할 때는 최씨 집안의 권력이 절정에 달했다. 왕명보다 최우의 말 한마디에 조정 신하들이 좌지우지되었다.

최우는 본부인에서 아들을 두지 못하였다. 적자嫡子가 없었던 것이다. 그러다가 기생 서련瑞蓮을 알게 되어 그녀의 몸에서 두 아들을 보았는데 그중 한 명이 최항이었다. 최항이 아버지의 뒤를 이어 역시 정권을 잡았을 때 그의 집권에서는 조정 신하들이 귀양 가거나 벼슬이 강등되거나 더러 죽음을 당하는 폭정이 심했다.

그의 폭정에는 지난날 승려 생활을 할 때 벼슬아치들에 대한 유감이 많았는데 원인도 있었다.

《고려사》〈열전〉편에 보면 김지대金之岱에 관한 한 기사가 있다. 그 기사의 내용은 다음과 같다.

"김지대의 그 전 이름은 중룡(仲龍)이며 청도인(淸道人)이다. 체격이 건장하고 활달한 기질이 보였고 웅지(雄志)가 있었다. 그는 공부에 전념하여 글을 잘하였다. 고종 4년 강동싸움[7]에 아버지를 대신하여 종군하였다. 군사들의 대열에서 다른 병사들은 방패 전면에 괴상한 짐승을 그려서 들고 있는데 김지대는 유독 자기가 지은 시 한수를 방패에 써 놓았다. 그 시는 '나라의 근심은 신하의 근심이요, 아버지의 걱정은 자식의 걱정이다. 아버지를 대신하여 나라에 보답하면, 그것은 충과 효를 같이 함이다.'였다. 조충원수(趙冲元帥)가 군대를 점검하다가 이 시를 보고 놀

---

7 · 강동싸움 : 거란족 군사의 침략에 싸운 지역, 강동은 현 평양 동북쪽 지역에 있는 강동군.

라며 그 연유를 물었다. 그리고 막하에 두어 아껴 썼다. 이듬해 조충이 지공거知貢擧[8]가 되었을 때 김지대를 장원으로 뽑았다. 조정에서는 전례에 따라 전주사록全州司錄[9]으로 그를 임명하였고 여기서 김지대는 어렵고 외로운 사람들을 잘 돌보아주고 토호세력들을 억눌렀다. 죄 지은 자들을 적발하는 게 귀신같고 하여 아전과 백성들은 존경과 두려움을 금치 못하였다. 조정으로 돌아와서는 보문각교감寶文閣校勘[10]의 직에 있었다. 그는 이후 전라도 안찰사로 임명되어 갔다. 그때 최이(최우)의 아들인 승려 만전萬全이 진도珍島의 어느 절에 거주하고 있었다. 그의 도당이 있는데 횡포스럽기 짝이 없었다. 그들 가운데 통지通知라고 부르는 자가 더욱 심하였다. 그런 그들이 김지대에게 청하는 바가 있었지만 김지대는 응하지 않고 되레 억눌렀다. 김지대가 일찍 그 절에 가서 만전을 방문하였는데 방에서 만전은 욕설을 하며 대면해 주지 않았다. 그렇지만 김지대는 마루로 올라가 마침 그곳에 피리와 거문고가 있는 것을 보고 몇 곡조 불고 한 곡조 타기도 하였는데 그 음절이 비장하였다. 이 소리를 듣던 만전은 기쁜 낯빛을 하며 마루로 나와 김지대를 맞으며 '마침 몸이 안 좋아 공이 여기 오신 것을 알지 못하였습니다.'하고 서로 유쾌히 술을 마셨다. 그리고 만전은 김지대에게 10여 가지를 부탁하는 일이 있었다. 이에 김지대는 그 자리에서 부탁을 몇 건만 들어주기로 하고

---

8 지공거 : 과거시험의 책임 시험관

9 전주사록 : 전주지방에 둔 사록 벼슬을 말함. 사록은 지방관직

10 보문각교감 : 왕 앞에서 유교 경전을 강의하고 토론하는 일을 맡은 중앙관청인 보문각의 종 9품의 관직인 교감이라는 말

다른 몇 건은 관아에 가봐야 들어줄 수 있는 사안이라 하며 나중에 수하 통지자를 보내라 하였다. 그리고 관아로 돌아왔는데 며칠 후 통지자가 관아에 온 것을 보았다. 김지대는 아전을 시켜 대뜸 그를 결박케 하고 그의 불법행위를 문초하여 확인한 후 강물에 던져 죽였다. 그런데 중 만전은 바로 최항이다. 최항은 집권한 후에 지난날 김지대의 행위에 대하여 깊은 유감이 있었지만 원체 청렴하고 잘못이 없음에 끝내 해치지 못하였다."

최우는 최이崔怡라는 이름을 갖기도 하였다. 《고려사》는 최이로 표기한 것이다.

김지대는 고려 23대 고종 때 시詩와 문文에 뛰어난 재상이다. 그는 관리로서 청렴하고 공명정대하기로 소문난 명신名臣이었다. 그가 사후에 받은 시호가 그의 인품을 말해 주고 있는 것이다. 그의 시호는 영헌공英憲公이다. 시호는 왕이 한 인물의 생존 때 행적을 대상으로 그의 공덕을 칭송하는 목적에서 두 글자를 지어 주는 호인데 여기에는 글자 한 자 한 자마다 의미를 두었다.

김지대의 시호의 뜻은 다음과 같다.

"덕을 보여 화목하도록 했다, 그래서 영(英)이라 한다. 선을 보여 기강이 잡히게 했다, 그래서 헌(憲)이라 한다." 그 원문은 德正應和曰英(덕정응화왈영) 行善可紀曰憲(행선가기왈헌)이다.

김지대는 공직자의 자리에서 백성들에게 덕을 보였다. 이를테면 덕으로 백성들을 다스린 것이다. 그리고 스스로 착한 행동을 보여 휘하 사람들이나 백성들로 하여금 기강이 서게 하였다. 기강은 사회질서와 나라의 법을 준수하는 것을 말한다.

김지대의 시호에서 말하였듯 최항은 김지대의 인품에서 비록 자신이 지울 수 없는 유감을 갖고 있었지만 보복 행동을 할 수가 없었다.

《고려사》열전의 반역 편에 보면 최충헌과 최이, 최항 그리고 최의에 관한 기사가 긴 내용으로 실려 있다. 이 기사에 다음과 같은 내용이 있는 것을 본다.

"최이가 병권兵權을 김약선金若先에게 넘겨 줄 것을 생각하고 있던 바 이에 대하여 두 아들이 반란을 일으킬 것을 염려하여 둘 다 송광사로 보내서 삭발시키고 선사禪師의 칭호를 주었다. 만종은 단속사斷俗寺의 주지로, 만전은 쌍봉사雙峰寺의 주지로 있게 하였다. 둘이 다 무뢰한 중들을 모아서 문도門徒11를 만들고 오직 재산 늘리는 것을 일삼았다. 금과 비단이 쌓이고 경상도에서 모은 쌀만 해도 50만 석이나 되었다. 그들 둘은 쌀을 가지고 장리를 놓는 일까지 하였다. 가을 수확이 되면 성화같이 독촉하여 혹독하게 받아냈다. 이로 인해 백성들은 낟알이 남지 않았고 그래서 나라에 조세도 제대로 바치지 못하였다. 문도들은 또 각처의 큰절에 모여 거주하며 세도를 믿고 제멋대로 행동하는 일이 많았다."

또 이런 내용도 있었다.

---

11 문도 : 제자들이라는 말.

"형부상서刑部尙書[12] 박훤朴暄이 최이에게 말하기를, 지금 북방의 거란군이 매년 침입해 오고 하여 민심은 동요되고 있는데 두 선사의 문도들은 백성들의 재산을 수탈하며 부녀자들을 겁탈하는 행패까지 자행한다 하니 이로 인해 무슨 변고라도 생길까 염려된다고 하였다. 이 말에 최이는 어떻게 하면 좋을까 하고 박훤에게 물었는데 박훤은 대답하기를 두 선사를 소환하고 순문사와 안찰사에게 명하여 무뢰한 승도僧徒들을 가두고 민심을 수습하는 것이 좋다고 하였다. 이에 최이는 어사御史[13] 오찬吳贊과 행수[14] 주영규行首 周永珪를 쌍봉사와 단속사에 보내 돈과 곡식들을 몰수해서 원 주인들한테 돌려주고 빚 문서들을 거둬 불태우고 문도들 중에 악행이 심했던 자들을 가려 옥에 가두고 하니 온 나라 백성들이 기뻐 맞이 아니했다."

최이는 두 아들을 소환한 후에는 얼마 안가서 만전에게 벼슬을 주었다. 여기에는 만전이 자기네들의 신상문제를 우려하는 애원이 있었기 때문이었다.

"아버지께서 생존 시 저희들을 돌보지 않고 핍박하듯 하면 돌아가신 후에는 우리는 필연코 죽음을 당할 것입니다." 하고 호소를 만전이 한 것이다.

이 호소에 최이는 그래도 내 혈육인데 하고 지난날의 잘못을 불문에

---

[12] 형부상서 : 고려 때 형벌 소송 등 법률관계 공무를 맡은 중앙관청의 수장
[13] 어사 : 왕의 명령에 의해여 특별한 임무를 띄고 지방에 파견되는 벼슬아치
[14] 행수 : 어떤 집단의 우두머리

부치고 오히려 박훤이 자기 부자를 이간질시켰다는 이유를 내세워 되레 흑산도로 귀양 보내고, 당시 경상도慶尙道 순문사巡問使[15]였던 송국첨宋國瞻까지 벼슬자리를 강등시키고 구속한 중들을 모조리 석방시켜 버렸다. 이때 최이는 만전을 환속케 하여 최항이란 새 이름을 지어주고 벼슬자리를 만들어 주었다. 최항은 이로부터 승승장구하였고 아버지 최이의 권좌를 물려받기 시작한 것이다.[16]

최항은 아버지 최이의 사후에는 아버지 때와 마찬가지로 권력을 독점하고 역시 최고위직에서 왕 대신에 조정 신하들을 좌지우지하였다.

최항의 집권에서 귀양 가는 조정 대신들이 한두 명이 아니었고 더러는 모함을 받아 죽음을 당하는 대신들도 있었다. 그 대표적 인물에는 김경손金慶孫이란 대신이 있다.

김경손은 신라 김씨 왕실의 후손이며, 19대 명종 때부터 신종, 희종, 강종, 고종까지 5대 왕조에서 관직에 있었고, 최고위 벼슬자리이며 삼공三公의 하나가 되는 태보太保 직에 오른 김태서金台瑞의 셋째아들이다. 그는 대장군大將軍의 관직에 있을 때는 몽고군과 싸워 공을 많이 세우기도 하였다.

이러한 그가 최항에 의해 죽음을 당한 것이다. 그의 죽음에 대한《고려사》의 기사가 있다. 내용은 다음과 같다.

---

15 순문사 : 각 지방에 둔 군사관계 공무를 맡은 수장의 벼슬아치

16 김약선(金若先)은 최이의 사위이며 고종의 장자로 후에 왕위에 오른 원종의 장인이다. 즉 왕비 순경왕후(順敬王后)의 아버지. 최이의 여자들을 모아놓고 음란한 행위를 자행하다가 발각되어 유배 갔다가 나중에 최이의 휘하 사람한테 살해당했다.

"김경손은 뒷날 추밀원부사樞密院副使로 승진되었으나 고종 36년에 최항이 김경손의 신망이 있는 것을 꺼려 백령도로 귀양 보냈다. 2년 후에 최항이 계모 대씨大氏를 죽이고 아울러 그의 전 남편의 아들 오승적吳承績을 강물에 던져 죽였다. 그리고 김경손이 오승적과 인척관계라 하여 사람을 시켜 귀양 가 있는 김경손도 바다에 던져 죽였다. 김경손은 여러 번 공을 세웠으며 조정이나 민간에서 모두 그를 믿고 소중히 여겼는데 간신들에게 살해되어서 애통해 하였다."

다음과 같은 내용의 기사도 《고려사》에서 보게 된다. 이 기사에서 최항의 만행이 얼마나 심했던가를 짐작한다.

"최항은 모함하는 말을 잘 믿는 까닭에 딴사람이 그저 사감 갖고 반란을 꾸민다고 하는 모함의 말이라도 들으면 곧장 국문을 하였다. 그렇지만 아무런 증거는 나오지 않았다. 최항은 장군 송길유를 시켜 김경손을 바다에 던져 죽였다. 그 이유는 단순히 오승적의 사돈이었기 때문이다. 그리고 휘하 사람들을 남도南道로 보내서 유배된 사람들 과반수를 바다에 던져 죽게 하였다."

최항의 집권 시 이 같은 만행에도 김지대는 무사하였다. 고종이 승하하고 24대 원종이 재위할 때까지 계속 관직에 있었다. 원종 7년 77세로 졸하였는데 그는 귀양 간 적은 한 번도 없었다.

《고려사》를 들여다보면 실제 죄를 지었거나 어떤 모함을 받았거나 하면 귀양 또는 벼슬 강등이 예사로이 있었다. 죽음을 당한 벼슬아치들이 그것도 고위관리들이 많았다.

조선 초기에 명신이며 학자였던 권근權近이 찬술한《동국사략東國史略》에는 "고려 고종 26년에 최이의 서자 만종과 만전이 모두 무뢰배로서 사악한 중들을 모아 재물 모으기를 업으로 하고 권세를 믿고 각 고을의 수령들을 능욕하더니 경상도 안찰사 왕해王諧와 전라도 안찰사 김지대 두 안찰사는 그들 행패에 굴하지 않고 오히려 그들 무뢰배를 제재하고 억압하였다. 당시 왕해가 명령하기를 '백성이 세금을 내기도 전에 사채를 먼저 독촉하는 자는 죄를 주리다' 하였더니 두 중은 두려워하였다. 김지대가 전라도 안찰사가 되었을 때는 중 만전이 진도의 한 절에 있으면서 청탁하는 바가 많았다. 만전의 수하에 무뢰배가 있는데 그중에 통지通知하는 자가 더욱 방자하였는데 그가 청탁차 영營에 찾아온 것을 문죄問罪하고 묶어 강에 던졌다. 그런 일이 있었지만 중 만전은 김지대가 워낙 청렴하고 언행에 조심성이 많아 과실이 없어서 끝내 해치지 못하였다. 원종 7년에 김지대는 평장사平章事[17]에서 퇴임한 후 졸하였다." 하는 내용이 있는 것이다.

최항이 승려생활을 할 때 한동안 진도의 용장사龍藏寺라는 절에 가 있었다. 여기서 전라도 안찰사로 내려간 김지대에게 그의 무리들이 조사되고 단죄되었던 것이다.

최항에 관한 어떤 자료에는 용장사의 중들이 백성들의 재물을 수탈하고 부녀자들을 겁탈하는 일이 비일비재하여 김지대 안찰사가 짐짓 찾

---

[17] 평장사(平章事)는 재상자리가 되는 오늘날 장관급 관직.

아가서 엄히 단죄하였다는 것으로 설명하였고, 여기서 만전은 두려워 육지로 몰래 빠져나가 멀리 전라도 화순 땅에 있는 쌍봉사로 도망갔다고 하였다.

사실 이러하였다면 최항은 김지대에 대하여 유감이 컸을 것이고 누구보다도 복수하겠다는 생각이 있었을 것이다. 그러나 최항 자신이 나라를 다스리는 책임자로 자리에 있고 해서 청렴하지 못하고, 소신이 없고, 공명정대하지 못한 관리에 대해서는 고개를 돌리고 오히려 김지대에게 호감을 갖는 바가 되었다고 볼 수 있는 것이다. 이유는 그로 인해 자신의 치세治世가 흠이 안 난다는 것을 알기 때문이다. 그래서 김지대를 해치지 않고 오히려 요긴하게 부렸다고 할 것이다.

김지대가 재상으로서 과거시험의 시험관이었을 때 보인 한 일화가 있다. 이 일화에서도 김지대의 품성을 알 수 있는 것이다. 그 일화의 내용은 다음과 같다.

"최충헌의 집에서 종노릇을 하다가 최충헌의 아들인 최이가 정권을 승계하였던 시기에 벼슬을 한 김준金俊이란 자가 있었다. 그는 중 만전이 최항이란 이름으로 정권을 잡고 있을 때는 재상의 자리에 오르기까지 하였다.

김준에게는 아들 6명이 있었는데 그중 2명은 일찍 죽고 4명은 살아서 아버지의 권세로 모두 벼슬을 하였다. 그들 아들 중에 김애金愷라는 이름의 자식이 있었는데 그 자식은 김준의 후처에서 태어났다. 그가 과거를 보았을 때 시험관 김지대는 그를 겨우 을과乙科의 제4위에 합격한 것으로 왕에게 보고하였다. 그런데 왕은 상위에 올릴 것을 명했다. 김지대는 난색을 띠고 그의 아버지 김준을 봐서 낙방될 그를 그나마 4위에 합격시켜 줬는데 왕의 부탁은 지나치다고 생각하며 따르지 않았다. 이에 왕은 임의로 한 등급 올려 측근에 두는 합문지후閤門祇侯의 벼슬을 주었다. 합문지후의 벼슬은 조정 신하들의 조회와 각종 행사의 절차와 의식을 담당하는 부처의 관직이었다. 그는 후일 종3품의 국자좨주國子祭酒에 승진하고 과거시험의 시험관이 되기도 하였다. 국자좨주는 관리들의 자제를 교육하는 국자감國子監의 수장 벼슬이다. 김준은 김지대의 그런 행동을 보고 유감을 가졌는데 그의 공명정대함을 세상 사람들이 다 아는 바라 해쳤다간 오히려 이롭지 못할 것을 여겨 잠잠히 있기만 하였다."

김준도 최항에 버금가는 권력 만행을 보이기도 했는데 역시 최항처럼 김지대를 해치지 못했던 것이다.

최항이 죽은 후에는 최항의 후계자 최의崔竩가 정권을 인계 받았는데 김준은 최의의 권력을 빼앗고 대신에 왕에게만 힘을 주는 왕권확립의 공을 세웠다. 이로 인해 고종 말기에 공신으로 대접받고 고종의 아들 원종 재위 중에는 최고위직인 시중侍中에 오르기까지 하였다. 그는 활을 잘 쏘는 무인이었다.

최항의 권력만행에 비판의 역사기록이 있지만 한편 좋은 치적을 언급한 기록도 있는 것이다. 아버지 최이가 죽은 뒤에는 최항이 정권을 인수받자 병권을 잡는 병부상서兵部尙書 자리에 오르고 동북면병마사東北面兵馬使 관직도 겸했다. 그는 당시 재상 반열에 있던 민희閔曦, 김경손金

慶孫, 김안金安 등 권신들을 섬으로 귀양 보내고 각 고을에서 바치는 공세貢稅를 감세하고 관리들을 감원하였다. 이것은 관리의 인건비를 절약하여 백성들 세 부담을 적게 한 것으로 칭송을 받았으며 아버지 최이가 남긴 식읍食邑을 물려받는 것과 자신에게 내린 진양후晋陽候란 작위마저 사양하였다. 그는 또 《대장경大藏經》을 판각하는 공도 세웠는데 이에 따라 조정에서 포상하려 하는 것 마저 사양하였다.[18]

최항은 몽고 사신이 올 때 왕이 몸소 영접하는 일을 못하게 막았다. 이 일 때문에 몽고군의 침입을 받기도 했지만 그의 항몽 정신은 유달리 존경받기도 하였다. 그에게는 후사가 없어 송서宋情라는 사람의 여종이 낳은 자식을 아들로 삼았다. 실은 그 아들이 최항이 중으로 있을 때 그 여종과 간통하여 낳은 자식이었다. 그 자식은 바로 네 번째로 최씨 정권의 주인공이 된 최의였다. 최항은 자신의 옛집을 철거하여 그 땅을 집이 없는 사람에게 나눠주기도 하였다. 그가 정권을 잡았을 때는 벼슬아치 등 특히 고위관리들이 희생되는 바가 많았지만 평범한 백성들 즉 서민들을 위해 선한 행동을 한 일이 많아서 지난날의 허물은 그들 서민들에게는 잊혀지는 일이 많았다.

---

18 식읍(食邑)은 공신에게 한 지역을 줘서 조세를 개인이 받아쓰게 하는 곳.

미친 여자가 시를 외우다.

고려 23대 고종(1213~1259) 때 명신名臣이며 재상이었던 김지대金之岱라는 인물이 있었다.

그는 시문詩文에 뛰어났던 것으로 현 고전학계에서도 잘 알려져 있다. 그에 대한 이야기는《고려사》의〈열전〉편에도 기록되어 있다.

조선 14대 선조(1567~1608) 때 학자로 유명하였던 사계 김장생沙溪金長生이 있었다. 그는 율곡 이이栗谷 李珥의 문하생으로 예학禮學과 성리학性理學을 깊이 연구하여 조선에서는 제일간다는 조선예학朝鮮禮學의 태두가 되었고 그의 문하에는 송시열宋時烈, 송준길宋浚吉 등 많은 유학자儒學者들이 배출하였다.

그런 김장생은 고려조의 김지대를 평가하기를 "당시 주자朱子의 학문이 우리나라에 나타나지 않았으나 김지대의 학문은 조리가 주자의 것과 다를 바가 없다." 하며 높이 평가하였다.

중국의 주자는 김지대가 고려조에 태어나기에 앞서 16년 전에 사하였고, 그의 성리학은 고려 말기에 전래되어 왔으며, 조선에서 많은 유학자들에 의해 성행을 보았던 것이다.

동인시화東人詩話라는 서거정徐居正의 저서가 있다. 서거정은 조선 4대 세종 때 태어나서 9대 성종 때까지 생존한 조정 대신이며 학자였다. 그는 자신의 시대까지 앞서 있었던 유명 인사들이 남긴 시를 평하는 내용을 이 저서에 담았는데 김지대의 시에 관한 이야기도 있다.

"영헌 김지대가 의성관루義城舘樓를 두고 지은 시에,

문소(聞韶)의 공관(公舘) 후원 깊숙한 곳

그 가운데 백여 척 높은 누각이 있네.

향그러운 바람 십리길 와서 주렴을 걷고

밝은 달 아래 들려오는 한줄기 옥피리 소리여.

옅은 안개 속 버들 그림자는 실실이 이어지고

비가 개인 뒤 산 빛은 더욱 짙어 보이네.

용황(龍荒)에 팔 꺾인 무인(武人)이여

난간에 기대어 헤아려보니 답답하구나![19]

---

19 문소(聞韶)는 중국의 고대국가 순(舜)나라의 임금이 음악을 듣는다는 것으로 생겨난 용어(옛날에 의성 공관에는 문소라고 이름 지은 누각이 있었다). 공자(孔子)가 제(齊)나라에서 문소(聞韶)하고는 석 달 동안이나 고기맛을 몰랐다는 말이 있다. 경북 의성에는 옛날 객사(客舍)에 북쪽 문소루(聞韶樓)가 있었다. 갑지랑(甲枝郞)은 갑옷을 입은 무인(武人)을 말한다. 용황(龍荒)은 용의 싸움처럼 거친 싸움을 말한 것이다.

라고 했는데, 이 시는 한때 널리 인구人口에 회자膾炙가 되었다. 그후로 십 년 뒤에 누각이 전란戰亂에 불타고 그 시를 새겨두었던 현판도 따라서 없어졌다.

그로부터 십년 뒤에 한 안찰사按察使가 의성현義城縣에 와서 김지대의 시를 급하게 찾았다. 그런데 고을 사람들은 알 수가 없어 당황하였다. 고을 관리들은 난처해하였다. 그런데 당시 고을 관아의 수장인 오적장吳迪莊 현령縣令에게는 딸이 한 명 있었는데 그 딸은 그때 미친 사람이 되어 있었다. 미친 이유는 정혼을 한 남자 장정하張庭賀가 다른 규수와 결혼을 해버린데 있었다. 장정하는 당시 조정 재상인 장일張鎰의 아들이었다.[20]

오적장은 임지인 의성義城으로 딸을 데리고 오는 바람에 장정하와 헤어졌다. 그래서 오적장의 딸은 미쳐가지고 종잡을 수가 없는 말을 지껄여대는 일이 많았다. 김지대의 시를 찾는 그때 그녀가 문득 김지대의 시를 읊어대는 것을 본 고을 사람들은 그것을 적어 안찰사에게 바쳤다. 이에 세상 사람들은 '귀신도 시를 사랑하여 아끼고 보전하고자 미친 그녀를 통해 세상에 알린 것이다.' 하였다.

나는 일찍이 이런 말을 황당하다고 생각하여 믿지 못하겠다고 여겼다."

이상은 저자 서거정이 편찬한 《동문선東文選》에 '의성객사북루義城客舍北樓'란 시제詩題로 실려 있는 것으로 시의 원문을 적어 보면 다음과

---

20 장일은 고려 24대 원종(元宗) 때 명신이었다. 의성현은 오늘날 경북 의성읍을 말한 것이다. 안찰사는 오늘날 도지사와 같은 지위의 관직.

같다.

'聞韶公館後園深 中有危樓高百尺 香風十里捲珠簾 明月一聲飛玉笛 烟輕柳影細相連 雨霽山光濃欲滴 龍荒折臂甲枝郎 仍按憑欄尤可怕 (문소공관후원심 중유위루고백척 향풍십리권주렴 명월일성비옥적 연경유영세상연 우제산광종욕적 용황절비갑지랑 잉안빙란우가파)'

청파靑坡 이륙李陸의 글을 담은 청파극담靑坡劇談이란 옛 문헌이 있다. 이 문헌은 시문집詩文集인 것으로 '청파문집靑坡文集' 제2권에 수록되어 있는 내용을 이륙의 아들 이험지李險之가 편찬한 것이다.

책의 간행 시기는 조선말 철종 3년1852으로 되어 있다. 고려시대의 명상名相, 문사文士들의 일화逸話와 고려품대高麗品帶, 시인詩人 등에 관한 여러 얘기가 수록되어 있는 것이다.

이 이륙의 시문집에도 김지대金之岱가 지은 의성義城의 문소루聞韶樓 시詩에 관한 이야기가 있다.

"의성義城은 옛날 문소현聞韶縣이다. 고려 영헌공 김지대가 일찍이 이 현의 누각에 시를 지어 붙이기를, '문소공관 후원은 깊기도 한데, 그 가운데 백여 척 높은 다락 우뚝 솟았네. 십리의 향기 바람 주렴(발)은 걷혔는데 달 밝은데 옥피리 소리는 외롭게 들려오네, 연기 서린 버들 그림자 가느다랗게 이어 있고, 비갠 산 빛은 푸른 빛 짙도다. 용황절비龍荒折臂의 갑지랑甲枝郎으로 와서 보니 두렵기도 하여라." 하는 시였다. 이 시는 당시 여러 사람들의 입에 오르내렸다. 뒷날 현판이 병화(兵火)에 타서 재가 되고 시 또한 없어졌는데 어떤 암행어사가 이 고을에 와서 김지대의 시를 급히 찾으니 고을 사람들은 어찌할 바를 몰랐다. 이때 고을 원의 딸이 있었는데 그 딸은 장일張鎰이란 재상의 아들과 혼삿말이 있다가 멀리 딴 곳으로 가서 장가들었는데 그 여자는 그 소식을 듣고 마음에 병이 들어 갈팡질팡 미친 소리를 하며 돌아다녔는데 그 여자가 문득 김지대의 시를 읊는 것을 고을 사람들은 보고 크게 기뻐하여 그 시를 적어 암행어사에게 바쳤다. 지금도 이 현의 누각 벽에 있다. 갑진년(조선 헌종 10년) 겨울 내가 왕명을 받고 영남안찰사로 왔다가 공의 시를 읽고 흠모한 생각을 이를데 없이 마지못하였다……"

이륙은 조선 7대 세조 임금 때 문과에 장원 급제를 하고 9대 성종 때 충청, 경상, 경기 감사 등 여러 고위 관직을 지낸 인물이었으며 특히 사서史書에 밝았다.

그의 시평詩評에서도 알 수 있듯 김지대의 〈의성객사북루〉, 일명 문소루 시는 화재火災로 잃어버렸던 시였는데 미친 여자가 외운데서 다시 알게 되었다는 시로 유명하다.

어린 시녀侍女를 남장男裝하다

"가례 때 나이 어린 시녀에게 남자 옷을 입히는 남장男裝을 하게 하고 털이 달린 호립胡笠을 쓰게 하였습니다. 이것은 원元나라의 조정에서 행하던 제도였습니다. 지금은 우리가 원나라 조정의 제도를 고치고 있는 참인데 이 같은 관행을 지금까지 보여준다는 것은 옳지 못한 줄 생각합니다. 그래서 모자가 없고 형체가 작은 청초여립靑綃女笠으로 사용케 하는 것이 가可한 줄 압니다."

위 내용은 《조선왕조실록》의 〈태종〉편에서 보는 내용이다.

태종 11년에 있던 일을 기록한 것으로 당시 김구덕金九德, 노귀산盧龜山, 김점金漸의 딸을 태종의 빈과 후궁으로 삼는다 하는 조정 신하들의 의논에서 나왔던 것이다.

조선은 초기 때까지는 왕이 빈과 후궁을 맞이하는데 그 풍속을 고려 때 있었던 의식방식을 취하였다.

고려 때 있던 의식이라면 원나라의 왕실에 있었던 예식의 모습이다.

고려는 왕실만이 아니라 일반 백성들 간에도 몽고의 풍습을 따르는 경우가 많았다.

몽고풍蒙古風이란 말이 있었다. 이 말은 고려시대에서 보였던 몽고 풍속을 말한 것이다. 고려 23대 고종 때 몽고 침입으로 많은 병화兵禍를 보았다. 그리고 31대 공민왕 때까지 종속국처럼 그들 몽고에 인질을 보내고 별난 공물을 바치고 하였다. 이러기를 거의 1백 년간 계속되었다. 여기서 다방면에 걸쳐 몽고의 풍습을 따르는 경우가 있었던 것이다.

고려의 몽고풍속에는 여자들의 족두리, 남녀가 옷고름에 차는 장도粧刀, 신부가 얼굴에 찍는 연지, 여자들이 귀밑을 뚫어 귀걸이를 다는 일, 왕의 밥상을 '수라'라고 부르는 말 등이 있었다. 특히 언어 습관에서 '치'를 붙이는 일이 많았다. 언어의 습관에 치를 붙인다는 것은 '장사치'니 '벼슬아치', '갓바치'니 하는 말끝의 '치'였다.

고려 왕실은 몽고, 즉 원나라의 황실과 혼맥관계를 갖는 일이 있었다. 비단 왕실의 사람들만 아니라 귀족이나 관리층에서도 그런 경우가 있어서 자연히 몽고풍습을 따르는 사회풍조가 되어 갔다. 머리를 땋는 변발 풍습도 여기에서 나타난 것으로 원나라가 중국 대륙을 장악하고 있을 때 중국의 한족漢族도 역시 원의 변발 풍습을 따르고 하였다.

변발은 머리 중앙의 머리털을 땋아서 뒤로 길게 늘어뜨린 것이다. 여기에 많은 머리 부분 주위는 빡빡 밀어 민둥민둥하게 한 모양이다.

고려 24대 원종 14년에 세자가 원나라로 인질로 갔다가 귀국할 때 변발의 머리 모습을 하고 왔던 일이 있었다. 그때 백성들은 해괴하다 하고 말이 많았다. 더러는 왕자의 모양이 왜 저 꼴이냐 하며 슬퍼하는 사람들도 있었다. 옷차림도 원나라의 몽고인들이 차려입는 모습이기도 하여서 백성들은 내심 비웃기도 하였다.

이 같은 변발은 비단 고려인에게만 있었던 게 아니라 여진족이 세운 청淸나라까지 유행처럼 따랐다.

원종의 세자는 25대 왕으로 재위한 충렬왕이다. 충렬왕은 원나라의 독노화禿魯花로 가 있으면서 원나라 세조世祖의 딸인 '홀도로계리미실' 이름의 공주와 결혼했다. 독노화는 인질을 뜻한 것이다.

충렬왕은 재위 초기에 신하들에게 왜 변발들을 하지 않느냐고 책망한 일이 있었다.

《고려사》의 〈충렬왕〉편에서 보는 기사에 '몽고의 풍습에 머리털을 정수리에서부터 이마까지 내려 깎는데 그 모양은 네모나게 한 것이고 가운데는 머리털을 남겨 두었다. 이것을 겁구아怯仇兒라 했다. 왕은 원나라에 갔을 때 이미 머리를 빡빡 깎았으나 고려인들은 아직도 빡빡 깎은 머리 모양이 아니니 왕은 신하들에게 책망을 하였다.' 하는 내용이 있는 것이다.

몽고의 풍습은 31대 공민왕 때 와서 조정 신하 이연종李衍宗의 간언에서 변발하는 것을 없애버렸다. 이연종은 제왕운기帝王韻紀를 집필한 학자 이승휴李承休의 아들이다. 30대 충정왕 때 사헌기관의 수장인 감찰대부監察大夫의 벼슬에 있었고, 공민왕 때는 밀직사密直司로 승진하였다. 밀직사는 정승의 반열에 들어가는 벼슬이었다.

이연종은 변발을 없애자는 것과 함께 호복胡服을 입는 것도 금하자고 공민왕께 진언했었다.

공민왕이 그의 진언을 받아들인 후로는 몽고풍의 모습은 차츰 사라져갔다. 고려 때 독수리나 까마귀 떼들의 밥이 되게 하듯 시신을 들이나 산자락에 가져다 내버리는 풍습도 있었는데 그것 역시 몽고족의 풍습에서 전래된 것이라는 말이 있었다.

가례嘉禮라는 말은 과거 왕의 즉위와 혼인, 왕세자와 왕손의 결혼 등의 예식을 말한다. 왕세자는 다음에 왕위에 오르는 왕자이다. 가례는 차츰 일반 가정에서도 그 같은 혼례식이 있을 때 사용하는 용어로 나타났었다. 호립은 몽고 사람들이 즐겨 쓰는 푸른색의 비단으로 만든 삿갓 모양의 모자였다.

제주도는 몽고족 성씨들이 있다

《동국여지승람》의 〈제주도〉편에 성씨 관계의 기사를 보면 모두 다섯 단계로 나눠 적힌 부분의 네 번째 항목에서 원나라로부터 들어온 성씨라는 설명이 있다. 그리고 다섯 번째 항목의 설명에는 양梁와 안安, 강姜, 대對의 성은 원나라가 망한 다음에 들어왔다고 설명하였다. 원나라는 몽고족이 세운 나라다.

그러면 원나라에서 들어온 양씨와 안씨의 성은 내륙(한반도)에서 건너 온 양씨, 안씨 성과는 다르다는 게 된다.

1992년도에 발행한 제주도 도지道誌에 다음과 같은 내용이 있다.

"제주도는 원元과 명明나라 시대에 걸쳐 제주의 성씨들 가운데 조趙, 이李, 석石, 초肖, 강姜, 정鄭, 장張, 송宋, 주周, 진秦의 10개 성씨가 원나라를 본관으로 삼고 있으며 양梁, 안安, 강姜, 대對의 네 개 성은 운남을 본관으로 삼고 있다." 하는 내용이다.

운남은 중국 내륙의 남쪽에 있는 운남성雲南省을 말한다. 현 베트남과 접경된 지역이다.

원나라를 본관으로 삼은 것이라면 원나라 사람인 것이 사실이다. 그런데 중국에서는 몽고족의 성씨가 한 개의 글자로 된 성씨는 보기가 어렵다. 설사 본다 하면 그것은 자기네 식의 성씨 표기는 아니고 글자 하나 또는 두 개로만 성으로 삼는 한족계漢族係 성씨를 모방한 몽고인이었다.

몽고족이 성을 쓴다고 하면 達魯花赤(다루가치)의 이름에서 達魯(달노)가 성이 되고, 탑사불화塔思不花이면 탑사가 성이고, 백안독길사伯顔禿吉思이면 백안독伯顔禿이 성이 되므로 대개 두 글자 이상의 형태를 갖는 성이 대부분인 것이다. 그러니까 그들의 언어 표기상 한족이 사용하는 성이나 한국인이 사용하는 단성單姓의 성씨 형태는 아니라는 것이다.

원나라의 몽고인은 원래 성을 사용하지 않았다. 역시 한족의 성씨문화를 받아 부르는 이름(그들의 이름은 한문글자 표기를 할 때는 여러 자(字)가 되는 경우가 많다.)에서 앞쪽의 발음을 가지고 성으로 삼았던 것이다. 그들의 성씨 표기에서는 3개 이상의 글자가 붙는 경우도 많았다.

제주도에 와서 정착하여 살면서 趙조나 李이의 성을 가진 몽고인이라 하면 분명 앞서 말했듯 한족의 성씨제도를 본받았던 몽고족이라 할 수 있다.

제주시의 제주자연사박물관에는 호구단자戶口單子라는 자료가 비치되어 있는데 이 자료는 조선시대 각 가정에서 만들어져 관아에 제출한 일종의 주민신고서 같은 것으로 여기에 趙조의 성을 가진 사람이 낸 단자에서 본관을 대원大元이라 적은 것을 본다.

한편 제주대학교 부설연구소인 탐라문화연구소에서 발간한 1996년도 자료집에는 강봉수姜奉洙라는 사람 역시 본관을 표시한 기록이 있는데 역시 대원大元이라 적혀 있다. 그런데 그의 외조부가 역시 같은 글자의 강씨 성인데 본관이 그와는 다르게 진주晉州라고 우리나라의 한 지명을 적어 놓은 것이다.

이런 대원조씨大元趙氏만이 아니라 대원김씨大元金氏가 제주도 사람들 사이에 있었다는 기록도 있는 것이다. 역시 몽고 사람의 성이었던 것이다.

제주도에는 고려를 굴종시키고 멀리 일본을 공략한다는 명목 아래 원나라 군사가 많이 들어와 주둔한 일이 있었다. 여기서 군마軍馬도 기르고 하였다. 고려의 삼별초三別抄의 난 때 고려의 관군官軍과 함께 난적亂敵들을 토벌한다는 명목으로 몽고군이 상륙해 점거한 적도 있었다. 그러는 가운데 그들 원나라 군사들이 더러 귀화하고 짐짓 탈영해 정착하는 자들이 많았다. 여기서 바로 몽고 풍속도 전파되고 몽고족이 갖는 성씨가 등장하기도 한 것이다.

제주도의 토착 성씨로 알려진 양梁과 같은 글자의 성이 또한 제주도에 있는데 그것은 중국 운남을 본관으로 하는 운남양씨인 것이다. 원나라의 왕조계 성으로 알려졌다.

원나라가 중국 대륙의 남단까지 점령하였을 때 양왕梁王이 군주로 통치를 했는데 이 양왕을 그들 몽고인 말로 부를 때는 '파잡랄와이멸'이라 하였다. 양왕은 명明나라에 점령당하자 외국으로 추방되었는데 추방

되어 온 곳이 제주도였다.

《조선왕조실록》을 살펴보면 원나라의 황실 인척들이 제주도로 옮겨 와 살았다 하는 기록이 있다.

《고려사》에서도 '명나라 사신이 고려에 와서 이르기를, 명나라가 북원北元을 점령하였을 때 귀순한 달달친왕達達親王 등 80여 호가 모두 탐라(제주도)에 살고자 하였는데…….' 하는 내용이 있는 것이다.

이 내용은 고려국의 왕이 그들을 제주도에 가서 살게 해 주라는 명나라 황제의 명령을 전달하는 데서 나왔던 말이다.

제주도는 여러 경로로 몽고족이 많이 들어와 살았다. 정착을 하면서 고려나 조선인과 같은 성의 글자를 가지거나 하여 자기네 나라에서는 없었던 본관(자기가 갖는 성이 최초로 등장하였다는 발원지를 일컫는 용어)까지 취하고 했던 것이다.

한편으로 제주도는 무역 관계로 항해하던 배가 표류되어 닿은 경우가 많았다. 여기서 표류된 그들이 정착해 사는 사람들도 있었다.

왕의 이름 글자와 같으면 불경이다

고려왕조나 조선왕조에서 왕의 이름 글자와 같으면 불경不敬이라 하고 이름 글자를 바꾸는 일이 있었다.

당시의 왕들 이름 글자를 보면 흔히 볼 수 있는 글자가 아니다. 잘 사용하지 않는 글자인 것이다.

예로 조선의 세종대왕 이름 글자를 보면 裪(도)이다. 이 한자의 뜻은 소매라는 뜻이다. 세조는 瑈(유)이고 성종은 娎(혈)이다. 유는 옥 이름이라는 뜻을 가진 글자이고 혈은 기쁘다는 뜻의 글자이다.

옥 이름의 글자와 기쁘다는 글자는 모두 생소한 한자이다. 같은 뜻으로 흔히 쓰는 옥의 뜻을 둔 글자는 玉(옥), 珦(향), 瑤(요)가 있다. 기쁘다는 뜻을 둔 글자는 喜(희), 悅(열), 欣(흔)이 있는데 바로 신하들이나 백성들 사이의 이름에서 잘 볼 수 있는 글자이다.

왕의 이름자가 조정 신하들이나 백성들 사이에서 잘 볼 수 없는 글자를 왜 쓰는가 하는 이유에 대해 왕이 그들 신하와 백성을 같은 이름의 글자이면 왕의 이름은 귀한 존재가 되지 못하고, 한편 왕의 이름자와 같으면 백성들은 개명改名을 해야 하는 불편도 있고 해서 짐짓 그들이 잘 쓰지 않는 글자를 이름자로 선택한 것이라는 얘기가 있는 것이다.

이 얘기가 사실일까 하는 것에는 고려왕조에서 그런 예가 있는 기사가 있다.

역사서의 하나인 동사찬요東史纂要에 고려 충렬왕 9년(1283) 정월正月 임진일壬辰日에 승선承宣 신윤유申允濡가 본래 이름은 원유元濡였는데 충렬왕의 이름자字와 같다고 하여, 윤允자로 바꾸었다 하는 내용이 있는 것이다. 당시는 왕명에 의하여 왕과 같은 이름의 글자를 금지하는 법령이 있었다 하는 내용도 있었다.

승선은 나라의 명령을 하달하고 궁궐을 호위하는 군사관계의 기무사항을 맡는 중추원中樞院이란 관청의 정3품 품계에 해당하는 관직이다.

동사찬요는 신라와 고려의 역사가 기록된 책이고, 조선 선조 때 오운吳澐이란 사람이 찬술하였다.

여기에서는 왕의 글자인 원元은 일반 백성들도 흔히 쓰는 글자였다. 그러나 당시 조정에서 일 보는 신하들은 사실 금령禁令이 있어서 그랬는지는 둘째 치고 신하 스스로가 비록 백성들이 흔히 쓰는 글자라도 예의를 갖추는 의미에서 짐짓 피하는 경우가 있었다. 즉 불경不敬이라는 생각에서 피했던 것이다.

고려에서는 자신의 성씨 글자가 임금의 이름자와 같다고 하여 바꾼 성씨도 있었다. 오늘날 본관을 예천醴泉으로 하는 예천권씨醴泉權氏가 그들이다.

　예천권씨의 족보에 "시조 권섬權暹은 흔유신昕油臣의 후손으로 본래는 성이 흔昕이었는데 고려 명종明宗의 이름이 흔昕이므로 휘諱를 범犯한다 해서 그의 외갓집 성인 권權의 성씨로 고치게 하였다. 그의 선대先代는 예천지방의 호족豪族으로 호장직戶長職에 있었고 후손들은 호장을 세습해 왔다. 권섬은 충목왕 때 예빈경禮賓卿을 역임했다. 그래서 후손들이 그를 시조로 하여 세계世系를 계승하고 있다." 하는 내용이 있는 것이다.

　고려 명종은 19대 임금이다. 이름은 흔昕이라 하였다. 충목왕은 고려 29대 왕이다. 역시 이름이 흔昕이었다. 묘하게도 두 왕의 이름과 같은 예천권씨의 본래 성씨 글자였던 것이다.[21]

　예천권씨만이 아니라 안동손씨安東孫氏도 왕의 이름 글자와 같다고 하여 본래의 성씨 글자를 바꾸었다.

　荀(순)의 글자가 본시 성씨였던 것이다. 바꾼 이유는 고려 8대 임금 현종顯宗의 이름이 순詢이었다. 이 이름의 글자는 글자 그 자체가 같은 게 아니라 발음이 '순'이란 것으로 같았을 뿐이다. 그런데 다른 글자로 바꾸었다는 게 안동손씨의 족보에서 보이는 것이다.

　바꾼 글자는 손孫이었는데 그들 족보 기록에 의하면 "시조 손응孫凝은 본래 성씨가 순荀이었는데 발음이 임금의 이름자와 같다 하여 손씨孫氏의 성을 임금으로부터 하사下賜받았다고 한다." 하였다.

---

21 예빈경(禮賓卿)은 조정 조회(朝會), 제사, 외교 등을 맡은 예빈시(禮賓寺) 관청의 종3품 관직, 휘(諱)는 이름이란 말을 높여서 부르는 글자이다.

한국인의 손씨 성이면 대개가 신라의 6부六部의 촌장村長이었던 한 사람인 무산대수촌茂山大樹村 촌장이 가졌던 손씨 성에서 비롯되었다고 한다. 그런데 안동손씨가 신라계 손씨 성과 다르게 고려에서 임금이 내려준 성으로 이야기하고 있는 것이다.

고려와 조선의 왕들 이름을 보면 대부분 외자 즉 한 개의 글자로 된 이름이다.

고려의 왕들은 태조 왕건의 이름 글자가 한 개이듯 모든 왕이 한 개의 이름글자였다.

조선왕조에서는 태조 이성계와 2대 정종, 3대 태종, 6대 단종, 26대 고종 임금을 제외하고서는 하나의 글자로 된 이름이다. 그들 왕의 외자 이름에서는 또한 일반사람들이 잘 쓰지 않는 글자가 대부분이다.

중국에서도 왕의 이름 글자와 같은 성이나 왕의 이름 글자를 사용하는 것을 피하는 관습이 있었다. 이런 관습이 고려와 조선에 전래되어 그런 개성改姓이나 개명改名이 있던 게 아닌가 한다.

고구려의 장수였던 막리지幕離支 연개소문淵蓋蘇文은 고구려의 마지막 임금 보장왕寶藏王 때 사람으로 그의 성이 연개淵蓋 또는 연淵이라 하였는데 당唐나라를 세운 이연李淵의 이름과 같은 글자라 하여 중국에서는 이 연의 이름 글자를 피해서 연개소문을 연淵의 성이 아니고 천泉의 성이라고 말하였다.

고구려가 망할 무렵 연개소문의 아들 가운데 남생男生이 당唐나라로 망명갔을 때 그의 성이 천泉으로 표기되었음을 중국 역사서에서 보는 것이다. 중국에서도 왕의 이름자와 같은 성을 피한 것을 알 수 있다.

이렇듯 왕조시대에서는 왕의 이름자와 같은 글자를 사용하는 것은 불경不敬이라 하여 짐짓 기피하는 일이 있었던 것이다.

고려는 처녀들을 조공하다

　고려의 거유巨儒 목은이색牧隱李穡의 부친은 명문장가名文章家로 알려진 이곡李穀이다.
　이곡은 27대 충숙왕 때 등과하여 벼슬길에 올랐는데 그의 글재주는 깊이가 있고 조리가 있어 선배 문사文士들도 경탄하였다. 그의 학식은 원나라에서도 인정하여 원나라의 벼슬까지 황제로부터 제수받기도 하였다.
　원나라 세조가 일본을 정벌하기 위하여 고려에 정동행중서성征東行中書省이란 관청을 설치하였는데 이곡은 이 관청에 근무하자 자주 원나라로 건너 가 그곳 문사들과 교류하는 일이 빈번했다. 여기서 그들 원나라 문사들도 이곡의 문재文才를 잘 알았다.
　고려 조정은 원나라의 내정간섭을 받자 원의 요구에 거절할 수 없는 일이 많았다. 그 중 하나가 숫처녀들을 궁녀란 명목으로 차출해서 보내는 일이었다. 이런 폐단을 제도화시킨 게 원나라 조정이었는데 이곡은 이런 수치스러운 공녀제도貢女制度를 없애고자 장문의 상소를 올린 일이 있었다.

그 상소문 내용을 보면 다음과 같다.

"태고 적부터 어진 임금은 나라를 다스리는데 일체 차별 없이 백성들 모두를 사랑하였다. 이리하여 교화사업과 법, 제도는 가능한 통일하여 시행하는 한편 풍속상 옳은 것으로 인정되는 것과 인륜상 존중시 되는 것은 구태여 바꿀 필요가 없이 그대로 지켰다. 사방에 있는 여러 곳은 풍속이 각각인데 만일 그 각각을 가지고 중국과 같이 하나로 만들어야 한다고 하면 그것은 그들 실정에 맞지 않는 것이며 그들의 형편에 부합될 수 없는 것이다.

실정에 맞지 않고, 형편에 부합되지 않는 것이면 요堯나라와 순舜나라도 할 수 없는 일이다.

옛적에 세조(원나라의 황제)는 천하의 황제로서 민심을 얻기에 노력하였다. 더욱이 멀리 떨어져 있고 풍속이 다른 곳에는 그 풍속에 따라 순리적으로 다스렸다. 그래서 온 천하가 기뻐하고 즐거워하며 고무적으로 언어도 같지 않은 변방국가가 앞 다퉈 귀순해 왔다. 이렇듯 요·순의 정치가 세조만큼 했으랴?

고려는 본시 해외에 떨어져 있어서 중국의 성현인 천자가 있지 아니한 교류가 없었다. 당나라 태종이 위력으로 두 번이나 침공해 왔으나 소득 없이 돌아갔다.

원나라의 건국 초기에 고려는 솔선 귀국에 귀속되어 귀국 황실에 공을 세웠다. 그래서 세조는 자신의 딸인 공주를 우리 고려에 출가시키는 동시에 조서詔書로서 명문화明文化하기를 '복식과 예의 규정은 그들 조상의 관습대로 하되 없애지 말라!' 하였다. 그러므로 우리 고려의 풍속은 지금까지 변하지 않았으며 그 때문에 임금과 신하가 오늘에 이르기까지 있는 것이고, 백성과 사직(나라)이 있는 나라는 지금까지도 오직 우리 삼한三韓²²밖에 없었다.

우리 고려는 조서에 명시한 선조의 풍속을 지키는 것이며 이에 따라 귀국이 정치와 명령을 실행하는 것으로 하여 사절과 공물을 보내고자 하는 것이다. 그런데 공녀 차출 관리들이 원나라 황제의 세력을 믿고 몰려다니며 우리 고려를 소란케 하며 심지어 황제의 이름을 팔아 사람을 보내고 글을 써서 공녀를 보내라고 빗발치듯 하니 여기에서 처녀들을 강탈하는 일이 빈번히 나타나고 연락두절이 되는 처녀가 많이 나오고 하였다.

대체로 사람이 자식들을 낳아서 기르는 것은 훗날 그들로부터 덕을 보려는 것이다. 이것은 사람의 귀천과 나라에 관계없이 본능이고 일반적이었다. 고려 풍속으로 말하면 남자가 차라리 본가本家로부터 따로 나와 살지언정 여자의 집에는 가서 살지 않는다. 여자 집에 사는 것은 마치 진秦나라의 데릴사위를 두고 사는 습관과 같아 부모봉양은 마치 여자 쪽에서 하는 것 같았다. 이 때문에 중국에서는 딸을 낳으면 애지중지

---

22 삼한은 한반도에 있었던 옛 나라들을 말한다. 마한, 진한, 변한을 삼한이라 한다.

하여 잘 키웠다는 이유가 있는데 그것은 바로 딸이 낳아준 부모를 봉양해 주기 때문이다.

그런데 우리 고려의 딸들을 하루아침에 빼앗겨 4천 리 밖 머나먼 곳에 가 종신토록 그곳에서 사는 신세이면 낳은 부모의 심정은 어떻겠는가 하는 생각도 해봐야 하는 것이다.

현재 고려의 부녀자들이 후后나 비妃의 지위에 있거나 왕과 제후諸侯의 배우자로 되어 있으므로 원나라의 고관대작들이 고려의 외손에서 많이 나온 것으로 되어 있다. 이러해서 우리 고려의 왕족과 문벌 있는 부유한 자들 중에는 천자의 요구에 순순히 응하는 자가 있고 더러는 스스로 원하는 자도 있으며 식을 올려 결혼을 했어도 정상적인 부부관계가 아닌 것이 많았다. 그런 자들이 고려에 와서는 자기의 처첩妻妾으로 삼으려 처녀 요구가 심한 것이다.

모름지기 사신을 보내는 것은 백성의 고통을 살피며 그 고통을 없애려 하는 것과 황제의 치덕을 사방에 알리고자 하는데 있는 것으로 그렇지 못하다면 어찌되겠는가? 《시경詩經》에 이르기를 '관원들을 각지에 파견하여 민정을 살피고 그들의 고통을 덜어준다.'고 하였는데 지금 외국으로 가는 자들은 뇌물과 여자에 눈이 멀어지고 있으니 이런 행태를 반드시 금지하지 않으면 안 되는 일이었다.

듣는 바에 의하면 고려 사람들은 딸을 낳으면 비밀에 부쳐두고 남이 알까 걱정한다고 한다. 바로 이웃 사람도 그 딸을 볼 수 없다고 하였다. 중국 사신이 있을 때마다 아예 겁을 먹고 수군거리기를 '왜 왔을까?

숫처녀 잡으러 온 것인가?' 하는 말을 하였다. 군대와 관리들이 사방으로 흩어져 집집마다 문 두드리고 숨겨준 숫처녀 찾기에 열을 올리고 여의치 않으면 그 처녀의 친족들을 결박 짓고 채찍질 하는 등 온갖 곤욕을 주었다. 그래서 원나라에서 한번 사신이 왔다 하면 나라 안이 들썩거리고 시끄럽다. 시끄러워 개와 닭도 편안하지 못했다. 숫처녀들을 골라내는데 곱고 미운 것은 없었다. 일정한 표준 없이 마구잡이로 데려갔다. 더러는 사신에게 뇌물을 먹여 차출을 면제받으면 그들 관리들은 다른 데서 구하고 하였다. 숫처녀 한 명 찾아내는데 수백 집을 뒤지기도 하며 사신들 맘대로 행하여도 어느 누가 감히 반대를 못 하였다. 이런 일이 한 해에 두 번씩이나 있기도 하였고 이따금 한 해 건너 한 번씩 치루기도 하였다. 모으는 숫처녀의 수는 450여 명에 이르렀다. 뽑혀 나가면 그 부모와 친척들이 한 곳에 모여 통곡하는 소리가 밤낮 그치지 않으며 드디어 국경 밖으로 보내게 되면 옷자락을 끌어당기며 엎어져 길을 가로막고 통곡한다. 그중에는 분함을 참지 못하여 우물에 빠져 죽는 자가 있었다. 목을 매어 죽는 사람도 있었다. 기가 막혀 기절하는 자가 있는가 하면 피눈물을 쏟고 실명하는 자가 있기도 했다. 이 같은 일을 이루 다 기록할 수가 없는 것이다.

《서경書經》에 이르기를 '백성들이 자진하여 협력하지 않으면 임금은 나랏일을 성사시킬 수 없다.' 하였다. 생각건대 귀국의 덕행이 미치는 곳마다 만물이 성취하는데 고려 사람들은 홀로 무슨 죄를 지었다고 이렇게 고통을 받아야 하는지? 옛적에 동해東海에 원한을 품은 여자가 있으면 3년간 가뭄이 든다고 하였다. 지금 고려는 원한을 품은 여자가 얼마나 되는지 아는가? 해마다 나라에는 수재水災와 한재旱災가 끊이지 않아 굶어 죽는 사람이 많았다. 원한이 많아서 생기는 괴변이 아니겠는가?

이제 귀국의 당당한 위세라면 궁녀 부족을 외국에서 아니 구하여도 되지 않겠는가? 그들이 비록 조석으로 황제의 총애를 받는다 하여도 부모를 두고 온 고향을 생각하는 간절함이 더 클 것이다. 그런데도 궁중 한 구석에다 밀어두고 헛되이 늙게 하며 간혹 내시들에게 주고 하니 자식을 낳지 못하는 여자가 10명 가운데 5~6명이나 된다 하니 얼마나 상심과 원망이 없다 하랴. 좋지 못한 폐단이 있어도 반면에 나라의 이익이 되는 일도 혹간은 있는 것이다. 그러나 이런 작은 불상사가 없는 것만은 못한 것이거늘 하물며 나라에 이익 없는 먼 나라 사람들의 원망을 사며 폐단을 줄 필요가 뭐 있는가 한다. 은혜로운 명령을 발표하여 천자의 엄명이라 칭하고 위로 성덕을 모독하고 아래로 자신의 욕심을 취해서 숫처녀들을 잡아가는 짓을 못하게 할 것이며 고려에 사절로 가서 처첩을 구해 오는 것도 엄하게 법으로 금하게 할 일이다.

귀국과 고려가 어진 것을 함께 보이면 덕과 화목함을 보는 것이 되며 의리를 사모하는 외국 사람들 마음에 위안이 되고 원한은 풀어지게 되는 것이다. 그래서 만물이 다 함께 발전하고 화목으로 가면 얼마나 다행하다 아니하랴."

이곡의 간절한 조서는 원나라 황제에게 전달되어 결국은 청하는 내용대로 처녀차출은 금지되었다.

당시 속국의 처지에 있었던 고려는 원나라 황제에게 궁녀란 명목으로 처녀들을 뽑아 바치는 일이 치욕적이었다. 이 치욕은 황제가 요구하는 숫자가 아니라 그 나라 사신들이 처를 삼고 또는 첩을 삼는 음성적 행패가 많았던데서 더욱 치욕이었다.

원나라에 바치는 처녀들은 공녀貢女라 하였다. 고려는 고종 때 몽고 침입을 받아서 항복을 하게 되자 몽고는 고려의 항복 조건을 동남동녀童男童女를 천 명에서 오천 명가량 바칠 것을 요구했다. 고려에서는 거절을 못하고 결혼도감結婚圖鑑과 과부처녀추고별감寡婦處女推考別監이라는 특별 관청을 설치해서 여자들을 징발해 상납했다. 이 때문에 민간에서는 시집 안 간 딸을 안 빼앗기려 일찍 시집을 보내는 조혼早婚 풍속이 나타났다. 한편 조정에서는 공녀 구하기가 어려워 금혼령禁婚令을 짐짓 내려 처녀들이 일찍 시집 못 가게 하며 처녀 명단까지 작성하였다.

처녀들의 조혼 풍속만이 나타났던 것이 아니라 딸을 둔 집에서는 짐짓 데릴사위를 두는 일이 있었다.

고려의 공녀정책은 원의 강력한 요구에 의해 있었는데 그 요구는 나라 황실에서 궁녀는 물론 처와 첩을 삼을 여자가 부족한데 있었던 것이다. 원나라의 황실만이 아니라 그들 조정의 신하들도 그들대로 여자가 많이 필요했던 것이다.

원의 황실에만 공납된 고려의 처녀만 하여도 150명이 넘었다. 이 공녀들에서 더러는 후비를 삼고 귀족들은 첩으로 삼았는데 그중에 황제의 정식 황후皇后가 되어 권세를 부린 고려 여인이 있었다. 그 여인은 역사서에 잘 알려진 기씨奇氏 성의 기황후였다.

공민왕이 재위하고서는 반원정책反元政策으로 공녀행위가 중지되기도 하였는데 이곡의 조서에 의해서 확실히 종지부를 찍는 결과가 나타났다.

공녀를 원나라에 보내기 시작한 것은 충렬왕 재위 원년(1275) 때부터 공민왕 4년(1355)까지 약 80년간 잇고 있었다.

조선에서도 공녀제도가 있었다. 조선의 공녀는 명나라에 보내지는 처녀들이었다. 그러나 명나라는 정기적으로 상납을 받지 않고 가끔 요구를 하다가 중종 16년(1521)에 조선 조정의 강력한 요청으로 중지되었다.

이 공녀제도가 있어서 조혼풍습이 등장하였던 고려와 조선이었다.

이제 가면 언제 오나

옛 상여꾼들이 부르는 구슬픈 소리가 있다.

"이제 가면 언제 오나, 어헤야, 북망산천 가는 길이……" 하는 소리이다.

이 소리가 언제부터 상여꾼들 입에서 불려 왔는가 하는데 대해서는 고려 28대 충혜왕 때라 한다.

고려 충혜왕은 패륜과 방탕의 왕으로 알려져 있다. 마치 조선시대 연산군을 연상케 하는 임금이다.

《고려사》의 〈충혜왕조〉편에 사관의 평評이 있는데 내용인즉, "충혜왕은 영특하고 재질을 갖고 있어도 바른데 쓰지 못하였다. 악인들과 어울려 가까이 하고 부화방탕附和放蕩하여 부왕父王에게 책망을 듣기도 했다. 밖으로는 원元나라 천자天子에게 죄를 저지르고 해서 죄수의 몸이 되어 귀양을 가기도 했다. 귀양을 가는 도중에 객사를 하였는데 그것은 당연한 결과였다." 하는 내용이다.

사관의 평가에서 보는 내용이 아닌데서 충혜왕의 단면을 알 수 있는 기사記事가 있다.

충혜왕 재위 5년(1344)의 《고려사》의 기사이다.

"왕은 왕위에 있은 지 전과 후 6년에 수명은 30세였다. 6월 계유일癸酉日에 영구가 도착하여 8월 경신일庚申日에 영릉永陵에 장사 지냈다. 공민왕 6년, 윤9월 계해일癸亥日에 원元나라에서 충혜忠惠라는 시호를 받았다. 왕은 성격이 호협하고 주색을 좋아하여 놀이와 사냥에 탐혹하였고 부화방탕하여 절제가 없었으며 남의 처妻나 첩妾이 아름답다는 소문만 들으면 친하고, 멀고, 귀하고, 천하고 가릴 것 없이 모두 후궁으로 데려 온 것이 백 명이나 넘었다."

충혜왕은 27대 충숙왕의 장남이다. 정禎이란 이름을 가졌는데 몽고 이름도 있었다. 보탑실리普塔失里라 하였다. 이 한자표기는 몽고말을 옮기는데 표기되었다. 뜻과는 관계없는 단순한 음 표기에 불과한 이름이다.

당시 고려 왕실은 몽고족이 세운 원元나라 황실의 간섭 아래 놓여 있었다. 이에 따라 고려의 왕자들이 의무적으로 원나라 황실에 불려가 궁궐 안에서 숙위宿衛까지 하였다. 그래서 몽고인들과 같은 별도의 이름을 지어 부르고 하였다.

숙위는 황궁에 머물면서 황제를 모시는 것을 말하는데, 당시 대국大國이라 칭하는 중국의 여러 나라들은 이런 관습을 두어 소국小國이라 하는 종속관계에 있는 나라의 왕자들을 의무적으로 숙위케 하였다. 그들 나라의 왕은 황제라 부르거나 천자天子라 했다. 천자는 하늘의 아들이란 뜻에서 왕이란 말을 한 단계 올려붙인 용어로 사용한 것이었다.

충숙왕도 고려 왕실의 세자世子로 있을 때 원나라에 가서 숙위하였다.

충숙왕은 재위 17년(1330)에 원나라 황제에 의해 강제 폐위당하고 대신에 세자 충혜왕이 왕위를 물려받았는데 그러나 몇 해 안 가서 충혜왕 재위 2년(1332)에 다시 왕의 자리로 복위되었다. 복위가 된 후 재위 8년(1339)에 서거하였다. 전과 후로 왕위에 있은 기간은 25년간이었고 수령은 46세였다. 충숙왕은 사관의 평에서 "성질이 엄하고 굳었으며, 침착하고 총명하였다. 글을 잘 짓고 예서隸書를 잘 썼다. 몸을 깨끗이 하는 습관이 있어 한 달에 목욕하는 비용이 많이 들었다." 하였다.

이러한 평에서 다음과 같은 설명도 있다.

"충렬왕, 충선왕, 충숙왕, 충혜왕의 4대는 부자지간에 갈등이 생기고 하여 원나라까지 가서 시비하는 양상도 보여 후세에서는 웃음거리가 되었다. 부자지간에 친하고 사랑을 주고받는 일은 모든 행실에서 첫째가는 정치의 근본인데 그 근본이 흔들리고 보니 다른 행실은 보나마나였다. 충숙왕은 늙어 나랏일을 포기하고 내시들을 데리고 지방과 교외에 가서 거처하였음에 위엄과 행복이란 것은 안 보여 아들이나 손자들이 다 천명을 누리지 못하였음에 어찌 한탄을 하겠는가?"

4대의 왕비는 모두 원나라 황실의 공주였다. 모두 정략적 결혼을 한 왕과 왕비였던 것으로 이런 관계가 바로 고려와 원 사이에 국교를 유지하는 바가 되었고, 따라서 고려는 원의 종속국 위치에 놓여 왕의 자리에 오르고 내리고 하는 것도 그들 황제의 승낙에 좌지우지되고 하였다.

충숙왕과 충혜왕은 부자지간이라 하지만 사이가 좋지 않았다. 충숙왕은 특히 충혜왕을 늘 못마땅해 하였다. 그래서 다른 왕자를 세자 자리에 두려고 원나라 황실에 청을 하기도 하였다.

결국 충혜왕이 장남의 위치에서 왕위에 올랐지만 충숙왕이 짐작한 대로 바르지 못한 품행을 보이며 음란한 짓과 패륜행위를 자행하였다.

충혜왕의 첫 번째 폐위의 원인이 된 것은 부왕父王의 후비를 강간한 사건이다. 후비는 원나라 황실의 여인인데 그녀는 숙공휘녕공주肅恭徽寧公主라 칭하였다. 충혜왕은 또 한 사람의 비를 강간하였는데 그 여인은 수비권씨壽妃權氏였고, 권씨는 강간을 당한 후 수치심을 견디지 못해 자살까지 하였다.

숙공휘녕공주는 몽고말로 '백안홀다'라 불렸고 원나라 귀족의 집안 사람이었다. 충숙왕이 왕위에서 물러나 원나라에 머물 때 알고 지내다가 충숙왕이 다시 왕위에 오를 때 동행해 와서 후비가 된 것이다.

고려에서는 그 여인을 경화공주慶華公主라 불렀다. 숙공휘녕공주는 그 여인의 사후에 공민왕이 내려준 시호였다.

충혜왕에 대하여《고려사》의 기록에 이런 내용이 있다.

"왕은 편애하는 신하들에게 국가의 중요한 국정을 일임하고 날마다 내시들과 함께 씨름을 하는 등 아래 위 사이에 예절이 없이 회동하였다. 이로 말미암아 정직한 사람은 배척당하여 옳은 말이라고는 나오는 게 없었다.

기거주起居注 이담李湛은 왕에게 말하기를〈임금은 행동을 근신하지 않을 수 없습니다. 임금의 행동 하나, 일정 하나는 전하의 측근들이 기록하기 때문입니다.'라고 하였더니 왕이 말하기를 '누가 그런 것을 기록하지?'라고 물었다. 이에 이담이 답하기를, '그 일은 역사 기록을 맡은 신하들의 직무라서 그런 것입니다.'라고 대답했다. 그랬더니 왕이 다시 말하기를, '내 과오를 기록하는 자는 모두 유생들이구나.' 하며 못마땅해하는 말투를 보였다."

왕은 본래 유생들에 대하여 호감을 갖는 일이 없었는데 이 일로 더욱 유생들을 증오하였다.

이후에 충혜왕은 선비들을 승진시키거나 등용을 기피하였다.

충혜왕에게는 이런 일도 있었다. 부왕 충숙왕이 왕위를 물려주고 상왕上王의 신분에서 어느 날 원나라로 가던 도중 황주黃州에 이르렀을 때 충혜왕이 노상에서 호인胡人들이 꿇어앉는 식의 전송하는 예를 올렸다. 충혜왕의 그런 전송의 모습을 본 충숙왕은 "네 부모가 모두 고려인인데 어찌 나에게 호인의 예법을 보이는가? 또 의관이 너무 사치스러우니 어찌 백성들을 대하겠는가? 빨리 옷을 바꾸어 입으라!" 하고 엄하게 훈계를 하였다. 그러자 충혜왕은 부왕의 심한 책망에 울면서 자리를 뜬 일이 있었다.

충혜왕은 각지로 나가서 사냥을 즐겼다. 나라 일을 돌보는 것보다 유희와 사냥을 즐겼는데 이를 보고 왕을 비난하는 신하들이 많았으며, 더욱이 강간 사건이 있은 후 내심 왕의 권위를 무시하는 언사들을 보이길 예사롭게 하였다.

충혜왕의 패륜과 방탕은 결국 왕위를 잃는게 되었고 원나라 황제의 명으로 호송되어 멀리 계양 땅으로 유배에 처해졌는데, 그때 원나라 황제는 충혜왕에게 글을 써서 알리기를, "그대 왕정(王禎 : 충혜왕의 이름)은 윗사람으로서 백성들의 고혈을 긁어 먹었으니 그것도 심하게 긁어 먹은 것이라서 그대의 피를 짜서 온 천하의 개들에게 먹여도 부족하느니라. 그렇지만 내가 사람 죽이기를 즐겨하지 아니해서 오로지 계양 땅으로 귀양을 보내기만 하는 것이다. 원망 말고 가거라." 하였다.

계양은 중국 연경燕京에서 2만여 리 떨어진 곳이었다.

충혜왕은 계양까지 가지 못하고 도중에 악양현岳陽縣이란 곳에서 사망했다. 이 사망은 독살된 것이라는 설이 있다.

충혜왕의 사망 소식이 본국 고려에 전해지자 사람들은 속 시원히 여기며 궁중과 민간 사이에 누가 지었는지 다음과 같은 노래가 유행하기 시작했다.

그것은 "아야 마고지나 이제 가면 언제 오나?" 하는 것이다. 《고려사》에는 이 노래를 한문으로 표기하였는데 다음과 같은 내용이다.

'阿也麻古之那從今去何時來(아야마고지나종금거하시래)'

해석을 하면 '악양에서 죽을 운명인데 오늘 가면 어느 때 돌아 올 수 있으랴.' 하는 말이다. 아이고나 이제 가면 언제 오나 하는 뜻을 담고 있는 것이다.

충혜왕은 왕위에 있은 지 전 · 후 8년이었다. 수명은 30세였고 국내로 시신이 운송되어 오자 공민왕은 장사를 지내주고 헌효대왕이라는 존호를 붙여주었다. 한편 공민왕 재위 16년에는 원나라에서 '충혜'라는 시호가 내려졌다.

25대 충렬왕(1274~1308) 이후 원나라의 종속국이 되다시피 한 고려는 왕이 죽은 후 갖는 시호는 원나라의 황제가 내려주는 것으로 되어 있었다. 충렬, 충선, 충숙, 충혜, 충목, 충정은 한자 충忠자로 시작된 시호이다. 충성을 한다는 뜻의 글자로 이것은 고려의 왕이 원나라의 황제에게 충성을 하였다는 의미를 둔 데서 지어져 내려졌던 것이다. 이렇듯 고려는 주체성을 잃고 지낸 당시의 고려 조정이었다.

고려의 조정 신하가 원나라에서 벼슬을 하였거나 원나라 황제의 측근으로 있었다고 하면 고려의 왕은 그 신하를 함부로 대하지 못하는 치욕도 있었다.

충혜왕조에 조적曺頔, 고용보高龍寶가 그 대표적 신하로 그들은 원나라의 벼슬자리에도 있었고 또한 원나라 황제의 신임을 받은 사람으로 고려 조정에서 왕 못지않게 권세를 부리는 행동을 보였는데《고려사》기록을 보면, "원나라에서 재상 타적朶赤과 낭중 별실가別失哥 등 6명의 사신이 왔는데 왕 충혜가 병을 구실로 나가려 하지 않으니 고용보가 말하기를, '우리 황제가 고려왕이 불경하다고 항상 말씀하셨는데 안 나가 보면 황제의 의심은 더 할 것이다.' 하여 왕은 마지못해 영접 나갔다. 그런데 사신 타적은 마중 나온 왕을 때리고 포박을 하였다. 이에 왕은 급히 고용보를 불렀으나 고용보는 도리어 왕을 꾸짖었다." 하는 내용이 있는 것이다.

조적에 대해서는 이런 내용이 《고려사》에 있다.

"조적은 오래전부터 원나라 심왕의 졸개로 은근히 딴 마음을 먹고 있었다." 조적도 역시 원나라의 황제에게만 충성하는 고려의 신하라는 말이었다.

고려는 간통을 엄히 다스리다

고려 29대 충목왕(1344~1348) 때 재상자리인 밀직사사密直司使라는 벼슬에 있은 이승로李承老가 있었다.

그는 31대 공민왕 때 정당문학政堂文學이란 벼슬자리에도 있었다. 정당문학은 문신文臣이면 선망하던 관직으로 대개 학문이 뛰어난 관리들에게 왕이 제수하는 조선시대 대제학大提學과 같은 벼슬자리였다.

이승로는 밀직사사의 관직에 있을 때 인물을 심사하여 적당한 벼슬자리를 주는 일을 맡았다. 그러한 그가 뇌물을 받은 죄로 영해寧海군수로 좌천된 일이 있었다.

영해군수이면 상당히 낮아진 벼슬자리였다. 그가 정당문학에 있을 때는 어떤 사고로 태안泰安으로 귀양을 가기도 하였다. 그러나 그는 곧 풀려 나오기도 했는데 그 이유는 공민왕과 매우 가까운 신하였기 때문이다. 그는 요직에 오르고 강양백江陽伯이란 작호爵號까지 받았다.

그가 그렇게 높은 벼슬자리에 오르고 한 큰 이유는 당시 공민왕의 측신으로 대단한 권세를 부리던 승려출신인 신돈辛旽의 배경 때문이었다.

이승로는 이운목李耘牧이란 아우가 있었다. 이 아우가 신돈의 이웃에 살았는데 잘생긴 딸이 있었다. 이운목은 신돈을 자기 집에 초대하여 잘생긴 딸로 하여금 술 접대를 시켰다. 그때 신돈은 이운목 딸의 미색에 혹해서 술이 거나하게 취한 후 딸을 간통하였다.

이후 이운목은 신돈의 천거로 무관벼슬의 최고위 자리인 상호군上護軍 자리에 올랐다. 이러한 배경에서 이승로는 아우의 덕을 본 것이다.

이승로는 과거 아름답지 못한 처제와의 간통사건이 있었다. 처제와 간통한 그는 처제가 아들을 낳는 것을 보았다.

본처는 이 사실을 안 후 남편을 원망하기보다 만약에 외부로 소문이 나가 조정대신들 귀에 들어가면 남편 이승로가 벌을 받을 것이라 생각하고, 또 가문의 명예가 손상된다는 것을 걱정하며 쉬쉬하였다.

이승로는 물론 본처마저 처제와의 사이에 낳은 아들을 버려져 있는 아이를 데려다가 키운다며 친척은 물론 주위 사람들에게 일부러 소문을 냈다. 이 일을 20년 가까이 감추기도 한 것이다.

그런 후 그 감춰진 비밀이 들통났다. 어디서 흘러나왔는지 사실이 소문을 타고 조정대신들 귀에까지 들어간 것이었다. 당시 간통은 나라에서 엄하게 다스리고 있었다. 크게 치죄治罪를 한 것이다.

결국 이승로의 간통 소문이 왕의 귀에까지 들어가자 당시 관리를 감찰하는 책임자인 감찰대부監察大夫 김한귀金漢貴가 어명을 맡고 그의 처와 처제를 잡아다가 문초를 하여 사실을 자백 받아냈다.

이로 인해서 이승로는 중모中牟로 귀양에 처해지고 그의 집안 재산은 몰수 되었다. 처제한테는 애당초 강요에 의한 성폭행을 당해 아이를 낳은 것이라 하여 정상참작으로 죄를 주지 않았다. 중모는 현 경북 상주의 한 지역이다.

간통죄는 고려에서 간비姦非라 불렀다. 이 죄의 형량을 보면 다음과 같다.

감찰하는 책임자인 벼슬아치가 자신의 공무 중에 간통 사건을 일으키면 그것이 화간 일 때는 도형徒刑 2년에 처하고, 남편이 있는 여자를 간통하였으면 2년 반에 처하고, 강간을 하였으면 3년에 처하였다.

그런데 여자측에는 화간의 경우는 남자보다 한 등급을 감해 주었다. 도형은 복역과 매 맞는 장杖의 형벌이다. 이 형벌은 1년에서 3년까지 다섯 등급으로 나눠 있었다. 장 10대와 복역 반 년에 처하는 것이 한 등급이었다.

천민들이나 종들이 상전 또는 상전의 집안 어른을 간통하였을 때는 화간은 교형絞刑에, 강간은 참형에 처하였다. 화간한 여자는 남자보다 한 등급을 감하였다.

교형은 목에다 밧줄을 감아 옭아 죽이는 것을 말한다. 화간은 부부가 아닌 남녀가 서로 눈이 맞아 간통한 것을 말한다. 참형은 목을 베 죽이는 형벌이었다. 이렇듯 고려는 간통을 엄하게 다스렸다.

신돈이 죽어야 나도 죽겠다

신돈이 죽어야 나도 죽겠다고 말한 사람이 있다. 신돈이라 하면 고려 31대 공민왕조에 대단한 권력의 자리에 있던 승려 출신 정치인을 말한다.

그는 천민출신으로 중이 되었다가 한 시대를 풍미한 권력의 세도가勢道家였다. 권세를 왕의 권력 이상으로 부린 위인이었다는 것이다. 그때 이러한 신돈의 권력에 굴하지 않고 대항한 인물이 있었다.

그는 고려 공민왕 9년에 과거 급제하여 벼슬길에 오른 이존오李存吾이다. 20세 나이로 포은 정몽주圃隱 鄭夢周와 같은 해 같은 날에 과장에 나가 급제한 경주이씨의 사람이었다. 그는 급제 후 간관諫官의 관직에 있었다.

간관은 오늘날 감찰부서와 같은 관청의 벼슬자리로 공직자의 일이나 왕의 일에 잘못이 있으면 사실대로 지적하고 그것에 대한 시정을 요구하는 임무를 가진 벼슬자리였다.

"신돈이 죽어야 나도 죽겠다."라고 한 소리는 공민왕 20년에 병이 나서 병석에 누워 있을 때 병문안 온 동료 관리에게 한 말로 그때 신돈의 권세에 대한 울분을 쏟는 데서 나온 것이었다.

이존오는 감찰사監察司라는 관청의 감찰규정監察糾正 벼슬자리에 있을 때 신돈의 세도정치가 부당하다고 동료들에게 자주 언급한 일이 있었다. 그때 그의 벼슬은 종6품의 벼슬품계에 해당하는 하위직이었는데 조정 대신의 자리도 좌지우지하는 신돈의 권세에 감히 대항해서 논죄하려 들려는 기백까지 보였다. 그런 그가 나라의 모든 정치를 총괄하는 문하부門下府 관청의 정언正言 벼슬자리로 옮겼을 때는 어느 조정신하도 신돈의 권세 만행을 규탄을 못하는 것을 보고 한탄하며 직접 나서기로 하였는데, 앞서 그는 동료 벼슬아치들에게 이런 말을 하였다.

"요물이 나라를 망치고 있으니 우리가 없애지 않으면 안 되겠소."

이 말에서 동료 벼슬아치들은 겁을 집어먹고 몸 사리기를 하였는데 이존오는 담대하게 신돈을 규탄하는 상소문을 쓴 것이다.

그 상소문은 다음과 같다.

"저희들은 3월 18일에 궁전 안에서 문수회文殊會를 차렸을 때 당한 일로 그때 영도첨의領都僉議 신돈辛旽이 재상들과 같은 반열에 앉아 있지 않고 전하(임금)와 같이 감히 나란히 앉아서 더욱이 전하와의 사이가 몇 자밖에 안 되어 두 사람 사이가 마치 같은 군왕과 같다 하여 백성들은 크게 놀래 뒤숭숭하였습니다. 대체로 군신간의 예절이란 아래위를 분간하는 것이고 이것을 백성들이 알도록 하는 것입니다. 만약 이 같은 예절이 없으면 어찌 임금과 신하가 있으며 아버지와 아들이 있고 나라가 있다 하겠습니까? 어른들이 예절을 제정하고 아래위의 구별을 엄격히 둔 것은 나라에 근심을 끼치는 음모를 없애려 하는데 있습니다. 소신이 보건대 신돈은 임금으로부터 분수에 넘친 은혜를 입고서도 나라의 일을 자기 마음대로 처리하면서 임금을 무시하는 행동을 보였습니다. 그는 영도첨의 벼슬에 임명을 받고서도 예복을 입고 어전에 나와 임금에게 사례를 드리는 예의는 안 보여주고 반 달 동안이나 집구석에서 나오지 않았으며 대궐에 와서도 임금 앞에 무릎을 굽히는 모습은 조금도 없었습니다. 대궐문을 출입할 때는 항상 말을 타고 오갔으며 전하와 나란히 의자에 앉았습니다. 그의 집에서는 재상이 뜰 아래서 절을 해도 자기는 늘 앉은 채 대하였습니다. 과거 최항崔沆, 김인준金仁俊, 임연林衍 등의 권신도 이러하지는 않았습니다. 종전에 중으로 있을 때 예의가 없었던 버릇은 차치하고 지금은 재상으로 있는 마당에 명색을 봐서라도 군신간의 예의는 지켜야 하는 것인데 무례하기만 하고 규칙을 모르는 행동만 하니 어찌 그냥 두고만 보겠습니까? 그의 그런 행동을 따지면 그는 스스로 왕의 스승이란 핑계를 댈 것입니다."

스승이란 핑계를 댄다는 것은 신돈이 공민왕으로부터 스승의 대우를 받고 있어서 나온 것이다. 신돈은 사실 부처를 팔아 공민왕을 현혹시켜 자신을 스승같이 받들게 만들었던 것이다.

최항, 김인준, 임연은 선대의 왕조에서 역시 남달리 세도가 컸던 권신이었다. 영도첨의는 조선시대 최고의 벼슬인 영의정과 같은 벼슬자리이다.

　문수회는 불가佛家에서 지혜智慧를 다스린다는 문수보살 이름을 따온 당시 궁궐 내에 있었던 한 모임이었다.

　신돈은 절에서 잡일을 하던 여종에게 태어난 비천한 신분이었다. 어려서 중이 되고 편조遍照란 승려의 이름을 가졌었다.

　그는 조정의 한 대신이었던 김원명金元命을 알게 되어 그로부터 공민왕을 소개받아 권력의 자리에 오르는 기회를 잡았던 것이다.

　이존오의 상소글은 극렬하면서 길었다. 그중 한 대목을 표기하면 이러했다.

　"유승단兪升旦은 고종의 스승이었고 정가신鄭可臣은 충선왕의 스승이었는데 두 분이 신돈과 같은 권세를 부렸다는 말은 듣지 못했습니다. 이자겸李資謙은 인종의 외조부였습니다. 인종은 언제나 겸손해서 손자 된 도리로서 외조부를 사사로이 만나려 하였는데 이자겸은 공론公論이 두려워 감히 그렇게 사사로이 만나보려 하지 않았습니다. 이전부터 예절은 임금과 신하가 생긴 이래로 만고불변의 철칙이었습니다. 이런 철칙을 전하께서는 사사로운 것으로 만들 수는 없습니다. 신돈이 도대체 어떤 사람이기에 감히 자신을 만백성들로 하여금 존경토록 한답니까?"

　이존오가 신돈에 대한 이 같은 신랄한 비판을 보였지만 공민왕은 그의 상소를 받아들이지 않았다. 오히려 불태워 버리기까지 하였다. 이러한 이존오는 심지어 신돈의 면전에서 "늙은 중놈이 어찌 이렇게도 무례하냐." 하는 말을 한 적도 있었다.

이존오에게는 상소문이 받아들여지지 않는 대신에 오히려 왕의 미움을 받고 투옥되어 귀양을 갔다. 그의 그러한 언행은 당시 어느 조정 신하들한테서도 볼 수 없었던 실로 의분심이 넘치는 젊은 관리이었다. 그는 애석하게도 31세의 젊은 나이에 병으로 죽었다.

당시 신돈을 지칭해서 시조 한 수를 남긴 게 있었다.

> 구름이 무심탄 말은 아마도 허랑하다.
> 중천에 떠 있어 임의로 다니면서
> 구태여 광명한 날빛을 따라가며 덮나니[23]

---

[23] 구름은 간신을 비유한 것으로 신돈을 가리켰다. 허랑하다는 말은 거짓을 뜻한 것이고, 중천은 하늘처럼 높은 신돈의 권세를 비유한 것이다. 날빛은 임금의 지혜를 비유한 것으로 신돈이 권세자리에서 임금의 밝은 지혜를 계속 덮어 어둡게 한다는 말.

달은 명월인데 재상들은 밝지 못하구나

고려의 재상이며 장군이었던 최영은 이런 비유의 말을 하였다.
"달은 명월인데 재상들은 밝지 못하구나"
명월은 밝은 달을 말한다. 재상은 높은 벼슬자리의 관리를 말한 것이다.
최영이 이런 말을 한 것은 청렴치 못한 재상들을 보고 나무라는 데서 나온 말이었다. 밝지 못하다는 것은 청렴하지 못한데 비유한 것이었다.
최영은 고려 31대 공민왕조와 32대 우왕조의 인물이다. 그는 재상 자리에 있으면서도 지위를 믿고 권세를 부리거나 부정축재 같은 것을 털끝만큼도 보여주지 않았다. 오히려 그런 것을 보면 참지 못하고 곧장 규탄하는 강직한 성품을 보였다. 그리고 청렴하기로 유명하였다. 그는 윗대부터 가문이 있는 집안의 후손이었다. 학자로서 고위관리로서 고려 중기에 유명하였던 최유청崔惟淸의 후손이었다.
최유청은 19대 명종(1170~1197) 때 평장사平章事란 재상의 자리에 있었고 덕德이 높아 주위로부터 신망을 많이 받았으며, 어려서도 그랬지만 한시라도 책을 손에서 놓는 일이 없었다. 그의 학문이 뛰어난 것은 경사經史였다. 경사는 《경서經書》와 《사기史記》를 말한다. 옛날 중국의 성자聖者와 현자賢者의 교훈적인 말씀들을 기록한 책이 경서였고 역사적인 사실을 적어 놓은 책이 사기인 것이다.

최영에 관한 《고려사》의 〈열전〉편을 보면 이런 내용이 있다. 이 내용에서 그의 인품과 몸가짐이 어떠했다는 것을 잘 알 수 있는 것이다.

"최영의 나이 16세 때 아버지가 임종할 무렵 훈계하기를 '넌 금덩이를 보는데 돌조각 같이 생각하라고' 했다. 최영은 이 말을 마음에 깊이 새기고 재물에는 관심을 두지 않았으며 거처하는 집은 초라하였다. 그런데도 만족해 하며 살았고 의복과 음식은 검소하고 단조로웠다. 간혹 식량이 모자라는 경우가 있었다. 남이 좋은 말을 타거나 좋은 의복을 입은 것을 보면 개나 돼지만치도 못하다고 외면하였다. 지위는 비록 재상과 장군을 겸하면서 오랫동안 병권兵權을 잡고 있어도 뇌물과 청탁을 받지 않았으므로 세상에서 그의 청백함에 탄복하였다. 항상 큰일에만 마음을 두었고 사소한 것에는 마음을 두지 않았다. 종신토록 장군으로서 군사를 이끌었다. 그런 인물인데도 그의 얼굴을 아는 휘하의 군사들은 수십 명에 불과하였다. 바쁜 중에서도 이따금 시를 읊는 것으로 낙樂을 삼았다."

최영은 고위 벼슬아치들이 옳은 일과는 반대로 정의正義를 거스르는 모습이 보이면 거리낌없이 비난하고 증오했다. 당시 왕의 측근인 이인

고려시대의 무신 최영 장군의 영전

임李仁任과 임견미林堅味가 정방제조(政房提調 : 관리를 임명하는 관직)로 있으면서 정권을 마음대로 농단할 때 화를 내고 신랄하게 비난하는 말을 쏟아낸 적이 있었다.

그런 말들 중에서 이런 말이 있었다.

"네가 장인匠人이거나 장사꾼이면 벼슬을 저절로 얻었을 것이다.""

장인은 물건을 만드는 사람을 말한다. 그런 사람이거나 물건을 팔아 이윤을 보는 장사꾼이면 돈이나 재물이 있어 그것을 뇌물로 갖다 바치면 벼슬자리를 어렵잖게 얻을 것이라 하는 데서 나왔다.

최영이 그 같은 말을 한 것은 정방의 제조 자리에 있는 재상들이 곧잘 뇌물을 받고 벼슬자리를 주고 하여 빗대서 뱉은 말이었다.

이러한 최영이 역시 정방政房에 참여하는 제조의 자리에 갔을 때 지체없이 그런 부정한 관리등용을 막았다. 반드시 공로가 있거나 재능이 있는 사람에 한해서만 선발하여 벼슬자리에 오르게 하였다.

특히 재상의 자리에 있으면서 영리를 취하거나 백성들의 전답을 빼앗거나 하는 일에는 엄히 죄를 묻는 것을 서슴지 않았다.

최영은 권력을 남용하는 고위 벼슬자리의 이인임에게, "그대는 수상의 자리에 있으면서 나라가 매우 어려운 일에는 걱정을 않고 어찌 자신의 집안일에만 신경 쓰느냐." 하는 말로 질책한 일이 있었다. 이인임은 그때 시중侍中이란 최고위 관직에 있었던 것이다. 그런 자리의 사람에게도 잘못을 지적하는 것을 삼가지 않았다.

정방은 고려시대 관리를 채용하고 임명하는 관청이었다. 이 관청의 이름은 23대 고종 때 무신정권武臣政權을 세습한 권신 최이崔怡가 권력 유지를 위해 사사로이 자기 집에다 설치하였던 것이다. 공민왕조에 와서는 이 관청이 폐지되기도 하였는데, 그러나 조정 신하들 사이에서는 습관처럼 그 명칭을 사용하였다.

공민왕조에 괴승 신돈이 정권을 잡고 있을 때 그에 의해 정치가 좌지우지되고 하는 데서 그를 배경으로 하는 정치인들은, 즉 조정의 대신들은 온갖 방법의 이권행위가 자행되었고 여기서 뇌물수수가 빈번하였다. 이런 상황에서 공민왕이 어느 신하에 의해 피살되자 신돈이 자신의 자식이라고 의심을 받던 우왕禑王이 왕위에 오르자 더욱더 신돈을 배경으로 하는 신하들은 비리非理를 저지르기를 예사롭게 하였다. 여기에 최영은 그때 힘없는 노장老將으로, 또 노정객老政客의 신분에 있었지만 그들을 질책하고 탄핵하기를 주저하지 않았다.

최영은 도당都堂에서 이런 말을 한 적이 있었다. 도당이란 조선시대 의정부議政府와 같은 곳으로 정치의 원로들이 모여 나랏일을 논의하는 관청이었다.

"현재 정사政事와 형정刑政이 문란하여 공을 세운 자에게 상은 안 주고 죄지은 자는 오히려 처벌하지 않으니 어찌 하늘이 보고만 있었나?

그래서 비를 안내려 주시는거지."

이 말을 한 것은 나라에 가뭄이 심해서 왕이 기우제를 절에 가서 지내고 하는데 빗대서 나온 말이었다.

가뭄이 심해서 백성들 사이에서는 원성이 많았다. 중들은 단오명절에 거리에 나와 시식施食이라 하며 아귀餓鬼에게 밥 주는 행사를 보였다. 이런 가운데 최영은 그들 중들을 보고 꾸짖은 일이 있었다.

"만일 귀신에게 밥을 주려면 산이나 들의 정결한 곳을 택해 할 것이지, 지금 여름철인데 음식을 길거리에 내놓고 그 짓을 한다면 금시 썩어 악취를 풍기지 않겠는가? 이것은 너희들이 아름다운 여자들이 오게 하여 풍기를 문란케 하는 노릇밖에 안 되는 것이다. 당장 잡아다 옥에 가두겠다." 하고 불호령을 내린 것이다.

아귀는 전생에 죄가 많아 항시 기아상태에 있는 귀신을 말한 것으로 그들을 밥 먹여 위로하는 소위 자비라는 불가의 한 행사였다.

당시 그런 행사가 자주 있었던 것인데 길거리 행사에서는 주위 민가의 부녀자들은 물론 상류층 벼슬아치들의 부녀자들도 모여드는 일이 많았다.

수도 개성이 바다와 가까워 해안가로 모여든 왜적이 많아 수도가 그들 왜적에게 안전할 수 없는 문제가 있었다. 그래서 우왕이 내륙지역 철원으로 옮겨갈 것을 신하들과 의논을 하였다. 그때 최영은 완강하게 반대하며, "수도를 옮기면 옮겨가는 그 지역의 농사를 방해하는 것이 되며, 또 백성을 공사에 동원시키고 하여 고통을 주는 것이 됩니다. 그리고

경기도 고양시 덕양구 대자동 대자산 기슭에 있는 고려시대의 무신 최영 장군의 묘.

왜적에게 오히려 수도를 노리게 하는 기회를 주는 것이므로 천도는 좋은 방책이 아닙니다. 정녕 불안하다면 태후만 철원으로 가 계시게 하십시오."

태후는 공민왕의 둘째 비였다. 첫째 비는 원나라의 왕족인 노국공주였다. 공민왕이 죽기 전에 앞서 병으로 사망한 것이다.

최영은 수도 천도는 오히려 나라의 방위에서 해이함을 보여준다고 하여 반대한 것이었다. 해이함은 느슨해지는 것을 말하는데, 바짝 긴장해서 정신을 죄고 있어야 오히려 국방에 모두 힘을 기울인다 하는 뜻으로 말한 것이다. 최영은 그 같은 국방관을 보여 준 것이었다.

우왕은 국방 문제에서는 최영에게 일임하다시피 그의 의견에 따랐다. 오히려 부탁하다시피 하였고 나라 방비에 진력해 달라고 간청도 하였다. 이러한 간청에서 최영은 국방에 진력을 하였는데 그러던 중 병에 걸려 자리에 누웠다. 이것을 본 휘하 장수들이 "장군의 병이 위중하다." 하고 말들이 나왔을 때 최영은 "장군이 군대를 거느리고 전선에 나온 이상 어찌 병을 염려하는가?." 하였다. 또 의사가 약을 권한 일이 있는데 이에 대해서는 "내 이미 늙었고 생사는 천명에 달려 있다는 것인데 구태여 약을 먹고 살기를 더 바랄 수는 없다." 하며 거절하였다.

최영은 고려 말기에 문무를 겸비한 명장이었다. 공민왕조에 신돈과는 자주 마찰이 있었다. 신돈의 오만한 권세를 증오하였던 것이다. 또한 왜구 침입에 공을 세운 일이 많았다. 특히 1376년(우왕 2년)에 역사상 유명한 홍산(鴻山 : 충남 부여에 있는 한 지역)싸움에서 왜구를 크게 무찔렀다. 여기서 왜구는 최영장군이 출동하였다 하면 달아나기가 바빴다. 그에게는 압록강 넘어 요동정벌遼東征伐을 주장하였다가 이성계 일당이 위화도(威化道 : 압록강 하구의 섬)에서 군사를 되돌리는 일 때문에 뜻을 이루지 못한 한恨이 있었다.

우왕禑王은 신돈의 자식이 아니다

고려 32대 우왕(1374~1388)은 공민왕이 낳은 왕자가 아니라 당시 왕의 권좌와 다름없는 자리에 있던 승려 출신의 신하 신돈辛旽과 그의 첩인 반야般若 사이에 낳은 자식이라 하였다. 그래서 조선왕조에서는 호칭하기를 우왕이라 하지 않고 신우辛禑라 불렀다. 사실 우왕에게는 조선왕조에 와서 찬술한 《고려사》에서 여느 왕처럼 충렬왕이니 공민왕이니 하는 왕의 시호諡號를 붙이지는 않았다. 신돈과 같은 성과 이름만 붙여 그의 치세시대治世時代를 《고려사》에는 서술을 하였던 것이다.

왕조시대 왕 자신의 핏줄을 두지 못할 때는 가까운 왕족 중 한 사람을 선택하여 왕위를 계승하게 하는 게 상례였다.

설사 공민왕이 자식이 없었기로서니 그런 무모한 일을 하였거나 또는 무모한 일을 당했을 리가 있느냐 하는 의문이 있는 것이다. 더욱이 공민왕은 고려의 역대 어느 왕보다 나라의 주체권主體權을 가지려 애쓴 현명한 왕이었고 한데 그런 모습을 보일 수가 없다는 것이다.

공민왕은 원나라에서 맞아들인 왕비 노국공주魯國公主를 매우 사랑했다. 노국공주는 자신이 아기를 낳지 못하여 자책이 컸는데 이런 심정을 안 공민왕은 노국공주를 더욱 사랑하였다. 공주의 사후에는 허망한 마음을 달랠 수 없어 한동안 자포자기한 상태에서 국정을 가까운 신하인 신돈에게 맡긴 일이 있었다.

《고려사》에서 다음과 같은 내용을 본다.

"공민왕이 항상 아들이 없는 것을 근심하던 차에 하루는 미행으로 신돈의 집에 가니 신돈은 자기가 데리고 있는 아이를 가리키면서 말하기를 '전하께서는 이 아이를 양자로 삼아서 뒤를 잇게 하소서.' 하는 말을 하였다. 이에 왕은 아이를 곁눈으로 보고 그저 웃기만 하였다. 왕은 말은 없었지만 마음속으로는 동의한 것이었다."

이 내용에서 다음과 같은 기사도 《고려사》에서 보게 된다.

"혹자는 말하기를 반야가 임신해서 만삭이 되자 신돈이 자기의 친구인 중 능우能祐의 어머니 집으로 반야를 보내 해산시켰다. 능우의 어머니가 이 아이를 키웠는데 첫돌이 못 되어 아이는 죽었다. 능우는 신돈의 책망이 두려워서 죽은 아이를 대신해서 이웃에 있는 군졸軍卒의 아이를 훔쳐서 딴 곳에 두고 신돈에게 아이가 병이 났으므로 고치게 하기 위해서는 비방秘方으로 다른 곳에 데려가 키우는 게 좋겠다 하며 승낙을 받았다. 그후 1년이 지나서 신돈은 그 아이를 데려다가 자기 집에서 양육하였다. 반야도 이 아이가 자기 아이인 줄을 믿었다." 하는 내용이다.

공민왕의 아들이 아니라는 《고려사》의 기사에서는 신돈이 자기 수하의 사람 중 한 사람을 시켜 낙산사洛山寺에 보내 관음보살 앞에 가서 기도하게 한 내용에서, "원컨대 보살님의 제자인 신돈의 혈육 모니노牟尼奴가 장수복록長壽福祿이 있게 하고 이 나라에서 잘 살게 해 주소서." 하는 대목이 있었다. 여기서 학계에서는 신우가 바로 신돈의 아들이었음을 증명하는 바라 하였다.[24]

그러나 이런 기사 내용도 있는 것을 본다.

"공민왕이 신돈을 수원으로 귀양 보내기로 한 후 신하들에게 말하기를, '내가 일찍이 신돈의 집에 갔을 때 그 집 여종과 내통하여 아들을 낳았으므로 그 아이를 놀라게 하지 말고 잘 보호해야 한다.' 하고 아이를 데려다가 명덕태후明德太后의 거처에 두고 기르게 하면서 '맏아들이 있으니 나는 근심이 없도다.' 하였으며 '신돈의 집에 아름다운 여자가 있었는데 그녀가 자식을 낳을 수 있다는 말을 듣고 내가 동침을 하여 낳은 자식이니라."하였다.' 하는 내용인 것이다.

공민왕의 이 같은 말을 《고려사》에서도 보는 것으로 사실 우왕은 공민왕이 숨겨 놓은 자식이었다고도 할 수 있었다.[25]

공민왕은 재위 23년1374에 내시 최만생崔萬生과 홍륜洪倫 등의 신하들에 의해 죽음을 당했다. 죽기 전에는 우禑를 강녕부원대군江寧府院大君으로 책봉하였다. 이 군호는 정식 왕자의 칭호였던 것이다. 왕자 우는 그때 나이가 열 살에 불과하였다.

---

[24] 모니노(牟尼奴)는 석가모니의 종이라는 뜻으로, 불자(佛子)라는 말과 같음.
[25] 명덕태후(明德太后)는 27대 충숙왕의 비(妃)이다.

공민왕이 죽은 후 우가 왕위에 올랐으나 어린 나이어서 실제 국정을 돌볼 수가 없음에 공민왕의 모후母后와 측근 중신들에 의해 한동안 나랏일이 다스려져 갔다.

우가 정녕 신돈의 핏줄이었다면 공민왕이 과연 우를 대군大君으로 책봉했을 것이며 왕가王家의 많은 종친들은 물론 많은 대신들이 몰지각하게도 신돈의 애를 왕좌에 오르게끔 내버려두었을까 하는 것이다.

공민왕 때 벼슬길에 나가지 않고 학자로 이름이 나 있던 원천석元天錫이 있었다. 그는 조선 3대 임금 태종이방원을 가르친 스승이기도 하다.

원천석은 목은 이색牧隱 李穡과 친분이 두터웠다. 그가 남겨놓은 글에는 후세에서 잘 알지 못하는 역사적 사실을 직필直筆한 게 많았다. 그 가운데 우는 공민왕이 낳은 자식이라고 믿게 하는 글이 있었다.

그것은 그가 지은 시詩에서 보는데 이 시는 죽은 공민왕과의 부자간인 우를 신돈의 자식이라고 신하들 사이에 말이 많은 데서 나왔던 것이다.

"전왕前王 부자父子가 각각 분리되어 만 리나 되는 동쪽과 서쪽 하늘 가에 있네. 가령 한 몸이 서인庶人이 되었더라도 한 가닥 마음은 천고千古에 변하지 않으리." 하는 시다. 전왕은 공민왕을 칭한 것이다. 서인은 아들 우를 가리켰다. 서자라는 뜻이다.

원천석의 호는 운곡耘谷이다. 운곡은 또 다음과 같은 장시長詩를 써서 우왕은 사실 신돈의 자식이 아님을 나타냈다.

"옥은 스스로 티가 없는데 일이 이미 거짓되었네. 사람을 형벌한 것은 무엇이요, 딴 사람 아니어라. 해동海東의 풍월風月 응당 분憤함을 머금었고 천하의 영웅들 모두가 슬퍼하네. 만성萬姓은 함께 새 일월日月을 보고 삼한三韓은 스스로 옛 산하山河가 되었네. 옳고 그름 환히 아는 것은 오직 하늘이 있으니 꿈속에도 비옵나니 몸 편히 계시옵소서."[26]

---

[26] 만성(萬姓)은 성(姓)을 가진 많은 백성들을 말한 것이다.

정몽주는 죽음을 자초하다

 포은 정몽주圃隱 鄭夢周가 개성 선죽교에서 죽음을 당했다. 그 죽음을 면할 수 있는 기회가 있었다.

 고려 우왕 때 고려를 없애고 새 왕조를 세우려는 정도전鄭道傳, 조준趙浚, 이방원李芳遠 등을 중심으로 하는 음모가 있었다. 그들은 당시 고려 조정의 신하들로 역성혁명易姓革命의 반역을 획책한 것이다.

 정도전은 일찍이 이성계에게 "이 정도의 군사라면 무슨 일인들 못하겠습니까?" 하고 이성계의 군영에 가서 역성혁명을 암시하는 말을 한 적이 있었다. 이에 이성계는 "무슨 말인가?" 하고 의아한 시선으로 정도전을 쳐다보았는데 마침 병영 앞에 늙은 소나무가 한 그루 있는 것을 보고 정도전은 그 소나무를 가리키며 다음과 같은 시 한 수로 대답했다.

 "오랜 세월 있어 온 한 그루의 소나무여, 푸른 산에서 성장하길 몇만 겹이었느냐, 다른 세월에서 좋게 볼 수는 없을까, 인간의 일은 잠깐 사이에 옛 자취가 되리라."

이 시의 원문을 적으면,

'滄茫歲月一株松 生長靑山幾萬重 好在他年相見否 人間俯仰已陳蹤(창망세월일주송 생장청산가만중 호재타년상견부 인간부앙이진종)'이다. 이런 시로 대답하기 전에 정도전은 앞서 역성혁명을 획책하고 있었던 것이다. 역성혁명이란 성姓이 바뀌는 왕조를 세운다는 용어이다.

이성계의 군영에 가서 읊은 시는 역성혁명을 재촉하는 일이었다. 이성계도 주위 분위기에 의해 새 왕조의 꿈을 품고 있었는데 그동안 머뭇거리기만 했었다.

고려의 마지막이 된 공양왕의 세자가 명나라에서 돌아오는 길에 이성계는 황해도 황주로 맞이하러 갔다. 당시 조정 대신들 중 우두머리 관직인 시중侍中 자리는 정몽주가 차지하고 있었다. 이성계는 세자 마중을 나가는 중에 해주에서 잠시 노루사냥을 하다가 실수하여 말에서 떨어져 다쳤다. 이 때문에 한동안 병석에 눕게 되었는데 이 소문을 들은 정몽주 주변의 조정 대신들은 내심 기뻐하는 빛이 돌았다. 이유는 이성계의 주변 사람들과는 적대관계에 늘 있었기 때문이었다. 그래서 서로가 음해하기를 그치지 않았다.

목은 이색牧隱 李穡은 정도전의 스승이다. 그런 두 사람 사이도 적대관계로 발전해 있었다. 이색은 정몽주와 정치노선을 같이하던 처지였다.

사냥에 다친 이성계는 주위의 권유로 중도에서 세자를 맞이하지 못하고 서둘러 귀경하였는데 거기에는 아들 이방원이 두 번 세 번 간청했던데 있었다. 이방원의 간청은 아버지가 다쳤다는 것을 알면 정몽주의

삼봉 정도전 영전

무리들이 어떤 해를 가할지 모른다는 불안이 있어서 그 이상 세자를 마중하는 길에 나서지 말고 귀가를 서두르게 한 것이었다.

그렇잖아도 이성계는 정몽주 측이 감찰기관인 사헌부司憲府를 부추겨 상소를 올리게 하여 이성계 자신의 측근인 정도전과 조준을 죽이려 한다는 소문을 듣고 있던 참이었다.

이방원은 이성계의 여러 아들 중에서 유일하게 고려에서 과거급제를 하였다. 이성계가 아들이 문과文科에 급제를 했을 때 감격하여 눈물까지 흘렸다는 일화도 있다.

이성계 집안은 대대로 무인武人만 나오고 하여 학문에 뛰어난 인물을 고대했다. 그러던 참에 남달리 학문을 좋아하던 다섯째 아들 이방원이 과거에 급제하여 문신文臣으로 나서게 되어 무신武臣보다 문신으로 나라의 벼슬자리에 오른 것을 영광으로 생각하며 이성계는 가문의 자랑으로 여겼던 것이다.

이방원의 과거급제는 고려 32대 우왕 9년이다. 이때 훗날 사돈이 된 김한로金漢老도 급제했는데 그는 장원을 한 것이다. 김한로는 조선에 와서 이방원의 장남이었던 양녕대군讓寧大君의 장인이 되었다.

정몽주의 일당과 적대관계로 암투를 벌이며 혁명의 모의에 적극 참여한 이성계의 아들 중에서는 유일하게 이방원이었다. 이방원은 이런 말을 하였다.

"우리 이씨 집안이 고려 왕실에 충성한 것은 세상이 다 알고 있다. 그런데 정몽주의 모함에 빠져 나쁜 소리를 듣고 있으니 우리 아버지 휘하의 사람들도 많은데 어찌 우리 이씨 집안을 위하여 힘을 다해 줄 사람이 한 사람도 없는가?"

정몽주 영전

이 말은 뜻을 같이하는 주변 사람에게 참여를 당부하는 말이었다. 이후 이방원 일당은 정몽주를 역공하여 죽이는 모의를 하기 시작했는데 이 모의가 이성계의 배다른 형인 이원계李元桂의 사위 변중량卞仲良이 알고 정몽주에게 가서 몸조심하라고 귀띔을 해 주었다. 이원계도 당시 고려 조정에서 높은 벼슬자리에 있었다.

정몽주는 자기를 죽이려는 패들이 있다는 것을 귀띔받고서는 마침 이성계가 해주 사냥 길에 말에서 떨어져 병석에 누워 있다는 소식을 듣고 사실 확인이라도 할 양으로 짐짓 병문안을 갔다. 병문안을 온 사람을 설마 해치기야 하겠는가 하는 생각을 하고 간 것이다. 정몽주는 병문안 가는 중에 자신의 행차에 주위 잡인雜人이 얼씬거리지 못하게 하는 조치를 취하고 행인이 뜸한 길로 갔던 것이다.

정몽주가 병문안을 온다는 연락을 받은 이방원을 비롯한 조영규趙英珪, 조영무趙英茂, 이화李和, 고여高呂 등은 때는 이때다 하고 척살할 것을 결정했다. 척살은 정몽주가 돌아갈 때 길거리에 잠복해 있다가 시행하기로 했다. 그런데 그들은 정몽주 살해를 이성계에게 귀띔이라도 해주지 않고 감행하여 후일 이성계의 진노를 사지 않을까 하여 우려하고 있었는데 이것에 이방원은 괘념치 않고 '기회는 놓칠 수 없다!' 하고 주저 없이 행동할 것을 지시했다. 조영규에게는 칼을 갖고 길거리에 잠복해 있으라 명령했다.

정몽주는 문안을 마치고 돌아가는 길에 마침 전 개성판부사開城判府事 유원柳源이 사망하여 그의 집에 문상도 겸해 갔다. 여기서 정몽주가 오래 지체했는데, 그 사이에 조영규는 만반의 준비를 갖추고 지나가기를 노렸다.

이윽고 정몽주가 오는 모습이 보였다. 갈 때처럼 말을 타고 오고 있는 것이다. 가까이 이르렀을 때 조영규는 성급히 뛰어들어 칼을 휘둘렀다. 그러나 맞지 않았다. 이에 놀란 정몽주는 말을 채찍질하여 달아났다. 조영규가 뒤쫓아가 말의 머리를 치자 정몽주가 결국 말에서 떨어졌는데 조영규를 뒤따라온 일당 고여가 정몽주를 칼로 내리쳤다. 이 장소가 바로 선죽교 다리 위였다.

정몽주를 살해한 일을 뒤늦게 안 이방원은 아버지 이성계에게 고했다. 그러나 이성계는 버럭 화를 내며, "우리 집은 평소 충과 효를 빛내고 있는 것을 세상 사람들이 다 아는 것인데 함부로 조정대신을 죽였으니 내가 안 그랬다고 하면 누가 믿겠느냐." 하였다. 그러나 이미 엎질러진 물 같아 후환이 없게 수습하는 것이 상책이라 생각하고 왕께 나아가 전후사정을 얘기하여 정몽주 일당 측에서도 크게 문제 삼지 않게 하였다. 공양왕도 이성계의 세력에 어쩔 수가 없어서 다른 엉뚱한 신하들을 국문하고 이성계 일당의 행동을 눈감아 주었다.

  포은 정몽주에게 그렇듯 위해危害가 있을 것이라는 소문과 귀띔이 있었는데, 당시에 자신의 지위가 높고 만인이 우러러 보는 위치에 있는 몸이라 감히 누구도 건드리지 못한다는 생각이라도 하고 있었음인지 정몽주는 설마 하며 방심을 한 것이었다. 그 방심은 바로 죽음을 자초하였다고 할 것이다.

옛 왕조시대도 동요가 있다

동요라 하면 아이들이 부르는 노래로 알고 있다. 이 노래는 주로 아이들의 감정이나 심리를 나타내는 가사와 곡으로 만들어진 것이다.

동요는 현대에만 있는 것이 아니다. 옛 동요는 노랫말이 오늘날처럼 한글로 지어진 것이 아니고 한문글자로 마치 한시漢詩처럼 지어져 불려지고 하였는데, 한편으로 글자를 모르는 사람들도 부르게 번역된 말로 전해져서 불려지기도 하였다. 여기에는 대개 현실의 어떤 일을 의미하거나 풍자하는 내용을 담고 있었다.

고려 말기에 명나라의 요동 땅을 정벌하러 갔다가 압록강 하구인 위화도에서 도로 군사를 돌려 정벌을 포기한 적이 있었다. 이에 앞서 불려진 동요가 하나 있다.

"서경西京의 성밖에는 불빛이요, 안주安州의 성밖에는 연기로세. 그 사이를 오가는 이원수李元帥여, 원컨대 백성을 구하소서." 하는 동요였다. 원문은 다음과 같다.

'西京城外火色 安州城外煙光 往來其間李元帥 願言救濟黔蒼(서경성외화색 안주성외연광 왕래그간이원수 원언구제금창)'

이 동요가 퍼지는 것을 들은 이성계는 동요의 의미를 알고 군사를 돌려 개경開京으로 돌아왔다는 일화가 있는 것이다. 동요 속의 이원수는 이성계를 지칭한 것이고 서경은 평양을 가리켰다.

동요는 예로부터 항간에서 주로 나오는데 자연발생적이다. 그런데서 더러 감동을 주는 바가 있다. 조선 태종 때 다음과 같은 동요가 나돈 적이 있었다.

"저 남산에 가서 돌을 쪼으니 정釘 남은 게 없다." 하는 동요다.

원문은 "彼南山往伐石釘無餘(피남산왕벌석정무여)."인데 여기서 '정'이란 것은 돌을 쪼는 연장인 것으로 한문글자에서 정鄭과 같은 음音으로 당시 태종 이방원과 적대관계에 있던 정도전鄭道傳을 의미하였고, 남南은 정도전과 함께 태종을 제거하려 했던 남은南誾을 의미했던 것이다. 이런 동요가 나온 후 얼마 안가서 정도전은 주살誅殺되었다. 주살은 죄인을 나라에서 사형하는 것을 말한다.

조선 9대 성종 때 '망마다승슬어이라望馬多勝瑟於伊羅' 하는 동요가 있었다. 이 동요에서 망마다望馬多는 속언俗言으로 '받아들이지 않다', '거절하다' 하는 것이고 승슬어이라勝瑟於伊羅는 '싫다'는 것이었다. 이 동요가 나돈 후 얼마 안가서 윤비尹妃가 죄인이 되어 폐비가 되었다.

성종 다음에 연산군 때에도 동요가 나돈 게 있었다. 그 동요의 원문은 다음과 같다.

'每伊斁可首墨墨(매이두가수묵묵)'

이 동요의 의미는 연산군을 폐위시키고 중종을 왕위에 오르게 한다는 것으로 매이每伊는 시속 사람이 존장尊長을 고告하는 말이고, 역斁은 중종中宗의 이름 역懌과 같은 발음의 글자인 것으로 중종을 가리킨 것이고, 가可는 의문사의 어조사語助辭였다. 묵묵墨墨은 반정反正을 획책한 박원종朴元宗과 성희안成希顔의 집이 묵사동墨寺洞에 있는 것을 암시한 말이었다. 수묵묵首墨墨은 반정의 우두머리가 묵사동에 있었다는 말이다. 동요는 은어隱語로 불려졌고 연산군 폐위를 노래한 것이었다.

선조 때 "나라를 어지럽게 할 자는 동인東人이요, 나라를 망하게 할 자는 서인西人이네." 하는 동요가 있다.

'亂國者東人亡國者西人(난국자동인망국자서인)'이 그 원문인데 당시의 당파黨派를 질타한 것이다.

숙종 때는 "허적은 산적되고, 허목은 도로묵 되네, 오시수 먹이수요, 민희는 슬희로다."란 동요가 있었다.

그 원문은 '許積爲散炙 許穆爲回目 吳始壽食是壽 閔熙瑟熙(허적위산자 허목위회목 오시수식시수 민희슬희)'이다.

이 동요는 허적許積은 죽음을 당하고 허목許穆은 도로 벼슬이 없는 선비가 된다는 것을 나타낸 것이다.

허적과 허목은 당시 당파의 하나인 남인南人의 수장으로 영의정까지 역임하고 은퇴 후 궤장几杖까지 받았는데 서자庶子 허견許堅의 모반謀反 사건으로 사약을 받아 죽었다.

허목은 허적과 같은 남인으로 있었지만 나중에 허적을 탄핵하는 입장에 있었는데 그 때문에 파직이 되었다. 허적을 탄핵한 이유는 유배 중인 송시열宋時烈을 처벌하는데 허적이 온건성을 보였던데 있었다. 그는 송시열을 가혹하게 처벌하려 했던 것이다.

민희閔熙는 숙종 때 좌의정左議政으로 있었다. 그는 경신년庚申年에 대출척大黜陟으로 파면되고 위리 안치되었다. 대출척은 대대적으로 나쁜 사람을 몰아내고 착한 사람을 기용한다는 뜻을 가진 용어다.

대출척은 남인 일파가 정치적으로 실각되고 서인이 정권을 잡은 사건이다.

오시수吳始壽는 숙종 때 우의정이었는데 서인이 득세하자 허적 일파라 하여 그들 서인에 의해 유배되고 사사賜死되었다.

식시수食是壽는 잡아먹혔다는 뜻이고, 슬희瑟熙는 속언으로 '싫다'라는 말의 표현이었다.

이 동요는 숙종 때 남인정권의 실각으로 네 정승이 죽음을 당하고 위리안치된다는 것을 나타냈던 것이다.

이렇듯 왕조시대 동요는 정치나 인물들을 풍자하거나 비판하는 내용을 담은 게 많았다. 오늘날 동요처럼 순진한 아이들에게 순수한 정감情感을 갖게 만들어지는 내용은 아니었던 것이다.

불사佛事가 많아서 망하다

신라는 불사가 많아서 망했다는 말이 있다. 불사라면 불가佛家에 관계된 여러 행사를 말하는 것이다. 이 말은 고려 말 불교를 배척하는 유생儒生들한테서 나돌았던 것이다.

절을 짓고, 탑을 쌓고, 불공을 드리고 하는 일들이 바로 불교의 행사이다.

고려는 태조(왕건) 때부터 불사가 많았다. 불교를 호국護國의 신앙으로 받아들였던 데서 그런 불사가 많이 나타났었다.

고려의 불사는 왕조 대대로 이어갔다. 그런데서 공민왕조에 와서는 괴승 신돈辛旽의 등장으로 극에 달하였다. 신돈의 정치권력 장악에서 나타난 현상이었다.

《고려사》에 다음과 같은 글이 있다. 이 글은 열전편의 김자수金子粹에 관한 글에서 보는 것이다.

"불교를 숭상하고 탑과 절을 대대적으로 지어야만 나라의 운이 길어진다는 말입니까? 신라가 불교행사를 많이 보인데서 망했다는 태조(왕건)의 말씀이 있었습니다. 이 교훈을 위반할 수가 있겠습니까? 불교의 말도 믿을 수 없는데 더구나 기괴하고 황당무계한 무당들의 말을 어찌 믿는다는 말입니까? 나라에 무당을 두는 그 자체가 옳지 못한데 무당을 둬서 기도하는 곳이 10여 군데나 되며, 여기서 일 년 사철에 제사 지내고 수시로 별제別祭도 올리고 있으니 이로 말미암아 연간 없어지는 나라의 경비가 이만저만이 아닙니다. 제사 지낼 때는 비록 금주령을 완화시켜 주고 있지만 무당들은 오히려 이를 이용해서 떼 지어 다니며 관리들과 어울려 음주를 하고 큰 거리에서도 예사롭게 술타령을 하며 북치고 노래하며 춤추는 꼴들을 보여서 풍속이 크게 손상을 입고 있습니다. 단속기관에 명을 내리시어 허가된 제사 외에 잡신을 지내는 제사 같은 것은 일체 금하고 여러 무당들이 궁중에 출입하는 것도 엄금하며 요망한 것들은 필히 근절하는 규율에서 바로잡기를 간절히 바랍니다."

이 글은 고려의 마지막 임금이 되었던 공양왕 때 성균관의 수장자리인 대사성大司成 관직에 있던 김자수가 왕께 간언한 내용의 글 가운데 한 부분이다.

당시 김자수가 거느리고 있는 성균관 유생들 사이에서도 지나친 불교행사의 폐해를 규탄하는 일이 많았다. 그중에 성균관 생원 윤향尹向과 박초朴礎가 불사 규탄에 강성을 보였다. 그들은 불교 배척의 상소를 올렸다가 투옥되고 사형까지 받은 일이 있었는데 이 일에 포은 정몽주의 주선으로 풀려나오기도 하였다. 그때 그들이 왕께 올린 상소를 보면 다음과 같은 내용이 있다.

"부처가 어떤 사람입니까? 큰아들로서 자기의 아버지를 버리고서 부자와의 육친관계를 끊었습니다. 한낱 필부匹夫로서 천자에게 반항하여 군신君臣의 의리를 짓밟고 남녀의 부부생활을 피하는 그들의 소행은 옳은 길이 아니라 봅니다. 그들은 남자는 밭갈고 여자는 베 짜서 생활하는 것을 옳지 않다고 보면서 자자손손 이어 내려가는 길을 버리고 인간 생활의 의식衣食의 원천을 막으려 하였으며, 그들의 도道로만 천하를 대신하려 했습니다. 과연 이렇게 한다면 백 년 후에는 인류가 멸종되어 하늘에서는 천체가 운행하고 하늘 아래에서는 땅이 떠받쳐주는 그 사이에 오로지 번식해 나가는 것은 풀과 나무 그리고 날짐승과 길짐승 등뿐인 것입니다. 삼강오륜의 길이 어찌 이런데서 있을 수 있겠습니까? 부처는 본시 오랑캐이며 중국과는 말도 달랐습니다. 의복과 제도도 딴판이었습니다. 입에서는 선왕의 법을 말하지 않고 몸에는 선왕先王의 의복을 입지 않고 부부·부자·군신 간의 윤리는 모르며 또 그들은 소위 삼도(三途 : 세 가지의 악을 말함)의 설을 날조하고 육도(六道 : 불교에서 말하는 여섯 가지의 도)의 설을 조작하여 전파시킴으로써 우매한 자들로 하여금 맹목적으로 따르게 하며 오로지 공덕을 구하는데 몰입하게 할 뿐 나라의 법을 두려워하지 않게 합니다. 사람의 생生과 사死의 길고 짧음은 자연의 섭리에 의한 것인데 미욱한 중들은 모든 것이 다 부처에게 달려 있다고 거짓말을 하며 슬그머니 임금의 권한을 침범하고 우주 자연의 위력을 제 마음대로 할 수 있는 것처럼 말합니다. 이리하여 온 세상을 더러운 시

궁창에 빠뜨려 놓고 사람의 일생을 술에 취해 있는 듯 꿈속에서 헤매는 듯 몽중인지 알 수 없게 합니다. 이런 몽매한 정신에서 그들 중에게 웅대한 집을 지어 바치고 흙과 나무와 쇠로 형상을 만들어 장식하게 했습니다. 그리고 양민들을 데려다가 머리를 깎여 그 속에서 살게 했습니다. 이런 일들을 누가 바로잡아 놓겠습니까? 그런 것을 바로잡는 것은 윗사람이 자기의 덕을 보이고 아랫사람에게 교양하고 예禮와 의義를 밝혀주면 백성들은 하늘의 이치를 자연히 알게 되는 것입니다. 그렇게 해야 불사의 폐해로부터 바로잡는 것이라 할 수 있습니다. 우리나라는 신라 말기부터 불교에 심취되어 심지어 촌락에 이르기까지 탑과 절이 즐비하게 생겼고 불교의 설교가 물결처럼 사방에 넘쳐흘러 들어가 사람들의 귀에 익히고 골수에까지 박혀서 의리義理 같은 것에 의한 깨달음은 갖지 못하였습니다. 우리 태조가 삼한을 통일한 초기에는 오랫동안 내려온 그 같은 해독害毒을 심각하게 깨닫고 후대의 임금과 신하들은 사사로이 자신의 기복을 비는 절은 못 세우게 하였습니다. 태사太師 최응崔凝은 불교를 금하는 청원을 했으나 태조는 신라 말경에 불경의 교리가 사람들 골수에 들어 있어서 생사와 화복이 모두 부처에 의한 것이라 하여 쉽게 벗어나지 못하므로 아직 나라의 틀이 완전히 잡혀 있지 않은데 없애는 것은 인심이 크게 반발할 위험이 있다 하여 단지 훈계의 글에서, '신라가 불교의 행사를 많이 하여 나라가 어렵게 되고 망했으니 이것을 교훈으로 삼아야 한다.'고 했습니다. 그러했는데도 불구하고 후대 임금과 신하들은 계속 태조의 교훈을 망각하였으므로 이렇듯 오늘날 그 폐해가 큰 것입니다. 그래서 사람들의 바른 마음과 세상의 윤리도덕이 실종된 것에 걱정하는 사람들로서는 어찌 걱정하지 아니 하겠습니까? 가슴 아파하지 않을 수 없다 할 것입니다. 전해 내려 온 바에 의하면 '농부 한 사람이라도 밭갈이 하지 않으면 혹간 굶주리는 자가 있는 것이고, 여자 한사람이라도 누에치지 않으면 혹간 헐벗는 자가 있다.' 하였습니다. 그런데 불교를 믿는 자들이 밭갈이 않고도 잘 먹고 지내며 누에치지 않고도 잘 입고 산다 하니 이런 자가 몇천백만이 되는지 알 수가 없습니다. 그들 때문에 또한 헐벗고 굶주리는 자가 또한 얼마나 있는지 알 수가 없습니다. 중들이 바람을 마시고 이슬을 먹고 나무에 둥지를 틀어 놓고 들판에서 산다 하더라도 나라 임금은 이것을 배척해야 할 터인데 그들이 하물며 화려한 집에 거처하고 맛 좋은 음식을 먹고 아무 일도 하지 않고 임금과 부모에게 합장合掌하게 하는데 그런 놈들을 어찌 단 하루라도 가만히 두고 볼 수만 있겠습니까? 이런 자들은 백성들의 불구대천의 원수들입니다. 영명하신 전하께서는 어찌된 셈인지 불교와 도참설에 현혹되어 남경으로 천도하여 갔을 때 귀하신 몸으로 친히 '회암사檜巖寺에 이르러 아비도 없고 임금도 없는 불교를 앞장서서 찬송하고 남을 인도하는 모습을 보였으니 이것을 불충불효不忠不孝의 풍속으로 조장시키는 게 되어 우리의 삼강오륜을 파괴하는 일이 되었습니다. 이런 일에서 저희들은 전하를 실로 안타깝게 생각했습니다. 전하가 효로써 나라를 다스리는 모습을 백성들에게 보여줘야 하는 것입니다. 이렇게 하지 않고 오랑캐의 종교를 신봉하면서 구구하게 중에게 절을 하고 부처를 공양하여서 나라의 중흥을 위한 정치와는 다르게 나갔습니다. 신하들의 기대를 꺾는 바가 되었습니다. 과거 연복사演福寺와 탑묘塔廟 공사에서 백성들을 동원시켜 원성을 산 일이 있었습니다. 이런 불사佛事가 또 있다면 백성들의 실망과 원성은 하늘을 찌를 것입니다. 공사에 쓰는 목재를 귀신이 운반해 주는 것인지, 사용하는 재물이 하늘에서 떨어지고 땅에서 솟아나는 것인지 모르겠으나 어두운 저승의 복을 구하려다가 도리어 현실의 인간 세상에 우환을 남기는 것이 됩니다. 전쟁이 일어나고 자연의 재해가 생기거나 하면 중들을 무기로 쓸 수는 없고, 탑과 절이 우리의 굶주림을 구제해 주는 것은 아닙니다. 옛날 중국의 후주後周는 불상들을 부수어 그것으로 무기를 만들고, 제齊나라는 탑과 절을 믿기만 하여 형벌을 다스리는 정치에는 해이하여 두 나라가 전쟁을 할 때 후주는 이기고 제나라는 망했습니다. 그러니까 불교가 인간세상에서 화복禍福 같은 걸 주고 하는 게 아니었습니다."

고려는 불교국가였다. 개국 초부터 불사를 일으키며 불력佛力에 의해 나라가 유지된다는 신앙에서 대대적으로 절을 짓고 탑을 쌓으며 왕실은 물론 모든 백성들에게 절에서 나라의 안녕과 집안의 복을 빌라고 했다.

태조 왕건도 신라 말기의 승려 도선道詵의 풍수도참설風水圖讖說을 믿고 따르는 성향을 보였다.

고려가 불교국가라는 증거를 보여준 것은 나라에서 행하는 팔관회八關會와 연등회燃燈會가 있었다. 이 행사는 고려 초부터 고대 불교의식으로 여기에 소요되는 인력과 재정의 소모가 적잖았다. 이 때문에 도덕과 윤리를 중요시하는 유생儒生들의 반발이 많이 따르고 하였다. 고려는 곳곳에 많은 절을 짓고 하였는데 그 중에서 수도 개성에다 지은 연복사의 대웅전은 궁궐처럼 크게 지은 절로 유명하였다.

이 연복사의 처음 명칭은 보제사普濟寺라 했다. 고려 초기에 이 절 이름으로 내려오다가 중기 이후 27대 충숙왕 때 개명된 것으로 알려졌다. 이 절에서 유명한 것은 범종梵鐘이다. 오늘날 국보로 지정된 종으로 29대 충목왕 2년에 제작한 것이다. 종 제작에는 원나라 공장工匠에 의해 만들어졌다는데 특징이 있다. 이 종곽鍾廓에 새겨진 글이 당시 유명한 문장가 이곡李穀이 지었다는 것이다. 이곡은 고려 유학자로 유명한 목은 이색의 아버지이다.

성균관 유생들의 상소문에서 신라가 지나치게 불사를 보여주고 한데서 나라가 망국의 길로 간 것처럼 언급한 대목이 있는데 사실 고려 태조가 그런 언급을 했을까 하는 의문을 갖는 유생도 있었다.

고려 태조가 남긴 훈요십조에서는 숭불정책崇佛政策을 보였다. 상소를 쓴 성균관 유생들이 짐짓 그 같은 말을 지어내서 썼다고도 보게 되는 것으로 어쨌든 고려의 지나친 불사를 그들의 상소문에서 여실히 알 수 있는 것이었다.

고려 말에 와서는 정도전鄭道傳을 비롯해서 많은 유학출신儒學出身의 벼슬아치들이 권력의 자리에 많이 오르게 됨에 따라 억불정책抑佛政策의 방향으로 강하게 나갔다. 그러다가 결국 그들 중심의 역성혁명으로 고려는 망하고 조선이 개국된 것이다.

제3부

조선시대

―

가뭄이 심하면 절로 비가 온다

태조 이성계는 다른 이름도 있다

　태조 이성계는 왕위에 오르고 나서 어휘御諱라고 하여 따로 이름을 지어서 가진 게 있었다. 비단 다른 이름만 지어 가졌던 게 아니라 자字도 지어 가지고 있었다. 어휘는 임금의 이름이라는 존칭의 뜻으로 사용하는 용어인 것이다.

　우리나라 고대로부터 조선 선조 때까지 사실史實과 견문見聞을 연대순으로 수록한 책인 동각잡기東閣雜記라는 책이 있다. 조선 선조 때 이정형李廷馨의 저서로 이 책에 다음과 같은 내용이 있다.

　"태조가 왕위에 오르자 어휘御諱를 단旦이라 고치고 정도전鄭道傳을 시켜 새로운 이름에 맞는 자字도 지어 올려라 하니, 정도전이 이 명을 받들어 군진君晉이라 지어 올렸다. 해설에서 말하기를, 단은 글자 모양이 일日과 하나라는 뜻의 일一을 말한 것으로 해가 뜨는 아침이 되며 진晉 자는 밝게 떠오른다는 뜻이다. 하늘에 해가 떠오르면 그 광명이 널리 비치어 어두운 구름은 걷어지고 삼라만상이 모두 훤하게 드러나는 것이다. 이것은 곧 임금의 첫 정치가 밝은 것이며 모두 나쁜 기운은 물러가고 모든 법도가 새로워짐을 의미한다. 하늘에 해가 떠올랐으면 그 광명이 점점 더해가는 것으로, 이것은 곧 처음의 임금으로부터 시작하여 천만 세대까지 전해 내려가는 형상이다."

이 내용에서 바로 조선을 건국한 태조 이성계의 다른 이름과 자가 있었음을 알 수 있다. 그런데 이 새 이름과 자가 잘 알려지지 않았다.

그리고 태조 이성계의 새 이름과 자가 조선이라는 국호의 의미와 연관되어 있다는 것을 알 수 있다.

태조 이성계는 개국 후 명나라에 사신을 보내 개국의 전후 사정을 보고하고 나라의 이름을 재가裁可받는 일이 있었다. 재가받을 때 조선朝鮮, 화령和寧 두 이름을 지어 올렸는데 여기서 명나라 황제는 조선을 국호로 사용할 것을 명하였다. 앞서 태조 이성계는 고려 공양왕 때 명나라의 황제로부터 화령군개국충의백和寧郡開國忠義伯이란 작위를 받은 일이 있었는데 여기에 부합되는 나라 이름, 즉 화령和寧을 국호로 삼을 것을 원했다. 화령은 태조 이성계가 자란 고향의 명칭이었다.

《용비어천가龍飛御天歌》와 동각잡기에 다음과 같은 내용이 있다.

"태조 2년 계유癸酉 정월에 고황제高皇帝가 특명을 내려 국호를 조선이라고 고쳤다. 예부禮部에서 자문咨文을 보내어 말하기를, 성지聖旨를 받들진대 조선이라고 부르는 칭호가 아름다우며 그 유래가 오래된 것이다."

고황제는 명나라를 세운 태조를 칭한 것이고, 예부는 그 나라의 외교

태조 이성계 영전

담당 관청을 말한 것이다. 자문은 무엇에 잘못이 있어서 한탄스럽다는 뜻을 담은 글로 명나라 황제가 다른 국호를 사용하려고 한 것에 대하여 한탄한다는 뜻에서 쓴 말이었다. 이 글에서도 태조 이성계는 조선이란 국호가 아닌 화령을 생각하고 있었음을 알 수 있는 것이다.

조선 중기 때 학자 성현成俔이 쓴 용재총화慵齋叢話에는 다음과 같은 내용이 있음을 본다.

"태조가 개국하자 재상 조반趙胖을 명나라에 주문사奏聞使로 보냈다. 그는 중국 중원中原에서 자랐으므로 보낸 것이다. 고황제가 불러들여 이씨가 고려를 빼앗은 것에 대하여 꾸지람을 내렸다. 조반이 황제의 말에 대답하기를, '역대로 나라를 세운 군주들은 거의 다 하늘에 순응하여 혁명을 이룬 이들입니다. 홀로 우리나라만이 그런 게 아닙니다.' 하였다. 그는 은연히 명나라가 세워진 일을 비교하여 말한 것이다. 그는 통역을 빌리지 않고 중국말을 하였다. 이에 황제가 '네가 어찌하여 중국말을 할 줄 아는가' 하고 물었다. 조반이 대답하기를, '신이 중국에서 성장하였기 때문입니다. 일찍이 폐하를 원나라 탈탈脫脫의 군대에서 뵌 적도 있습니다.' 하였다. 황제가 그때의 일들을 묻는 것에 조반이 낱낱이 말을 하여 황제가 용상에서 내려와 조반의 손을 잡고 '만약 탈탈이 있었더라면 내가 여기에 이르지 못하였을 것이다. 경卿은 진실로 나의 친구이다.' 하였다. 그리고 귀한 손님으로 예우를 보여 대접하고 조선이란 두 글자를 친필로 써서 보냈다."

주문사는 종속의 위치에 있는 나라가 종주국의 위치에 있는 나라에 보고하러 가는 사신을 말한다.

고려가 강국 원나라에 그러하였듯이 태조 이성계도 새로 나라를 세웠어도 피치 못하게 신생 강국인 명나라를 종주국처럼 섬겨야 하는 입장이었다. 그래서 사신을 보내 개국의 전후사정을 보고하는 모습을 보였다.

태조 이성계는 자신의 고향 화령을 나라 이름으로 삼을까 하였다. 측근에서 그런 진언도 있었기 때문이다. 그러나 어떤 큰 의미를 둘 수 있는 명칭이 아니고 더욱이 생소하기만 하여 대신들 사이에게 호감을 주지 못하였다.

조선이란 나라 이름은 생소한 게 아니라 명나라 황제가 말하였듯 유래가 있음을 조정 신하들은 잘 알고 있었다. 오래전 고대국가에서 조선의 칭호가 있었던 것이다. 단군조선이니 위만조선이니 기자조선이니 하는 것이다. 고대 왕조국가에서는 누가 세웠는지 건국시조의 이름이나 성을 붙여 나라 이름이 호칭되기도 하였다.

태조 이성계가 세운 나라에서도 이씨李氏라는 말이 붙어 이씨조선이라 하였다. 이것은 성씨제도가 있는 나라에서 별칭으로 사용되었다.

기자가 세웠다는 조선은 기원전 4세기경이고, 위만이 세웠다는 조선은 기원전 2세기경이다. 위만은 중국 고대국가의 하나인 연燕나라 사람이 세운 것으로 전했졌다. 기자는 중국 한족의 고대국가인 주周나라의 봉국封國이었고, 그 군왕은 동이족계東夷族系 사람으로 알려졌다.

단군은 신화 속 인물이든 오늘날까지 한민족韓民族이라고 지칭되는 최고最古의 조상이다. 기자와 위만은 중국의 한족漢族이 세운 나라는 아닌 것이다. 중국 측에서도 조선이란 명칭을 가졌던 고대국가는 중국 한족계 국가가 아닌데서 다른 종족계 제후국(봉국)임을 말하였다.

태조 이성계가 어휘를 단으로 한 것은 조선이란 국호와 무관치 않았던 것이다. 정도전이 조선이란 국호가 정해진 데서 짐짓 그것에 실로 부합하는 태조 이성계의 어휘를 지어 올린 것이라 할 수 있다. 그런데 오늘날 역사책 같은 곳의 왕세계표王世系表 기록에는 태조 이성계의 어휘 표기는 없다. 그대로 원 이름 표기만 있는 것이다.

스승인들 어찌 안 죽이랴

고려시대 삼은三隱의 한 사람인 목은 이색牧隱 李穡은 조선 개국의 공신이었던 정도전鄭道傳의 스승이다.

삼은이라 하면 포은 정몽주圃隱 鄭夢周, 야은 길재冶隱 吉再, 그리고 목은 이색을 두고 말하였다. 이들 중에 이색은 정몽주보다 훨씬 앞서 과거시험에 급제하여 벼슬길에 올랐고 연령도 9세나 앞이었다. 길재는 정몽주보다 16세 아래였다. 이색은 길재에게도 스승이었다. 공민왕 때 장원급제하였고 문사文士로 뛰어났던 이숭인李崇仁을 제자로 가르쳤다.

이색의 문하생은 고려조에 유명인으로 출세한 사람이 많다. 정도전도 그 중 한 사람이었다. 정도전과 함께 우왕禑王을 신돈辛旽의 자식이라고 왕위에 오르는 것을 반대한 윤소종尹紹宗도 역시 이색의 제자였다.

윤소종은 시문詩文에 뛰어났고 특히 성리학性理學에 밝았다. 그는 정도전과 뜻을 함께 한 데서 조선이 개국되자 병조판서兵曹判書의 자리에 오르기도 하였다.

목은 이색 영전

조선 16대 인조 때 명재상이며 문장가로 이름난 상촌 신흠象村 申欽이 저술한 《수상록隨想錄》이란 저서가 있다. 표제가 상촌잡록象村雜錄인데 저자가 관직을 떠나서 한가로운 생활을 하면서 지난 시대의 역사적 일들에 대하여 아는 바를 단편적短篇的으로 서술한 책이었다. 고려와 조선시대 명인名人들의 절개와 지조에 관한 평, 단종 폐위 때 절의節義를 보인 사육신과 생육신에 관한 평, 여러 명재상에 관한 평 등 다방면에 걸쳐 논평 형태로 기록한 저서이다.

    이 저서에서 다음과 같은 내용이 있다.

"정도전은 도은 이숭인陶隱 李崇仁과 더불어 목은牧隱에게 배워 재주와 명성이 도은과 다름없었다. 그러나 마음가짐이 달랐고 항시 불평불만이 있었다. 태조 이성계가 왕위에 오르자 정도전은 권력을 쥔 신하가 되어 자기의 사람 황거정黃居正을 시켜 도은이 귀양 가 있는 고을에 원으로 내려보내서 도은을 때려죽이게 하였다. 정도전은 마음 쓰는 바가 소인小人처럼 심했다. 그뒤 얼마 안 되어 도전은 방석芳碩의 난에 간여해서 자기의 몸이 두 동강이 났고 황거정도 또한 정도전의 문객이라 해서 태종太宗의 미움을 받아 특별히 훈적勳籍을 삭제 당하고 지금껏 회복되지 못했다. 그의 자손들이 원통함을 호소하였으나 많은 선비들이 응하지 않아 태종은 회복시키는 것을 허가하지 않았다. 정도전이 받은 화禍는 이숭인보다 심했고 이숭인의 이름은 후세까지 빛났으니 하늘의 길에 어긋남이 없으니 족히 이로써 세상 소인배들에게 경고가 되리라 할 것이다."

"고려 역사에 칭찬하고 나무라는 것은 모두 믿을 수 없거니와 말년의 사직社稷은 더욱 어긋나고 잘못되었다. 이것은 비록 숨기고 피하는데 국한되어 그렇다고 하겠는데 그러나 믿게 하는 글에서 어찌 그 사실을 감추기만 할 수 있겠는가. 창昌을 왕위에 올리고, 우禑를 내보낸 것, 윤이尹彝, 이초李初를 추방한 세 가지 사건은 큰 죄가 되는 것으로 원래의 신하들과 원로들이 밀려나고 유배되고 하였으니 저 정도전과 윤소종과 조준趙浚은 도대체 하늘의 도리를 모른단 말이었나?《고려사》를 찬술한 정인지鄭麟趾도 그렇다. 정인지는 세종과 문종 양 조정에서 사랑을 많이 받아 벼슬이 재상에 이르렀으나 마침내 그는 단종 임금을 죽인 역적이 되었다."[1]

이 두 내용에서 정도전의 권력에 대한 한 단면을 엿볼 수 있는데 정인지의 《고려사》에서도 정도전의 끈질긴 권력욕과 정적政敵에 대한 잔인함을 엿볼 수 있는 내용도 있는 것이다.

정도전이 이색과 우현보禹玄寶를 죽일 것을 요구하는 상소를 올렸다.

---

1 윤이(尹彝), 이초(李初)는 반대파에 의해 공양왕 때 반역자로 몰려 죽음을 당했다.

이 상소는 우가 왕씨의 혈속이 아닌데 왕씨의 핏줄로써 계승자로 만들어 우의 아들인 창昌까지 왕위에 오르게 하였다는 이유에서였다.

정도전은 우禑와 창昌이 왕위에 오른 것을 인정하였던 이색과 달리 신돈辛旽의 혈육이라 하고 왕위계승은 잘못이었다고 남다른 주장을 폈다. 당시 고려 조정 중신들 사이에 우왕의 혈통문제에 갑론을박하고 있었으며 여기서 정책마저 다르게 하는 패거리 정치의 양상이 나타났었다.

이성계도 이미 우와 창의 왕위계승은 잘못이라는 견해를 갖고 있었는데 당시 조정에서는 이미 우의 재위가 있었으니까 어떤 소문이 있어도 공민왕의 혈육으로 봐야 한다는 게 중론이었다. 이 중론에 앞장 선 이는 이색과 이숭인 두 거유巨儒였고, 그들을 따르는 중신들이 있었다.

정도전은 정몽주처럼 이색의 문하생이었는데 그런 그가 우왕의 혈통문제를 스승과 달리 하면서 정치노선도 다르게 하며 스승을 정치적으로 제거하는데 앞장을 섰다.

이런 정도전의 냉혹함은 조선개국에서도 여실히 들어 내 보였다. 그것은 다음에 왕위에 오를 왕자를 선택하는데 살아 있는 계비繼妃 강씨康氏의 소생인 방석芳碩을 지지하고 그 외 왕자들을 제거하는 일을 획책하고 있었던 것이다. 강씨는 태조 이성계의 두 번째 부인이었다.

태조 이성계의 본부인은 한씨韓氏였다. 한씨 소생은 6명이다. 그중에 둘째 방과芳果가 훗날 2대 임금으로 왕위에 오르고 다섯째 방원芳遠이 3대 임금으로 왕위에 올랐다.

왕위 계승에서 정도전은 자신이 뜻한 바가 이루어지지 않았고 결국 자신은 죽음을 본 것이다.

정도전은 고려의 우왕을 왕위에 오르게 한 이색과 우현보를 탄핵하는 글에서, '왕씨를 가로막고 신우의 아들 신창을 세운 자와 신우를 맞이하여 왕씨의 대를 끊으려 한 자는 찬탈에 극악한 자이며 난신적자亂臣賊子 중에서도 으뜸가는 자인데 벌써 수년간을 처벌받지 않았으며 그들은 버젓이 몸치장을 하고 수하에 많은 무리를 거느리며 조금도 거리낌없이 서울과 지방을 드나들고, 자제, 조카, 생질 등의 사람들을 요직에 배치시켜 누구도 감히 그들을 건드리지 못하고 있다. 지금 그들은 재상의 지위에 있어 그런 사실에 대하여 관리감독의 책임을 피할 수 없으므로 마땅히 철저히 그들의 죄상을 규명하여 처벌해야 할 것이다." 하였다.

정도전은 왕에게 직접 간하기도 했는데 이런 말이 있다.

"이색의 죄는 이미 뚜렷하니 극형에 처하여 충성치 못한 자들에게 경계를 보여야 합니다. 그리고 우현보의 죄는 아직 알 수 없다고 하지만 대간臺諫에서 연이어 글이 올려지고 있는바 그것은 먼 곳에 귀양 보내기를 청하고 있는 것이어서 저 역시 선한 사람과 악한 사람은 따로 있게 하는 것이 옳은 줄 압니다."

고려 마지막 임금이 된 공양왕 때 있었던 그의 말이었다.

정도전은 1년 재위의 창왕을 밀어내고 공양왕을 세운 이성계 일당에서 남달리 행동한 사람이었다. 그는 재상의 지위에 오른 후에 더 적극적으로 우왕 때부터 있던 중신들을 탄핵하기를 부단히 하였다. 그러는 가운데 스승 이색을 죽이려 온갖 간언을 왕에게 하기도 했다. 그러나 왕은 그의 말을 듣지 않았고 오히려 미워하고 좌천과 귀양을 보냈었다.

왜 그렇게도 스승 이색을 못 죽여 안달하였는가 하는 말을 하게 된다. 그것은 그들 사이에는 같은 지위의 재상 자리에 있으면서 정치노선을 달리하는 처지였기 때문에 스승인들 안 죽일 수가 없었다. 권력의 자리는 그만큼 냉혹했던 것이다.

이색은 조선이 개국되고 나서 여강驪江에 배타고 가던 도중 배 안에서 폭사暴死를 당하였다. 정도전 일당의 소행이라는 말이 있었다. 여강은 오늘날 경기도 여주 땅이다.

명나라에 부처의 사리를 바치다

조선이 개국하고 나서 중국 명明나라에 부처의 사리를 진상하였다는 조선왕조의 기록이 있었다. 그런데 이 사리는 자그마치 558개나 되었다고 한다. 사리의 진상은 조선 3대 태종과 4대 세종 때였다.

조선왕조실록에 다음과 같은 한문 글자의 원문기록이 있는 것을 보게 된다.

'朴訔等曰此太祖致敬之物不可盡獻宣將牙上舍利二顆雜以他舍利二潁井頂骨以進其經興(박은등왈차태조처경지물불가진헌선장아상사리이과잡이타사리이영정정골이진기경흥).'

이 원문의 뜻은, "박은朴訔 등 몇몇 신하들이 태조께서 받들던 사리이므로 헌납하는 것은 불가하며 2개 정도의 잡된 사리와 2개 정도의 정수리 쪽 사리를 섞어서 진상하는 것이 어떨까."하는 내용이다.

세종 재위 원년 9월에 어전에서 이런 말도 있었다.

"중 축구竺丘가 신臣에게 말하기를 석탑 속에 두었던 사리 4개는 신라 왕조 이래로 보물처럼 간직해 오던 것이며 영험스럽고 이상한 일이 많았다고 하였습니다. 그래서 그대로 이 나라에 둬서 법문法門의 보호가 되게 하여 달라는 부탁이었습니다."

이 부탁에는 중국 명나라에서 보물로 보이는 사리를 천자(황제)에게 바치라는 주문이 있었던 데서 나왔던 것이다. 법문은 불가佛家의 사찰을 말한 것이다.

조정 신하의 이런 말에 당시 상왕上王인 태종은, "승려들은 그런 부탁을 할 수 있지만 현 우리나라의 체통으로 봐서 안 보낼 수 없는 입장이다. 천자가 사리를 구한다 하면 우리로서는 당연히 보내야 하는 것이다. 이미 천자께서 알고 있는데 그 영험한 사리를 어찌 감추고 안 보내고 속일 수가 있겠는가?" 하였다.

신라 때부터 대대로 보관되어 오던 보물의 사리라는 것은 석가여래가 세상에 살아 있을 때 이빨 위에 났던 것으로 신라 선덕여왕 때 자장율사慈藏律師가 서역西域에 가 문수보살한테 받아 와서 경상도 통도사에 보관하였다는 것이다. 이 사리는 태조 이성계가 조선을 개국하고 나서 가져오게 하여 흥천사興天寺의 석탑 속에 보관하였다.

이런 사실을 안 명나라 황제는 황엄黃儼이라는 조선인계 명나라의 신하를 조선에 보내서 그 사리와 함께 보물로 보이는 사리들을 바치게 하였다. 당시 조선 조정에서는 명나라를 대국으로 섬기는 처지에서 함부로 거절을 할 수가 없었다.

태종은 "선왕 태조께서는 석탑 안에 둔 사리를 궁 안 내불당內佛堂으로 옮겨 오셨다. 그런데 천자가 원하고 있는 것이니 그것을 나는 모두 천자께 진상을 하고자 한다. 만약 모두 바치지 않으면 하늘을 속이는 것과 같으므로 아니 보낼 수 없다.” 하는 말을 신하들에게 하였다. 태종의 말은 《세종실록》 5권에 기록되어 있다.

흥천사에 보관해 두었던 석탑 속의 사리는 결국 명나라의 사신 황엄에게 넘겨져 중국 명나라로 갔다.

흥천사는 수도 한양 안에 있던 사찰이다. 조선 태조 6년(1397)의 계비 강씨康氏가 죽자 오늘날 정동貞洞이 되는 곳에 세운 것이다. 계비는 후에 신덕왕후神德王后라는 존호尊號가 붙여졌는데 그에게서 나온 둘째 아들 방석芳碩을 세자로 책봉시키려다가 태종(이방원) 등의 전실왕자들로부터 배척당하고 왕자의 난을 보게 한 여인이었다. 신덕왕후의 원당願堂에 바로 흥천사 5층에 사리탑이 있었던 것이다.

황엄은 조선인으로 명나라에 가서 벼슬자리를 제수받고 조선으로 보내지는 사신 역할을 주로 하였다. 그의 친족의 여인이 중국에 공녀貢女로 가서 궁인宮人이 되었다가 황제의 비妃가 되었는데 이 때문에 황엄도 벼슬자리에 올랐던 것이다. 당시 명나라 황제는 영락황제永樂皇帝였다.

영락황제는 명나라를 개국한 주원장朱元璋의 직계 손자인 혜제惠帝를 폐하고 왕위에 오른 황제였다. 태조 주원장의 넷째 아들인 영락황제는 태조 재위 때 현 북경北京지역인 연경燕京의 연왕燕王으로 영주領主자리에 있었다. 그는 어린 혜제가 즉위하자 난을 일으켜 황제의 자리를 차지하였던 것이다.

영락황제의 재위는 중국의 수隋나라와 당唐나라처럼 중국 대륙을 하나의 국가로 통치하에 두는 위업을 보였다. 뿐만 아니라 오늘날 만주지역을 통치하에 두는 국토확장의 위업도 보였다. 이런 황제 휘하에 황엄이란 조선 사람이 있었던 것이다.

영락황제의 묘호廟號는 조선의 3대 임금 태종太宗과 같았다. 묘호란 것은 왕의 사후에 칭하는 시호諡號를 말한다. 황제 역시 태종이라 하였다.

조선의 사리는 바로 영락황제에게 보낸 것이었다. 황엄은 그때 조선의 사찰 석탑 속에 사리가 있으면 얼마가 되던 수효는 상관치 말고 있는 대로 보낼 것을 요구했고, 흥천사가 아닌 다른 사찰에 있는 석탑 속의 사리도 발견되면 즉시 보내라는 영락황제의 전지傳旨를 세종대왕에게 올린 것으로 여기서 많은 사리가 모아졌던 것이다. 바로 5백 개가 넘는 수였던 것이다.

조선은 개국 직후 신흥국가인 명나라를 종주국으로 받들었다. 고려가 원나라를 상국으로 받들었듯 조선도 역시 명나라 상국上國으로 섬겼던 것이다.

명나라가 만주의 요동반도를 공략하는 것과 맞물려 옛 고구려의 고토故土를 앞서 차지하겠다고 고려가 북벌정책을 취하였을 때 태조 이성계가 압록강 하류지역의 섬 위화도에서 군사를 되돌려 회군하였다. 그때의 이유는 원나라의 쇠퇴를 인지하고 요동 땅을 차지하는데 명나라와 싸워 이득이 될 게 없다는데 있었던 것으로, 이후 조선은 강성해지는 명나라를 받들었던 것이다.

요동은 명나라가 결국 차지하였다. 대신에 압록강 너머 조선의 땅은 보답인지 무엇인지 명나라 영락황제는 영토 확장의 목적으로 오지 않았다. 대신에 대국으로 섬기기를 지시하였다. 대국으로 섬긴다면 황제의 생일이나 연초에 필히 사신을 보내 조공의 하례賀禮를 올리고 하였다.

옛날에는 결혼이란 말이 다르다

결혼이라 하면 남녀가 장가들고 시집을 가는 용어이다. 이 용어가 조선시대에서는 한문글자의 표기에서 글자 한 자가 달랐다.

우리가 현재 쓰는 결혼의 한문글자는 '結婚'으로 쓰지만 조선시대에는 '結昏'이라고 썼다는 것이다. 혼昏이라는 한문글자가 달랐다.

현재 쓰는 한문글자의 혼은 '장가를 든다'는 뜻이다. 이 말은 신랑이 신부 집으로 가서 예식을 올린다는 뜻이다.

이런 뜻의 혼이라도 현재는 그런 혼례방식은 없다. 신랑신부가 예식장이란 전문 혼례장소에서 식을 올리는 것으로 끝낸다. 그렇고 보면 이 혼 자의 글을 사용할 필요가 없는 것이다.

혼의 글자 뜻은 며느리 집, 즉 신부의 집이란 뜻이다. 이 글자에서 맺는다는 뜻의 글자 결結이 붙으면 신랑이 신부 집에 가서 부부의 연을 맺는다는 말이 되는 것이다.

결혼과 같은 의미로 혼인이란 말이 있다. 이 말은 오늘날 한문글자를

'婚姻'이라고 쓴다. 여기에 인姻은 사위의 집 즉 신랑의 집이란 뜻의 글자다. 신부가 신랑 집으로 가서 그 집에서 산다는 뜻을 갖고 있는 것이다.

그런데 옛날 조선시대에서는 혼인이거나 결혼 또는 혼례라는 글자를 쓸 때 혼의 한문글자를 '昏(혼)'으로 썼다. 이 글자는 저녁 무렵, 또는 해질 무렵이란 뜻이다.

혼昏 글자는 부부의 연을 맺는 예식이 저녁 무렵에 있다는 데서 사용했다. 오늘의 예식에서는 생각지 못하는 풍습이다.

조선 태종실록에 보면 다음과 같은 기록이 있다. 태종 12년 음력 9월 21일에 사헌부司憲府에서 전판사前判事 권문의權文毅에게 죄를 주자고 청한 내용에서 보는 것이다.

"권문의는 전에 판청주목사判淸州牧使였던 김점金漸의 큰아들 김유손金裕孫에게 딸을 시집보낸다고 언약을 한 일이 있다. 그런데 중도에 변심하여 순금사巡禁司의 사직司直에 있는 하형河迴의 아들한테 시집보내기로 작정했다. 이를 안 김점은 혼삿날 저녁에 아들 유손을 데리고 권문의의 집으로 달려갔다. 그때 하형의 아들이 오기 전에 먼저 왔던 것으로 권문의는 그들 부자를 보자 못 들어오게 대문을 꽉 닫아버렸다. 김점은 이를 보고 화가 나서 성난 어조로 야단을 치니 할 수 없이 대문을 열고 그들을 맞아들였다. 역시 아들을 데리고 뒤늦게 도착한 하형은 그 광경을 보고 말하기를 "오늘의 일을 보면 비록 길 가던 사람이라도 먼저 도착하기만 하면 모두 사위가 되겠다." 하였다. 이 말을 들은 권문의는 부끄러워했다. 이후 하형은 이 문제를 가지고 사헌부司憲府에 고소하고 그들에게 죄 줄 것을 청했다. 사헌부에서는 순금사에 명하여 율법에 의해 죄를 처리하라 하였다. 그러나 형조刑曹와 사헌부에서는 죄를 묻는 것이 가벼운 사항이라 하여 순금사에서 처리할 것을 지시했다. 이것은 사안이 중요하지 않다고 판단하였기 때문이다."

순금사는 임금이 특별히 정상 참작을 다루는 명을 받는 의금부義禁府 소속이다. 사헌부는 공직자의 비행을 조사하고 풍속을 바로잡는 기관이다. 의금부는 임금의 명에 의해 죄인을 심문하는 관청이며 형조刑曹는 통치 질서를 위한 법률과 형벌, 각종 소송을 맡고 하는 관청으로 오늘날 법무부와 같다.

판사判事는 재상급의 높은 관직이다. 권문의는 고려 우왕 때 조선의 3대 임금 태종 이방원과 함께 같은 시기에 과거급제를 한 인물이다. 이때 장원을 한 사람은 후에 조선 태종의 장남인 양녕대군의 장인어른이 된 김한로金漢老였다.

태종은 세종대왕의 부왕이며 조선왕조의 기틀을 굳건하게 만든 임금이다. 태종실록에서 보는 이 기록은 당시 혼례가 어떠하였다는 것을 짐작케 하는 대목이 있다. 바로 '혼삿날 저녁에 아들을 데리고 갔다.'는 대목인 것이다.

김점金漸은 당시 권신이었다. 뒷날 왕실의 인척이 되기도 하였다. 그의 딸이 태종의 넷째 후비로 들어간 일이 있었기 때문이다.

오늘날 우리가 흔히 쓰는 결혼의 한자는 신랑이 신부 집으로 장가간다는 뜻만 담아 있어서 실제 부부의 연을 맺는 후의 모습으로는 안 맞는 용어가 된다.

　신랑이 장인 장모가 있는 집에 가는 것만 있고 신부가 실제 살 집, 즉 시집가는 곳은 표현이 안 되어 있으므로 결혼보다는 혼인婚姻이란 용어가 공평하다 할 것이다. 하긴 옛날 풍습에 신랑이 장가가서 처갓집에서 살고 하는 관습이 있어서 그런 한쪽 말만 썼는지도 모른다.

　장가라는 말은 한문글자의 표기로 '丈家'이다. 이것은 장인 장모의 집이라는 뜻이다.

　조선 세종 때 상춘곡賞春曲을 지은 불우헌 정극인不憂軒 丁克仁은 장가 온 사위를 데리고 살았다. 자식들이 있었어도 자식처럼 데리고 살았던 것이다. 당시 풍습에서는 처가살이하는 것이 예사였다. 그리고 오늘날처럼 신부가 예물을 잔뜩 갖고 신랑 집에 가는 일은 없었다.

　그때는 처가살이가 있고 없고 하는 것에 상관하는 바가 없었다. 살림 형편이 좋고 나쁘고 관계가 없이 그런 관습이 있기만 했던 것이다.

　시집가는 딸에게 큰 부담이 없기 때문에 많은 딸을 데리고 있어도 시집보내는데 걱정은 없었던 그때의 사회현상이었다. 오늘날은 딸 셋만 두면 집안 살림이 거덜 난다 하는 소리가 있다. 알고 보면 딸 키운 집은 키울 때 드는 밑천도 적잖다. 시집보낼 때 그만큼 든 밑천을 회수하지 못한다. 그런 밑천을 받고 딸을 시집보내는 게 아니다. 그런데도 시집보내면 신랑한테 주는 예물이 많다. 심지어 지참금까지 딸이 갖고 가는 판이다. 옛날 우리 선대先代에서는 그렇지 않았는데 왜 이렇게 변했는가 하는 불평이 있는 것이다.

양녕대군의 폐세자에 통곡하다

조선의 3대 태종은 냉혹한 임금으로 알려졌다. 인정이 없고 혹독한 데가 많았던 것으로 알려져 있다. 이유에는 무엇보다도 조선의 개국을 반대한 포은 정몽주圃隱 鄭夢周를 타살한데 있었고, 형제를 죽이는 왕자의 난 같은 골육상쟁이 있었던 것에서 그런 말들이 나왔던 것이다.

태종은 왕으로 재위 중에는 세종의 장인이 되는 사돈에게 사약을 내려 죽게 한 것과 처남 민무구閔無咎, 민무질閔無疾, 민무휼閔無恤, 민무회閔無悔 네 명을 모두 귀양 보내 스스로 목숨을 끊게 하거나 사약을 내리기도 했다.

네 명의 처남들 이름은 뜻으로 볼 때 아주 재미있다는 말들이 나온다. 무구는 허물이 없다는 뜻이고, 무질은 질병이 없다는 뜻이고, 무휼은 근심이 없다는 뜻이고, 무회는 후회가 없다는 뜻이다.

이들 형제는 태종의 비 원경왕후元敬王后의 동기로, 왕자의 난 때 공이 있었는데 무슨 이유로 네 형제가 태종에 의해서 죽었는지 그 이유에 대한 명료한 기록 같은 것은 보지 못한다. 설사 죽을죄를 지었다 하더라도 왕후의 동기간을 어찌 넷이나 죽게 하였는가라는 말이 있다.

《조선왕조실록》은 태종을 평하는 말에서, 왕은 총명하고 용맹하며 슬기롭고 너그러우며 인자한 데가 많다고 하였다. 어느 아들보다 태조 이성계를 도와 조선의 개국을 도운 공신이며 왕의 자리에서는 하늘을 두려워하고 백성을 사랑하며 학문을 숭상하였다 하는 내용이 있다.

태조 이성계에게는 많은 아들이 있었다. 많은 아들 가운데 유일하게 태종 이방원만이 고려왕조에서 과거급제를 하였다. 이 때문에 태조 이성계로부터 사랑을 받기도 하였다. 태종이 과거에 급제하였다는 소식을 듣고 이성계는 감격의 눈물을 흘렸다는 일화도 있다.

정몽주를 죽이게 한 것, 신덕왕후神德王后의 아들을 세자로 책봉하려는데 대한 반란을 일으킨 것 등등에서 태종을 무자비한 임금으로 이야기들을 한 것이다.

신덕왕후는 태조 이성계의 둘째 부인으로 성은 강씨康氏였다. 그 슬하에 두 아들이 있었다. 그중에 막내아들이 되는 방석芳碩을 태조 이성계는 세자로 삼아 왕위를 계승하게 하려 하였다. 이에 반발을 한 태조이성계의 전처 한씨韓氏부인의 소생들인 방우芳雨, 방과芳果, 방의芳毅, 방간芳幹, 방원芳遠, 방연芳衍의 여섯 아들은 반발을 한 것이다. 당시 태조 이성계의 최측근인 정도전鄭道傳은 강씨 소생의 방석芳碩을 다음에 왕위에 오를 후계자로 감싸고 다른 왕자들은 제거하려 하였다.

왕자의 난은 처음에 태조 이성계의 계비 신덕왕후의 둘째 아들 방석

과의 왕위 싸움이었는데, 여기에서 태종은 형 정종을 왕위 승계를 하게 한 후 다음에 바로 위의 형 방간과 자신의 왕위 다툼을 한 데서 나온 말이었다.

그 같은 다툼에서 왕의 자리에 오른 태종은 자신의 후계로 큰아들 양녕대군讓寧大君을 세자 자리에서 퇴출하는 일을 보여 여기서도 세인들은 태종이 또한 냉혹하고 비정함을 보였다는 평을 한 것이다.

사실로 태종에게는 피도 눈물도 없는 냉혈의 왕이었던가 하는데 대하여 그렇지만 않다는 이야기도 있다.

태종은 다음과 같은 하교를 내린 적이 있었다. 조정 대신들 사이에서 고려의 왕족들 제거문제로 왈가왈부할 때이다.

"예로부터 왕이 처음 큰일을 정하는데 있어서 전 왕조로부터 후환을 없앤다는 명목에서 전 왕조의 자손들을 반드시 없애려 하는데 나는 잘못이라 생각한다. 하늘이 나에게 명하여 임금이 되게 하였으니 그들 왕족들도 이제는 모두 내 백성인 것이다. 고려의 공양왕을 편하게 지내도록 할 것이며, 처자들도 마찬가지로 그렇게 할 것이고, 섬에 가 있는 족속들도 육지로 나와 살게 하리라." 하였다.

전 왕조의 사람들은 역성혁명易姓革命에서 나라를 잃게 되면 목숨을 잃고 핍박받는 경우가 많았다. 그러나 태종은 그렇지가 않은 자비를 베풀었다.

태종은 자신의 후계자가 되는 세자 책봉에서 큰아들 제禔를 지명하였다. 제는 바로 양녕대군의 이름으로, 태종은 지난날 부왕父王께서 정비正妃인 한씨의 아들들을 제외하고, 특히 장남을 빼놓고 계비의 아들인 그것도 장남이 아닌 작은아들을 후계자로 내정한 것이 나중에 동기간 싸움을 가져오게 한 큰 원인이었다는 것을 잘 알고 있었다. 그래서 왕위 계승에서 세자 중 적장자嫡長子를 세워야 한다는 것으로 양녕대군을 세자로 책봉하였다.

그러하였는데 태종 재위 18년에 양녕대군을 세자자리에서 폐하고 경기도 광주 땅으로 귀양을 보냈다.

폐세자한 이유에는 왕세자로서 품위 유지를 못했고 방탕하게 놀아나기만 한다는데 있었다. 특히 양녕대군의 여자 편력이 문제였다.

대궐 밖에 어리於里라는 젊은 여인이 있었다. 이 여인은 곽선郭璇이라는 사람의 첩이었던 것으로 양녕대군의 처갓집에서도 잘 알고 지낸 사이의 여인이었다. 그런 여인을 양녕대군이 간통을 한 것이다.

양녕대군의 장인은 역시 고려 때 과거급제하고 관직에 있었던 김한로金漢老로 조선에 와서는 재상의 자리에 있었다. 그는 사위가 궐 밖으로 나와서 주색酒色에 곧잘 빠지는 것을 알고서도 막지 못하였다. 오히려 비위를 맞추어 주었다는 소문이 있었다.

어리와 간통한 양녕대군은 몰래 동궁에까지 불러들여 놀아나기도 하였고 나중에 임신까지 시켰는데 이를 안 조정의 대신들은 김한로를 탄핵하자는 말까지 나왔다.

이런 양녕대군의 방탕을 태종은 듣고 처음에는 개과천선하기를 기다려 신하들의 상소를 묵살하였는데, 상소가 끊이지 않자 태종은 결국 양녕대군의 세자자리를 거둔 것이다.

"백관百官들의 상소장을 보니 몸이 송연하였다. 이것은 하늘의 명이 양녕으로부터 떠난 것으로 안다. 대신들의 뜻에 따르겠다."

태종이 양녕대군을 폐세자 시킬 때 한 말이었다.

태종은 양녕대군을 폐세자하고 장자승계 원칙을 지키려고 양녕대군의 아들을 생각했다. 바로 적통이 되는 손자인 것이다. 그러나 손자가 다섯 살 밖에 안 되는 너무 어린 나이에 더욱이 살아 있는 아버지를 제쳐두고 아들을 내세우는 것은 옛날 제도에는 없다는 이유로 신하들이 극구 반대를 하였다. 여기에서 태종은 그 대신으로 내심 셋째아들 충녕대군忠寧大君을 생각했다. 충녕대군은 뒷날 세종이 된 왕자다.

태종이 신하들에게 다음과 같은 말을 한 적이 있다.

"옛 사람이 말하기를, 나라에 훌륭한 임금이 있으면 사직의 복이 된다고 하였다. 왕자들을 두고 볼 때 효령은 자질이 미약하고 성격이 심히 곧아서 치밀성이 없다. 내가 말을 하면 그저 빙긋이 웃기만 하여 나와 중전은 효령이 말은 잘 안하고 항상 웃기만 하는 것을 보았다. 충녕은 천성이 총명하고 민첩하며 학문을 꽤 좋아한다. 몹시 추울 때나 몹시 더울 때를 당해도 밤늦게까지 글을 읽고 있었다. 나는 병이 날까 봐 두려워 항상 밤늦게까지 글 읽는 것을 금했다. 그러나 듣지 않고 내 책을 청해서 가져가 보고 하였다. 충녕은 스스로 알아서 하는 일이 많고 생각하는 게 기발하였다. 중국의 사신이 와서 접대를 할 때 몸가짐과 언어가 두루 예의에 벗어남이 없었다. 술을 마시는 것이 비록 무익하다 해도 권하면 꼭 받아 마신다. 그리고 적당히 마신다. 그의 아들 가운데 장대한 놈도 있다. 효령은 한모금도 못 마신다. 이것은 접대장소에서는 불가한 것이다. 그래서 내 생각은 충녕이 세자 자리를 맡을 만하다고 본다."

태종은 양녕대군을 폐세자하고 난 후 다음과 같은 말을 양녕대군에게 직접 하였다.

"너는 비록 광패狂悖하였으나 너로 하여금 새사람이 되기를 바랐다. 그런데 어찌 뉘우치고 개전改悛하지 않았는지 모르겠다. 이 지경에 이르리라고 왜 생각을 못했나? 백관들이 너를 폐세자할 것을 청하여 부득이 군신들의 여론에 따랐다. 그렇게 알라. 네 스스로가 화를 자초한 것이니 원망 말라. 부자지간이라도 군신의 도리는 있는 것이다. 신하들의 상소를 보고 나는 몹시 놀라고 떨었다. 언젠가 네가, '소자는 세자자리를 양보하고 싶다.' 하였는데 나는 안 된다고 했다. 이제 네가 세자자리에 있지 않게 되었는데 소원을 이룬 셈이 되었다. 효령이 바탕이 나약하고 충녕은 고명高明하고 문무백관이 다 우러러보는 바가 있어 그를 세자 자리에 생각했다. 전에 네가 이런 말도 했다. '소자가 충녕을 사랑하기를 매우 돈독하고 비록 작은 것이라도 함께 나누고자 합니다.' 하였다. 이제 충녕이 너의 자리를 대신하였으니 충녕이 오히려 그렇게 대접할 것이다. 군사들을 가지고 너를 해칠 생각도 안 할 것이다. 너는 평생 편안하게 지낼 것이다. 너는 충녕한테 무슨 죄가 있겠는가? 그러나 아무 걱정 말라. 신하들이 모두 너를 먼 지방으로 보내기를 청하고 있으나 네 어머니 중전이 '양녕이 어린 아이들을 데리고 먼 지방으로 간다면 안부도 알 수 없고 하여 가까운 곳에 두도록 하소서.' 하며 애원했다. 내가 목석이 아닌 이상 어찌 너를 멀리 보내겠느냐. 그래서 신하들에게 내 뜻을 전했는데 신하들도 그러기를 양해했다. 너를 가까운 광주廣州로 안치安置토록 할 것이다."

태종은 양녕을 폐세자하고 나서 남몰래 목이 쉬도록 울었다고 태종실록에 기록되어 있는 것을 본다. 또 이런 기록도 있다.

"내가 일찍이 맏아들 제를 세자로 삼았는데 나이 스무 살이 되자 학문은 좋아하지 않고 음악과 여색에 빠지기만 하였다. 나는 그가 젊어서 그러려니 했는데 장성해서도 그 버릇 고치지 못하였다. 갈수록 막된 무리와 어울리면서 옳지 못한 행동을 많이 보였다. 그로 인해서 벌을 받은 신하들도 여러 명이나 있다."

태종의 재위는 18년이었다. 장자 중심의 왕위 승계를 생각하였던 것이 자신의 대에서 무위로 끝나자 심히 가슴이 아팠던 것이다. 양녕대군도 일찍이 학문에 심취하고 글을 잘 읽으며 붓글씨까지 잘 썼던 것을 기억하고 있었다. 그래서 결국 세자 자리를 폐출시키게 되자 남몰래 통곡을 하였던 것이다.

태종의 통곡 못지않게 왕비 민씨도 그러하였다. 부모로서 왕이나 일반 평민이나 장남이 잘못되는 데서는 한결같이 마음들이 아픈 게 조선시대 부모였다.

가뭄이 심하면 절로 비가 온다

가뭄이 심하면 절로 비가 온다는 말을 조선 3대 임금 태종이 말하였다. 이 말을 하게 된 연유는 재위 13년에 극심한 가뭄이 있어 기우제祈雨祭를 지낸다고 조정 신하들과 고을 백성들이 부산을 떨고 하는 데서 나온 말이었다.

왕명을 전달하고 그 이행여부를 왕께 보고하는 관청인 승정원承政院의 관리에게 태종은 이런 말을 한 적이 있었다.

"예로부터 가뭄에 대한 재앙은 다 임금이 덕이 없어 그런 것인데 지금 중(승려)과 무당들을 모아서 비를 빌고 있는 것이 부끄럽다. 나는 비를 비는 제사 같은 건 그만두고 사람의 도리를 잘하는 게 옳다고 생각한다. 나도 불경佛經이란 것을 좀 보았는데 중이나 무당의 짓은 속임수와 허망한 것이다. 그들에게 요술을 빙자하여 하늘에서 비 내리기를 바라서야 되겠느냐."

태종의 이러한 말에 한 신하가,

"그런 것을 바라는 일은 비록 옛 성왕聖王의 정도正道는 아니오나 무슨 신神이든지 모두 위하는 것도 예전부터 내려오는 일이었습니다. 지금 중들이 이미 모였고 준비도 다 되었으니 풍속을 따라서 행하는 것도 해로울 것이 없는 줄 압니다."

하였다. 이 말에 태종은 대꾸하여 꾸짖듯 말하기를,

"가뭄이 심하면 비는 절로 오는 것이다. 그런데 그런 일에서 만약 비가 오면 사람들은 이것을 부처님 덕이라고 말한다. 그러면 경들은 이후로 부처님을 헐뜯지 못할 것이 아닌가?" 하였다.

태종의 이 말은 유생儒生들로서 이루어진 조정 신하들이 그런 행위를 보이는 것에 대한 꾸짖음이었다.

조선의 유생이라면 미신 같은 것을 안 믿는 것이 도리라 하였다. 태종은 그런 도리에서 무당들을 데려다 놓고 굿하고 제사를 지내고 하는 것을 못마땅해 하였던 것이다. 대신에 태종은 나라의 어떤 재앙이나 불상사가 있으면 '부덕不德의 소치所致'라는 말을 주로 썼다. 이 말은 내가 덕이 없는 데서 생긴 것이라는 자신을 나무라는 말로 사용한 것이다.

사실 왕조국가에서 성군聖君들에게는 내 부덕이란 말이 교훈처럼 사용되었다. 나라에 어떤 잘못이 있으면 신하들을 탓하기 전에 그들을 지휘하고 통치하는 군왕인 자신을 탓하는 것으로 돌리는 일이 많았던 것이다.

《조선왕조실록》의 〈태종〉편에 이런 내용이 있는 것을 본다.

"태종이 말하기를 신하 원민생元閔生이 서북방에서 왔는데 그가 근무하는 곳에 벼 심은 것이 다 말라버렸다고 했다. 하늘이 어찌 이렇게까지 재앙을 내리는가 하니 신하 조영무趙英茂가 아뢰기를, 그 허물은 중국에 있고² 우리나라에는 관계가 없습니다 하니 태종은 그렇지가 않다 하며, 예전 사람은 재앙을 당하면 반드시 자신을 책망하고 남에게 돌리려 하지 아니 했다고 하였다. 태종은 가뭄을 근심하여 눈물까지 흘리고 하루에 한 끼만 고기를 먹고 신하들이 조정에 진상하려고 사냥하는 일이 있으면 그만두라고 명하였다."

태종은 도참설圖讖說을 믿지 않았다. 도참설에 관계되는 서적을 요망한 것이라 하여 거둬들여 모두 불태워 버리라고 명령을 내린 적도 있었다. 태종은 또 한양이나 지방에 그런 요망된 책을 사사로이 감추고 있는 것이 있으면 기일을 정해 자진해서 관청에 갖고 오도록 하여 불사르게 하고 어기는 자가 있으면 고발케 하며 요망한 글을 지은 자는 법에 의하여 죄주게 하였다.

도참설은 미래의 길흉吉凶 관계를 예언하는 것을 말한다.

태종 18년에 이런 말도 하였다.

"내가 임금이 된 뒤에 개울이 마르고 바닷물이 붉어지고 돌이 옮겨지는 괴상한 일이 많았는데 옛 책에서 그것은 왕의 자리가 곧 바뀌는 징조라고 하였다. 그러나 나는 18년이나 왕위에 있었다. 이런 것이 모두 내가 믿지 않는 이유가 되는 경험이다."

---

2 허물이 중국에 있다 하는 말은 명나라 황제를 지칭한 것.

태종 재위 중에 가뭄이 유달리 심하였다. 이런 가뭄에 태종은 자기 부덕의 소치에서 나오는 하늘의 재앙이라고 돌렸다.

그런 가운데 조정 대신들은 어명이 있건 없건 알아서 기우제를 올리는 일이 많았다. 태종 18년에는 워낙 가뭄이 심하여 한양과 개성에서는 무당들을 모아 3일간 비를 비는 굿을 올렸다. 당시 가뭄이 얼마나 심했던지 산이 아닌 한강에서 기우제를 지냈다는 기록도 있었다. 기우제라면 대개 산자락에 지내는 것이었는데 오죽했으면 마치 불가佛家의 방생법회를 하듯 강가에서 기우제를 지냈을까 하는 것이다.

'태종의 비'란 말이 있다. 이 말은 세종 4년에 태종이 승하(죽음)하기 전에 남긴 유언에서 나온 것이다.

"가뭄이 지금 심하니 내가 죽은 뒤에도 내가 알아둬야 하는 게 있다면 반드시 죽은 이 날에 내가 비가 오도록 하겠다는 것이다."

이 유언이 사실로 이루어졌던 것인지 그 뒤에 태종의 제삿날이면 비가 내려 사람들은 이날의 비를 두고 태종우太宗雨라 하였다. 즉 태종의 비란 뜻이었다.

조선은 여자의 개가改嫁를 금지하다

개가라 하면 한 번 시집갔던 여자가 다시 다른 남자에게 시집가는 것을 말한다.

조선 태종 8년에 태종 임금이 대신들에게 어명御命을 내리기를 "부녀의 덕행은 한번 결혼을 하면 한평생을 바꾸지 않는 것이다. 세상의 풍습이 퇴폐해지면서부터 부녀의 덕행이 곧지 못하여 사대부 집의 부녀자들이 예의를 돌아보지 아니하고 혹은 부모에 눌리어 개가하기도 하고 혹은 스스로 중매를 넣어 사내를 따라가기도 하니, 이것은 한갓 그 몸을 더럽힐 뿐만 아니라 인륜의 명분을 밝히는 교화敎化에 누累가 되는 것이다. 지금부터는 개가한 여자의 자손은 벼슬자리에 오르지 못하게 하며 풍속을 바로잡게 하라." 하였다.

이 어명을 보면 그전에는 여자들이 개가하는 일이 있었다는 것이다. 개가에는 남편이 죽고 하여 홀로 된 몸이거나 시집살이에서 쫓겨나 친정에 머물거나 하는데 있었던 것이다.

태종 이후 성종 때 와서는 《경국대전經國大典》이라는 법전을 반포하였는데 그 법전에 "개가한 여자의 자손은 동·서 양반兩班의 반열에 참여하지 못한다." 하는 내용을 두었다.

이런 법전이 여인들 개가에 얼마나 가혹하였는지 중종조中宗朝에 정鄭씨 성을 가진 조정 관리가 있었는데, 그의 딸이 일찍 과부가 된 것을 딱하게 여긴 부모가 다시 다른 남자를 구해 시집을 보낸 일이 있었다. 그런데 조정에서는 이 사실을 알고 풍속파괴라 하여 그를 파직시키고 영구히 기용을 하지 않았다.

그 같은 엄격한 개가금지가 있은 후 성종 때 사대부 집안에서는 딸자식 개가를 수치스럽게 여기고 비록 젊은 과부라도 절대로 개가시키지 않았으며 따라서 젊은 과부가 많이 나타났다.

이런 법은 후에 풍습이 되어 임진왜란 때는 부녀들이 스스로 정조를 지키는 습성으로 이어졌고, 심지어 천민으로 대접받는 여인들까지 몸을 안 더럽힌다는 정조관념이 나타나고 하였다.

엄격한 개가금지에서 효종과 현종 때 재상과 정승을 지내고 대학자로서 유명한 우암 송시열尤庵 宋時烈은 다음과 같은 말을 하였다.

"성인聖人은 예禮를 가르쳐 백성들로 하여금 착한 길로 가게 하였다. 오늘날처럼 엄중한 형벌과 엄격한 법으로써 단칼에 싹 자르듯이 다스리지는 않았다."

송시열은 이런 말도 하였다.

"나쁜 짓을 감히 못하더라도 나쁜 일을 하려는 마음이 없는 것은 아니다. 그러므로 오늘날 사람의 집에서 일어나는 간음姦淫은 모두가 차마 말 할 수 없는 자리에서 생기는데 이런 추잡함은 도리어 그런 일이 없는 사람에게 공공연히 개가하는 것만 못한 짓이었다. 이 법이 과연 좋은 풍습이라 하겠는가? 대체로 전해지기를 고려 말에 윤리와 기강이 무너져서 혹 남편을 죽이고 다른 사내한테 시집가는 여자가 있었으므로 부득이 이런 법을 만들었다 한다. 그렇다면 이것은 곧 한때의 폐단을 바로잡기 위한 것으로 마치 오훼³와 독사를 먹여 목전目前에서 빠른 효험을 보려는 꼴이었다. 그것은 온화한 약제를 복용시켜 원기를 돕는 것이 아니다.

이런 태도가 과연 성인의 도리라 하겠는가? 만약 그게 도리라면 주공周公이 예법을 만들 때 어찌하여 가모家母와 계부繼父의 복제服制를 만들었단 말인가? 또 정자程子는 어찌하여 생질녀를 데려다가 재가시켰단 말인가? 주공이 어찌 가르쳐서 올바른 길로 가게 하는 것을 어찌 모르고 있었다 하겠는가?⁴

또한 충신이 두 임금을 섬기지 않고 열녀가 두 남편을 섬기지 않는 것은 이와 같은 이치인 것이다. 우리나라에서는 무슨 까닭으로 두 임금을 섬기는 법은 세우지 아니하고 두 남편을 섬기지 못하게 하는 법만 엄하게 만들어 놓았단 말인가? 취지는 둘 다 다를 바 없다 하겠는데 모두

---

3 오훼(烏喙)는 부자(附子)와 같은 극약처방에 쓰는 약제의 하나.
4 주공(周公)은 고대국가 주나라에 있던 이름난 정치가. 이름은 단(旦)이다. 주나라의 공단(公旦)을 칭한 것이다. 당시의 예의(禮儀)는 오늘의 법과 같은 것이다. 가모(家母)는 개가해 온 어머니. 계부(繼父)는 의붓아비를 말한다. 주나라에서는 이런 가모, 계부에게는 복식(옷)을 다르게 하였다.

같은 법으로 다스린다면 지난 번 양촌 권근陽村 權近 이하 모두가 중형을 받을 것인데 어찌하여 두 임금을 모신 그의 누累가 자손에게까지 미치지 않았는가?"⁵

그러니까 송시열은 일방적으로 개가를 금지해 놓은 것은 도리에 맞지 않는 것이라고 비판하였던 것이다.

조선 태종이 개가금지령을 내렸지만 이전에 그런 개가금지법이라도 있어서 따랐던 게 아니었다. 개가 금지 이후로는 개가한 부녀의 아들은 비록 명문집안의 자손이라도 좋은 벼슬자리에 오르지 못하였고 사대부 집에서는 젊은 과부라도 얻는 것을 바라지 않았고, 과부 딸을 가진 집안에서는 역시 비천한 집안의 사내에게 재가시키는 것을 원치 아니한 것이 점차로 풍속화되는 일이 있었다. 이 풍속에서 태종은 개가 금지의 법령을 내리기도 한 것이었다.

고려에서나 조선에서나 결혼을 앞두고 폐백만 받고서 남편이 죽은 경우, 어려서 예식을 치룬 후 잠자리도 같이 하지 못하고 남편이 죽은 경우, 겨우 14·15세 나이에 시집가서 이런저런 사고로 과부가 된 젊은 색시가 많았다. 이런 형편을 감안하였을 때는 개가금지는 있을 수 없는 도리며 법이었다 할 것이다.

고대로부터 어느 성인군자도 여자의 개가를 금한 일은 없었다. 이 때문에 조선의 개가금지는 많은 학자들로부터 비판받기도 하였다. 그때의

---

5 양촌 권근(陽村 權近)은 고려시대 재상으로 조선 개국에서도 두 번째 왕을 모시는 재상이 되었다. 이를 비유해서 권근의 두 임금 운운한 것이다.

학자들도 개가 금지는 오히려 몰래 간음하고 간통하는 오히려 난잡한 남녀관계가 많이 나온다는 것을 판단을 한 것이었다.

서울 광통교는 이래서 생기다

 조선왕조 3대 태종은 도읍지로 정한 한성漢城에 옮겨 와 도읍지 중심에다 배수로를 만들었다.
 이 배수로는 백악(白岳 : 현 청와대 뒷산), 인왕산仁王山, 목멱산(木覓山 : 현 남산) 등에서 흘러나오는 물과 민가에서 배출되는 오폐수를 모아 흐르게 하였다.
 배수로 공사는 당시에 큰 사업이었다. 이 공사의 감독관은 공조판서 工曹判書로 있던 박자춘朴子春이 맡았다.
 배수로는 개천開川으로 불렸는데 후에 청계천淸溪川이라 이름하였다. 개천으로 불려졌던 것은 내川를 처음으로 만들어 개통시켰다는 데서 나온 명칭이었다. 청계천이 생기고 나서 좌우로 민가가 들어서고 여기에 광통교廣通僑라는 다리도 놓아졌다.
 현재 복원된 광통교 다리 아래의 남북 양쪽 석벽에는 큰 석물石物들이 축조되어 있다.

이 석물들 중에서 네모난 관을 쓴 승려상인 듯한 모습의 양각되어 있는 일곱 개 석물이 끼어 있는 것을 본다.

일곱 개 중에서 거꾸로 축조되었다고 보게 되는 석물이 네 개가 있다. 그 석물은 양각되어 있는 승려상이 거꾸로 보이게 축조되어 있다. 이 모습을 보고 서울시의 복원 공사가 잘못된 데서 그런 모습이 아닌가 하는 지적이 있었다. 그러나 공사의 주무관청에서는 옛날 그대로 똑같이 복원시켰을 뿐 그때 혹시 잘못 쌓였던 게 아닌가 했다.

광통교를 놓을 때 여기에 사용된 석물은 태조 이성계의 계비 신덕왕후神德王后의 능을 해체하고서 가져다 쓴 것이라 전해졌다. 신덕왕후의 능이 해체된 시기는 태종 9년(1409)이다.

광통교는 태종 18년(1418)에 놓아졌다. 처음에는 흙다리를 놓았는데 유실이 되자 돌다리로 개축한 것이다. 이 개축에서 신덕왕후의 능 둘레에 병풍처럼 둘러쳤던 석물을 가져다가 사용하였다는 설이 있다.

야언별집野言別集, 흥천사기興天寺記, 유천차기柳川箚記, 정릉사적貞陵事蹟 등에서 그런 기록들을 보는 것이다.

이들 기록에서 신덕왕후의 능을 도성 밖으로 이장시키고, 아울러 능이라는 위상에서 격하되었다고 한다. 신덕왕후의 능은 현 서대문구 정동貞洞에 있었다. 여기는 경복궁 가까운 도성 안이었다. 격하는 능이라 부르지 않고 묘라 부르게 한 것이다.

앞서 자료에서 신덕왕후의 능을 도성 안에다 두는 것은 어느 왕조에서도 볼 수 없었다 하는 대신들의 이장건의에서 능이 해체되고 옮겨졌다는 것으로, 이장이 될 때 태종은 신덕왕후의 능호마저 없앴다고 했다.

신덕왕후의 능호는 정릉貞陵이다. 태조 이성계가 능호를 지은 것이고 태조 5년(1396)에 신덕왕후는 졸하였던 것이다. 왕후의 능이 도성 밖으로 이장이 된 곳은 당시 양주 땅이라 하는 남사아리南沙阿里였다.

이렇게 된 이후에 신덕왕후의 능이 다시 능으로 복원이 된 내력이 있는 것이다.

도성 밖으로 이장이 된 후 신덕왕후의 묘를 돌보는 사람 없이 폐허가 되다시피 하였다. 이런 모습으로 오랫동안 지난 후 14대 선조(1567~1608) 때 와서 능을 복위시키고자 하는 대신들의 간언이 있었다. 특히 율곡 이이栗谷 李珥가 앞장서서 제기하였다. 그 내용은 다음과 같았다.

"태조와 함께 모셔야 하는 분이신데 아무 까닭 없이 제사도 하지 않음에 심히 법도에 어긋남이다. 마땅히 모시는 행사가 있어야 할 것이다."라 한 것이다.

이율곡의 이런 건의에 찬동하는 신하가 많아 선조는 하명하여 묘를 찾게 하였다. 마침 신덕왕후의 외손이 되는 이창李昌이 조정에 벼슬을 하고 있어 예조禮曹에서 그를 앞세워 묘가 있는 곳을 찾았다. 찾아간 곳은 양주 땅 아차산(현 광나루 근처 아차산) 지역이었다. 그러나 찾지를 못하였다.

그러다가 우연히 세종 때 재상을 지낸 변계량卞季良의 문집인 춘정집春亭集을 본 신하가 묘의 위치를 알려 왔는데, 그 문집에서 신덕왕후에 관한 제문祭文이 있고 위치 표기가 있다 하였다. 이를 근거로 하여 결국 찾았던 것으로 묘는 아차산 지역이 아닌 오늘날 정릉 골짜기였던 것이다.

묘는 초라하기가 이를데 없었는데 이것은 태종에 의해 신덕왕후의 능이 철저하게 버림받았다는 것을 알 수가 있었다. 그 이유는 왕자의 난을 들여다보면 알 수 있는 것이었다. 왕자의 난 때 태종은 신덕왕후를 감싸고 도는 일당에 의하여 목숨을 잃을 뻔한 일이 있었던 것이다.

신덕왕후는 자기 소생인 방석芳碩을 세자로 책봉되게 하였다. 태조 이성계로부터 총애를 받던 신덕왕후의 진언과 공신 정도전의 간언에 따라 태조는 정비 소생인 왕자들을 제쳐놓고 그의 소생을 세자로 책봉을 한 것이 원인이 되어 정비인 한씨韓氏 소생의 여섯 왕자들이 반발하고 난을 일으켰던 것이다.

광통교가 만들어질 때 신덕왕후의 폐릉에서 가져다 쓴 돌이라고 말들을 하게 되는 것은 바로 다리 아래의 양쪽 벽면에 양각되어 있는 승려의 모습과도 같은 상이 있는 석물 때문이었다. 양각된 그 상은 사실 승려 상이었던 것이다.

현재 태종의 능을 살펴보면 능의 하단 둘레에 마치 병풍처럼 둘러싼 석물들이 있고 그 석물들 중에서 12개의 것에는 면에다 12지신상支神像을 양각하여 놓았다. 이 지신상은 12방위方位를 뜻하는 것이며 능을 수호한다는 의미로 당시 왕릉에서는 흔히 볼 수 있는 것이었다. 그런데 신덕왕후의 능은 그런 지신상과는 달랐던 것이다. 그 이유는 신덕왕후의 불심佛心과 불력佛力을 나타낸데 있었다.

광통교의 석물 중에 승려의 머리가 거꾸로 보이게 한 것은 그때 일부러 거꾸로 쌓게 하였다는 것이다. 그것은 불력은 물론 신덕왕후와 신덕왕후를 끼고 돈 일당이 다시는 재기하지 못하게 하려는데 있었다고 하며, 도성 안 백성들이나 천민들 또 우마차가 밟고 지나가게 하면 기氣가 눌려 재기 못한다는 방법을 썼다는 것이다.

비단 그 같은 이유만이 아니라 태종의 억불정책抑佛政策과 연관시킨 설이 있었다. 과거 백성들이 너무 많이 승려가 되려 하는데서 태조 이성계는 도첩제(度牒制 : 승려가 되는 것을 인정하는 제도)를 마련하여 증가를 막았는데 여기에 태종도 전국에 산재해 있는 무수히 많은 사찰을 크게 줄이는 방법으로 절의 토지와 노비 등 재산을 선별하여 관에서 몰수시켰다. 이런 억불의 의미로 신덕왕후 사후 그의 명복을 빌게 하던 홍천사興天寺를 폐쇄함과 동시에, 능의 석물을 가져다가 다리로 만들고 만인이 짓밟고 지나가게 하여 불교 중흥을 막는다는 취지로 그같이 신상이 거꾸로 되게 다리 밑 벽면을 채우게 하였다는 것이다.

태종 재위 때 신덕왕후의 능이 도성 밖으로 이장되고 청계천 등장과 함께 광통교가 생긴 것이다.

신문고는 아무나 치는 게 아니다

조선 3대 태종 때 백성들의 억울함을 왕이 직접 듣게 한다는 취지에서 대궐 밖 문루門樓에 큰 북을 달아 놓았다. 그 북을 이름하여 신문고申聞鼓라 하였다.

그런데 이 신문고는 억울한 일이 있다 하더라도 아무나 칠 수 있는 게 아니었다. 제한이 있었다.

태종 재위 2년(1402)에 신문고가 등장하였다. 신문고를 두드려 상소하는 것을 신소申訴라 하였다. 임금의 곁에서 항시 비서 역할을 하는 지신사知申事가 맡아 왕께 보고하였던 것으로 그래서 신문고라 이름 지었던 것이다. 그런데 이 신소에는 다음과 같은 제한을 두었다.

"밑의 아전들이나 부리는 종들이 상관이나 웃어른들을 고발하거나 또 고을 관리들이나 백성들이 관찰사觀察使 및 고을 방백方伯들을 고발하는 것과 남의 사주使嗾에 의해 고발하는 것은 금했다. 그런 고발에는 오히려 고발자에게 벌을 주었다. 단지 자신의 집안일과 문중일에 관계되어 살인을 한 자와 자신에게 부당한 처사를 보여 억울하다고 여기게 되는 일에만 한해서 소원訴願을 받아 주는 것으로 하였다."

그런데 백성들의 소원은 그런 집안일에 관계된 억울함보다 다른 사건에서 억울함이 많아서 신문고에다 호소하는 일이 많았다. 그래서 신문고는 본래의 제한 같은 건 소용없었다. 그리고 제한 규정을 제대로 알지 못한 백성들은 무슨 일에든 억울한 일이 있으면 하소연하는 것으로 북을 쳐대는 일이 있어서 난발을 보여주기도 했다.

《세종실록》에 다음과 같은 내용이 있는 것을 본다.

세종 원년 음력 2월에 있는 기사 내용이다.

"왕이 신문고를 치는 문제에 대해서 언급하자 참찬參贊 김점金漸은 대답하기를, '우리 왕조에서 북을 치는 제도를 만든 지도 이미 여러 해입니다. 지금 전하가 밝고 어지시기 때문에 모든 일이 아래로부터 위에까지 알려지고 또한 막혀지고 가려지는 일이 없습니다. 단지 이따금 북을 친 사람이 신문고를 치는 허가 범위를 잘 몰라서 죄에 걸리는 일이 많습니다. 훌륭한 왕조에서 백성들 간에 억울한 송사가 없게 만들려는 본래의 뜻과 다르게 사용되고 있는 게 문제가 있었습니다. 이제부터는 옳고 그름을 물을 것도 없이 북을 치게 허락함으로써 모든 사람이 다 자기의 생각을 위에 알릴 수 있게 하는 것이 어떨까 합니다.' 하였다.

참찬 김점의 이런 건의에 지신사知申事 원숙元肅은, "그렇게 하다가는 북을 치는 사람이 많아지고 송사도 복잡하게 되는 것으로 타당치가 않습니다."라고 반대했다.

그러나 김점은, "우리나라는 중국처럼 사람이 많거나 사건이 복잡하거나 하지 않습니다. 법을 수행하는 관리더러 북을 친 사람들의 신소申訴를 들으라고 해서 정당한 것은 접수하고 부당한 것은 죄를 준다면 무턱대고 북을 치는 일이 자연히 드물어지고 송사도 지체되는 일이 없어질 것입니다. 신도 재능은 없지만 형벌을 맡은 관리로서 만약 죄를 다스리는 지시가 있으시면 감히 지체하는 일은 못합니다. 그런데 의금부義禁府가 관계 관청의 모임과 의논 없이 척결하는 것은 금지되어 있는데 그런 모임은 잘 안 하여 사건을 지연시키는 일이 있던 것입니다."

당시 신문고를 이용하는 것은 개개인의 가정사家庭事에만 국한되어 있었다. 이를테면 부자지간의 문제, 본처와 첩에 관계된 일, 양반과 천민 간의 일, 아내가 남편을 위하는 일, 노비가 주인을 위하는 일, 아우가 형을 위하는 것에서 어긋난 사건 등으로 일관되어 있었던 것이다. 반대로 벼슬아치로부터 부당한 일을 당했는데 그 부당성을 고발하는 일을 못하게 한 것은 사실 힘없는 백성으로서는 신문고의 취지가 무의미하였다.

신문고의 이용은 주로 한양서울지역에 사는 사람에게 한정되어 있기도 하였다. 일반 상인常人이나 노비 또는 지방 아전들에게는 효용이 없었다.

이런 예도 있었다.

여양현呂陽縣 사람이 신문고를 쳐서 현縣을 복구해 달라고 청원한 일이 있었다. 여양현은 충청도 홍성군洪城郡 내에 있는 한 고을이었다.

세종 임금은 다른 고을과 합병한 지가 오래되어서 그 청원은 부당한 것으로 오히려 그 청원에 죄로 다스리라 하였다. 그때 형조판서로 재위 중인 김점은 어명에 이의를 달아 왕께 진언을 한 일이 있었다.

"합병이 된 지 오래되었다 하더라도 다시 독립된 현으로 돌려달라 하는 것에 법으로 죄를 다스린다 하는 규정 같은 것은 없습니다. 만약 그 문제로 신문고를 친 것에 다 죄를 준다면 백성들로부터 원성만 살 것입니다." 하였다.

이 말에 세종 임금은 수긍을 하고 김점의 진언을 따랐다. 뿐만 아니라 이후에 신문고 이용을 제한시키는 규정을 완화하였다. 그러니까 벼슬아치의 만행이나 부당한 처사에 피해가 있을 때도 백성들은 신소를 하였던 것이다.

참찬은 조선시대 국정의 최고 의결기관인 의정부에 소속된 정2품의 재상 벼슬이었다. 형조판서는 통치 질서를 유지하기 위한 각종 법률과 형벌을 맡으며 소송사건과 노비들에 관한 일을 맡은 오늘날 법무부와 같은 관청의 최고 관직이었다. 역시 정2품에 해당하는 재상의 벼슬자리였다. 의금부는 왕의 명에 의해 죄인을 심문하는 일을 맡은 관청이었다.

신문고는 조선 10대 연산군 때 와서 그 제도가 폐지되었다가 21대 영조 때 가서 부활하기도 하였다.

〈보살여래가곡〉을 외우다

옛 중국 한漢나라 때부터 여러 부처와 보살의 이름을 모아 음률音律에 맞춰 외우는 게 있었다. 이름하여 〈보살여래가곡〉이라 하였다. 이것은 승려들이 외우는 마치 불경佛經과 같은 것이었다. 조선에서도 〈보살여래가곡〉을 외우는 일이 있었다. 보살이라 하면 불가佛家에서 위로 부처를 따르고 아래로 중생을 제도하는 사람을 가리키는 용어이고 여래라 하면 부처를 높여서 부르는 호칭이다.

불가에서 부처라 하면 불교를 창시한 석가모니를 가리키는 한편, 대도大道를 깨달은 성인聖人을 말하기도 하는 것이다.

그러니까 보살여래라 하면 부처와 보살을 함께 지칭한 것이고 가곡이라 하면 노래를 말한 것이다.

이 〈보살여래가곡〉이 중국에서는 외침外侵을 막기 위하여, 또는 황실과 나라의 안녕을 위하여 기원하는 것으로 황실과 조정 신하들 사이에서 노래 부르듯 송독誦讀하는 일이 있었다.

《조선왕조실록》의 태종 18년 기록에서 다음과 같은 내용이 있는 것을 본다.

"황제가 〈보살여래가곡〉 3백 본을 내려주었습니다. 예부상서禮部尙書가 김점金漸의 손을 잡고 말하기를, '이 가곡은 여러 나라에 반포하지 않았는데 오로지 당신 나라 조선은 예의지국이고 하여 우리 황제를 존경하고 사랑하는 바도 있으므로 특별히 내려 주는 것이다. 가벼운 거위 깃털을 천리 먼 길에 보내는 심정으로 이 〈보살여래가곡〉을 주는 것이니 내 무거운 뜻을 알라.' 하였습니다. 그리고 그 나라의 대감 황엄黃儼이 황제에게 아뢰기를, '여기 재상은 조선의 전하와 인척관계이고 여기 권파파權婆婆와 같은 종족입니다.'하고 말하니 황제가 특별히 위로하고 후하게 대접하였습니다. 황엄대감은 매양 전하의 성심을 황제에게 알리고 하여 그것으로 인하여 의복과 겉감과 안감의 천을 하사하여 주었습니다. 이것은 모두 황실의 내전內殿에서 나온 물건입니다."

이 내용은 김점이란 재상이 중국 명明나라 황제의 생일을 축하하는 사신으로 갔을 때 따라간 통역관 김을현金乙玄의 보고를 기록한 것이었다.

태종은 김점을 사신으로 보내는 그 무렵에 병든 왕자 때문에 조정 일을 못 볼 만큼 상심에 차 있었다. 왕자는 어느 왕자보다 애지중지하던 막내아들 성녕대군誠寧大君인데 완두창(豌豆瘡: 천연두)이란 병에 걸려 온갖 비방을 썼어도 낫지가 않은데서 상심이 컸던 것이다.

권파파는 명나라 황실에 있던 고려 출신의 몽고계 여인이며 황실의 여인이 되는 사람이었다. 황엄은 조선이 개국하였을 무렵에 명나라의 사신으로 조선에 오고 하였는데 고려 사람이었다. 그가 고려 사람으로서 명나라의 조정 신하가 된 것은 집안의 여인이 공녀貢女가 되었다가 나중에 황제의 비妃가 되는데서 명나라 조정에 벼슬자리를 얻어 출세한 사람이었다.

이 황엄이 사신 김점을 황제에게 소개할 때 조선의 왕(태종)과 인척관계가 된다고도 하였다. 인척이라는 것은 태종의 후궁들에서 숙공궁주淑恭宮主가 있었는데 그 후궁의 아버지가 김점이었던 것이다. 공녀는 조공으로 바친 여인을 말한 것이다. 옛날 속국의 위치에 있는 나라가 종주국으로 받드는 나라에 예물을 바치는 일이 있었는데 여기에 미녀를 선발하여 바치는 경우도 있었다. 이를 공녀라 하였다.

고려시대 원元나라에 공녀로 간 여인이 많았다. 이 공녀 가운데 유명해진 여인은 원나라의 순제황제順帝皇帝의 비가 되었던 기황후奇皇后이다.

기황후는 고려 기자오奇子敖의 딸로 공녀로 보내져 원나라 황실의 궁인宮人이 되었다가 황제의 눈에 들어 두 번째의 황후가 된 것이다. 당시 원나라 황실은 몽고여인 이외는 황제의 비가 못 된다는 관습이 있었지만 순제는 그 관습을 깨트렸다.

〈보살여래가곡〉은 명나라 황실에서는 불교를 숭상하여 불력佛力에서 왜구倭寇의 노략질을 막고 황실의 안녕과 나라의 안정을 구한다는 신심信心을 갖는데서 나온 것이었다. 조선도 그러하였지만 중국 명나라도 왜구의 침입을 자주 받았다. 영락황제 재위 시 왜구는 요동반도 연안까지 침입한 일도 있었다.

조선에서도 그러기를 명나라 황제가 많은 분량의 〈보살여래가곡〉을 보낸 것이다. 당시의 황제는 영락황제인데 이보다 앞서 노귀산盧龜山, 한확韓確 등 대신들이 명나라에 다녀올 때 제불여래보살명칭가곡諸佛如來菩薩名稱歌曲 1백 본을 가져 온 일도 있었다.

조선에서는 초기 정도전에 의하여 억불정책抑佛政策이 있었으나 얼마 안 가서 흐지부지 되었다. 당시 억불정책은 고려 공민왕 때 승려출신 신돈의 권력만행에 의해 조정이 어지러웠던데서 불교가 신뢰를 잃게 되었고, 한편 주자朱子의 성리학性理學이 전래되어 유교 중심의 학풍學風이 일어나고 하여서 불교배척의 풍조가 권신사족權臣士族들 사이에 일어났던 것이다.

그러나 태조 이성계 스스로도 사찰을 찾았고 태종도 불교를 탄압하는 일은 없었다.

세종과 세조 그리고 성종은 오히려 불심佛心을 많이 두고 하였다. 세종이 수양대군세조에게 명하여 석가모니의 일대기를 찬술하게 한 예를 보아서도 알 수 있는 것이다. 석가모니 일대기를 찬술한 책은 석보상절釋譜詳節이다. 세종 즉위 29년(1447)에 간행되었다.

이 석보상절에서 2년 후에는 《월인천강지곡月印千江之曲》이 나왔는데 바로 석보상절의 내용을 갖고 석가모니의 공덕을 찬양하는 송가頌歌의 책을 간행한 것이다. 이런 책이 나온 것도 태종 때 명나라에서 가져 온 〈보살여래가곡〉의 영향을 받았던 것이다.

세종대왕은 이런 책을 낸 후 창제한 한글을 달아 일반 백성들도 쉽게 외울 수 있게 하였다.

조선은 부인에게도 벼슬을 주다

작위爵位라는 게 있다. 벼슬과 지위라는 뜻을 가지고 있다. 그러나 실제 국가의 공직자 신분으로서 갖는 관직官職, 즉 벼슬은 아니다. 단 사회적 신분상 갖는 특별한 지위로 이것은 국가에 공이 있는 사람에게 또는 왕실의 친인척에게 특별히 수여하는 명예의 칭호다.

이 칭호에는 다섯 등급이 있다. 공公, 후侯, 백伯, 자子, 남男이다. 일찍이 중국의 북주北周, 당唐, 송宋에도 이 제도가 있었다고 한다.

우리나라에서는 삼국시대, 즉 신라, 백제, 고구려시대에 중국의 왕조에서 삼국시대의 세 나라 왕에게 벼슬을 주는 일이 있었다. 여기에 벼슬과 함께 그 같은 작위를 붙여 주기도 하였다.

이런 다섯 등급의 작위를 우리나라 자체에서 사용하기는 고려시대 문종(1045~1083) 때 처음 제도화하여 사용했는데 충렬왕(1274~1388) 이후에는 폐지되었다. 그러다가 공민왕(1351~1374) 때 다시 제도화하였는데 오래지 않아 다시 폐지하였다. 그 대신에 등급을 두지 않는 일괄

적인 군호제도君號制度를 실시했다.

군호제도는 무슨무슨 부원군府院君이니 무슨무슨 군君이니 하는 신하에게 군君의 칭호를 붙인 봉군封君을 말한 것이다. 이 봉군제도는 조선시대에도 계속 실시되었다.

공·후·백·자·남의 작위제도는 일제강점기에 다시 부활하여 친일파의 고위 조선인 관료에게 수여되는 일이 있었다. 일본은 옛 중국의 왕조시대 작위를 본떠서 사용한 것으로 형태는 서양의 영국과 같은 작위제도를 본받은 것이었다.

중국의 북주北周라면 수隋나라(589~618) 건국 이전에 있었던 나라로 불과 24년 정도 국가유지를 했다. 신라 진흥왕 때 있었던 나라다.

중국 당나라의 제도를 많이 본받은 신라였지만 이런 5등급의 작위제도는 본받지 않았다.

서양에서 공작부인이니 백작부인이니 하는 말이 있다. 이 말은 공작公爵의 작위를 갖고 있는 남자의 부인에 대한 호칭이다. 백작부인이란 말도 마찬가지로 그런 것이다.

그런데 우리나라에서는 과거 그런 작위를 사용하던 일이 있었어도 그 작위의 부인에게 호칭된 일은 없었다.

조선시대 고위관직에 있는 남자의 부인에게 정경부인貞敬夫人이니 정부인貞夫人이니 하는 호칭은 있었다. 이런 호칭은 바로 나라에서 주는 부인의 관작이었다.

공작부인이라 하면 단순히 남편의 작위에 부인이라는 명칭이 붙은 것이다. 정경부인은 그렇지가 않고 남편 되는 사람의 벼슬에 따라 부인에게 나라에서 준 벼슬의 호칭이었다.

정경부인이란 벼슬 호칭은 좌의정, 우의정, 영의정의 관직에 있던 벼슬아치의 부인에게 준 작위였다. 조선은 벼슬에 따라 정1품, 종1품, 정2품, 종2품이니 하는 품계가 있었다. 이 품계에 따라 그 벼슬아치의 부인에게 내리는 작위가 곧 정경부인이니 하는 그것이었다.

이런 부인의 관작이 조선시대에 있었는데 여기에 하위 벼슬의 등급인 종8품의 벼슬아치들 부인에게도 마찬가지로 관작을 주었다. 종8품에 해당하는 벼슬을 가진 사람의 부인이면 단인端人이란 명칭의 부인 관작이었다.

정경부인의 작위가 최고인데 위로부터 아래로 내려오는 부인의 관작을 열거하면 다음과 같았다.

정경부인貞敬夫人 → 정부인貞夫人 → 숙부인淑夫人 → 숙인淑人 → 영인令人 → 공인恭人 → 의인宜人 → 안인安人 → 단인端人

정부인의 관작은 정2품과 종2품의 등급이 있는 벼슬 즉 판서, 참판의 관직을 가진 사람의 부인에게 준 벼슬이었다.

지방 현감縣監이 되면 그의 부인에게는 의인宜人이란 관작의 벼슬이 내려졌다.

이렇듯 조선시대는 관직에 있는 사람의 부인에게도 벼슬을 주는 제도가 있었던 것이다.

문관文官, 무관武官의 부인에게 관작을 주었는데 남편에게 벼슬이 있고 없고 상관없이 부인에게 주는 관작도 있었다. 그것은 왕의 종친들이었다. 부부인府夫人이니 군부인郡夫人이니 하는 관작이다.

서양에는 남편 되는 사람이 아무리 큰 벼슬자리에 있다 하여도 부인에게 따로 관작을 내려 주는 일은 없었다. 그러고 보면 남존여비 사상이 강하였다고 하는 조선시대가 당시 어느 나라에서도 볼 수 없는 그 같은 부인에게 관작제도를 두었다는 것은 참 신기하다 할 것이다.

고려시대는 부인의 관작제도가 없었다. 남편이 아무리 높은 벼슬자리에 있고 나라의 큰 공신이라 하더라도 임금이 그의 부인에게 관작을 내려주는 제도가 없었다는 것이다.

그런데 오늘날 각 성씨 문중의 족보들을 보면 고려시대의 인물의 부인에게 조선시대의 부인 관작을 붙여 놓은 것을 많이 보게 된다. 이런 족보는 불신을 받는 원인이 된 것이다.

조선시대에는 부인의 특별한 관작도 있었다. 왕의 후궁이나 종친들 부인에게 준 것이 아닌 일반 사대부士大夫의 부인에게 내려 주는 특별한 관작인 것이다.

조선 세조실록에 보면 한서룡韓瑞龍 전 동지중추원사同知中樞院使 부인에게 정녕택주貞寧宅主라는 작호를 하사한 기록이 있다.

그의 부인은 이미 정부인貞夫人의 관작이 있었다. 그런데도 특별히 다른 작호를 받은 것이다. 택주는 왕실에서 옹주翁主, 군주郡主와 같은 성질의 부인에게 주는 작호였다.

한서룡 전 동지중추원사의 부인은 정부인 청도김씨인데 세조로부터 정녕택주라는 벼슬을 하사받고 아울러 매년 나라에서 곡식을 받았다. 이에 대한 이유는 정부인 청도 김씨가 아들 5명을 두었는데 모두가 무과武科에 급제하고 출사出仕한 것에 대하여 전례 없는 장한 어머니라는 데 있었다.

그 부인의 아들 다섯은 모두 정3품 당상관 이상의 벼슬을 하였다. 그 중에는 정녕택주인 정부인 김씨 자신보다 한 단계 높은 정경부인이란 관작을 받은 큰며느리도 있었다.

정부인 청도김씨의 셋째아들은 세조와 특별한 인연도 있었다. 그의 이름은 한종손韓終孫이다. 한종손은 세종 29년(1447)에 무과에 급제하였다. 그는 세조가 즉위하기 전 수양대군首陽大君으로서 중외도통사中外都統使의 관직을 역임하고 있을 때 중위장中衛長으로 수도를 경비하는 군대의 중견 지휘관으로 있었다. 중외도통사는 수도 안팎을 경비하는 군총사령관의 직위였다.

세조 13년 실록의 기록에 다음과 같은 내용이 있다. 이 내용을 보면 세조와 한종손의 관계를 짐작할 수 있는 것이다.

"청성군 한종손이 졸하다. 한종손은 청주가 본관으로 내금위로 뽑혀 들어왔다가 무과시험에 합격하였다. 세조가 중외도통사가 되어 동쪽 교외에서 대궐의 경비 상황을 돌아볼 때 그때 한종손은 중위장이었는데 세조가 진영을 출입하는 것에 영문을 지키는 군사들은 감히 제지를 못하였다지만 한종손 휘하의 군사들은 그렇지가 않고 세조의 출입도 막고 함부로 허락하지 않았다. 세조가 그 까닭을 물으니 한 문지기가 중위장의 허락 없이는 절대로 누구든 들여보내지 않는다 하였다. 이 말을 들은 세조는 한종손을 불러내어 술잔을 내려주며 근무태도를 칭찬했다. 그리고 크게 포상을 하였다. 후일 한종손은 세조를 도와 공신이 되었다. 그로 인해서 청성군淸城君 봉호를 받았다. 한종손은 여자를 좋아하여 술을 마시면 기고만장 했다. 그러다가 갑자기 죽었다. 세조는 염을 하지 말고 그대로 시신을 두라 하였다. 이것은 한종손을 아끼는 세조가 그가 소생하기를 바라는 심정에서였다."

세조는 한종손의 사후 시호를 안양공安襄公이라 짓게 하였다. 이런 명칭의 시호를 짓게 한데는 그가 재물을 탐하여 남과 다투고 한 일이 없어서 마음이 편하였는데, 그것에 걸맞은 글자 안安으로 쓰게 하고 나라에 공도 있어 양襄으로 붙이게 하였다는 것이다.

여색을 좋아하면 재물을 탐한다는 말이 있다. 그러나 한종손은 그렇지가 않아서 세조가 총애를 하였다.

조선시대의 통치를 보면 장죄贓罪를 무겁게 다루었다. 무겁게 다루었다는 것은 엄하게 죄를 묻고 벌을 내렸다는 것이다. 장죄는 재물을 탐하여 부정 축재한 죄를 말한다.

일찍부터 여성 지위가 향상되고 여권신장女權伸張이 있었다는 영국이나 프랑스 등 유럽 국가들에서는 조선시대처럼 실제 나라 일에 종사하지 않아도 여인들에게 벼슬 같은 관작을 준 일은 없었음에 그들 나라는 여권신장의 명색만 보였던 게 아닌가 한다.

그뿐만도 아니다. 서양의 봉건국가시대에 부인들에게 곳간의 열쇠를 맡겼다는 말도 없다. 조선시대의 사대부 집안에서는 집안의 곳간 열쇠는 부인이 전적으로 맡았다. 곳간의 열쇠를 맡았다는 것은 집안의 살림을, 이를테면 경제권을 쥐고 있었다는 것이 된다.

세종대왕은 왕도를 택하다

왕도王道라 하면 유가儒家에서 이상적理想的인 정치사상政治思想을 말한다. 인仁과 덕德으로 나라를 다스리는 게 왕의 도리라고 하는 데서 나온 것이었다.

이것은 왕조시대에 나타난 말로 고대국가나 중세, 근세국가는 대개가 왕국王國이었던 한 데서 생겼던 것이다. 오늘날의 국가통치 형태에서 비교하여 보면 민주주의民主主義 또는 민주정치民主政治라는 말과 유사한 것으로 오늘날의 국가 지도자는 그런 사상을 내세우고 있다.

왕이 인과 덕을 보인다는 것은 바로 백성들을 위한다는 것이다. 민주주의를 한다는 국가도 마찬가지로 국민을 위하는데 있다는 것으로 바른 정치의 이상으로 삼고 있다.

고려 태조는 이런 말을 하였다.

"백성을 편안하게 하는 데는 현명한 사람을 기용하는 것이 급하다. 관리들이 진실로 자기의 직무를 태만히 하지 아니하면 정치는 혼란스러울 수 없다. 높은 자리에 앉아 안이한 모습을 보여서는 안 되고 용렬하고 허무한 정치를 한다면 그것은 백성을 어렵게 하며 나라가 바른길로 가지 못하게 된다. 아무쪼록 허무한 정치가 무섭다는 것을 나는 생각한다. 이에 모든 관리들은 직무를 충실히 이행하여 주기를 바란다."

이 말은 오늘의 통치자나 정치를 한다는 위정자들이 그 같은 모습을 보인다면 바로 훌륭한 민주정치의 지도자라고 칭송되는 말이다.

조선의 태조는 이런 말을 하였다.

"전 왕조는 백성들에게 부역이 심하여 그들의 고통이 심하였다. 내가 즉위한 후에 그들이 편안하게 사는 것을 바랬다. 성이란 것은 나라의 울타리이고 도적을 막아 백성들을 보호하는데 목적이 있는 것으로 지난 가을 많은 백성들을 징발하여 성곽을 쌓게 하였다. 그러나 공사 끝에 목숨을 잃는 사람이 많다. 나로서는 슬펐다. 바라노니 성을 쌓는 일꾼들에게는 그들 집에 향후 3년간 부역이 없게 하라."

조선의 태조는 백성의 노역을 없게 하는 정치를 보였던 것이다. 백성의 처지를 통치권자가 배려하고 위한다는 것은 바로 왕도정치의 요건이다. 제왕이라고 내가 곧 법이다, 내 말에 조건 없이 따르라 하는 말로 강요하는 통치방법을 쓴다면 백성을 위한다는 정치는 아니란 것이다.

조선 세종 조에 김점金漸과 허조許稠 두 재상이 있었다. 재상이라 하면 오늘날 장관과 같은 지위이다. 이 두 재상의 논쟁을 보면 오늘날도 마찬가지로 되새겨볼 내용이 있다.

세종 즉위 원년에 있던 일로 김점이 중국 명나라에 가서 보았던 황제의 통치수법을 세종임금에게 아뢰는 말이 있었다.

"우리 전하께서도 따라야 하는 것으로 명나라 황제의 법도는 이러했습니다. 죄수가 있으면 황제가 친히 죄수를 심문하고 온갖 정사를 친히 살펴 위엄과 용단을 측량할 수 없을 만큼 보였습니다. 그래서 6부의 장관이 정무관계를 알리다가 잘못이 있으면 경호하는 관리들을 시켜 관모冠帽를 벗기고 끌어내리고 하였습니다."6

세종대왕 영전

김점 재상의 이런 말에 허조는 다음과 같은 말로 반박했다.

"중국의 법을 본받을 것도 있지만 본받을 수 없는 것도 있습니다. 벼슬아치들을 두어 직무를 분담시키므로 하여 각자 맡은 바에 충실하게 하는 것이 옳은바 만약 임금이 친히 죄수들을 심문하는 일을 보이면 그 일을 맡은 관리를 둘 이유가 없습니다. 현명한 인재를 발탁하면 일을 잘 할 것이며, 일을 맡겼으면 의심하지 말고, 만약 의심할 점이 있으면 아예 맡기지 않는 것이 옳습니다. 전하께서 대신大臣들을 선발하여 육조六曹

---

6 6부는 예조, 이조, 형조, 공조, 호조, 병조의 여섯 개의 관청

의 수장을 맡긴 이상 책임을 업무에 임하도록 할 것이며 자질구레한 정사 같은 것에 전하가 간여를 안 하는 것이 심히 마땅한 줄로 압니다."

두 재상의 말에서 느낄 수 있는 것은 왕도정치와 패도정치이다.

왕도정치는 바로 허조의 말인 것이고, 패도정치는 김점의 말인 것이다. 두 재상의 통치방법에서 군주가 취하여야 할 길은 확연히 다른 주장인 것이다. 오늘날 바로 민주주의 국가에서도 두 시각으로 왈가왈부하는 논쟁이 있다. 어떤 통치방법이 정녕코 국민을 위한 것인지 생각해 볼 때는 어느 쪽도 백성을 위한 통치방법인 것만은 사실이다.

김점 재상은 당시 중국 명나라 사신으로 간 일이 있어 거기서 보고 느끼고 한 것이 많았다.

그는 당시 대국으로 받들어야 하는 명나라 조정이 어떻게 유지되고 있는가를 체험했던 것이다. 정사를 신하에게만 일임을 해 두다 보니 그들 중에 권력에 집착하여 실로 백성을 위하는 게 무엇인지 둘째치고 오로지 자기중심의 입장과 위치에서만 생각하고 내가 어떻게 될지 하는 자리보존에만 연연하는 것을 본 것이다.

그래서 김점 재상은 통치자가 직접 눈으로 보고 확인하여 잘잘못을 가리는 통치방법을 요구한 것이었다.

왕도는 고대 중국의 맹자孟子의 정치이상政治理想이고, 패도는 중국의 순자荀子의 정치이상이었다. 순자의 정치이상은 어떻게 보면 법치法治 제일주의의 논리였던 것이다.

조선의 역사를 꼼꼼하게 들여다보면 3대 태종은 패도정치의 군주이었음을 느끼게 하고 4대 세종은 왕도정치의 군주이었음을 느끼는 것이다. 허조와 김점의 논쟁에서 세종대왕은 허조의 주장에 손을 들어주었다. 바로 왕도의 통치수법을 택한 것이다.

태종은 친히 죄인을 다스리는 일이 많았다. 그 예가 신문고申聞鼓 설치라 할 수 있는 것이다.

신문고는 백성들의 억울한 사정을 직접 조정에 호소하게 하는 정치였다. 조정에다 직접 호소하는 것을 알리는데 북소리로 대신하여 임금이 듣게 하여 백성들의 억울한 내용을 알게 하는 제도였다. 태종 2년 1402에 설치하였다. 대궐 밖 문루에다 커다란 북을 달아 놓은 것이 신문고였다.

신문고는 지방 관리나 중앙관청의 관리들이 제대로 업무를 수행하고 있느냐 하는 것을 태종임금이 직접 알아보는 방편의 하나였다.

《조선왕조실록》 세종 원년 2월에 있는 기록을 보면 다음과 같은 내용이 있다.

"임금이 신문고를 치는 문제에 있어서 언급을 하자 참찬參贊 김점金漸은 대답하기를 '우리 왕조에서 북을 치는 제도를 만든 지도 이미 여러 해가 되었고, 지금 전하께서 밝고 어지시어서 모든 일이 아래로부터 위에까지 잘 알려지고 있습니다. 그래서 막혀지고 가려지는 일이 없습니다. 단지 이따금 북을 치는 백성이 신문고를 치는 사용범위를 잘 알지 못하여 오히려 죄인이 되는 수가 있습니다. 훌륭한 왕조에서 백성들 사이에 송사가 없게 하려면 본래의 신문고 취지와 다르게 사용할 수도 있게 하고 따라서 북치는 규정범위를 떠나, 즉 규정과 상관없이 억울한 일이 있으면 무조건 그대로 치게끔 놔두는 것이 좋은 줄로 압니다.'라고 하였다. 그런데 지신사知申事 원숙이 '그렇게 하다가는 북을 치는 사람이 많아지고 송사도 많아져 복잡하여집니다.' 하였다. 이에 대해서 김점은 다시 말하기를, '우리나라는 중국처럼 인구가 많거나 사건이 많고 번잡한 게 아닙니다. 법을 수행하는 관리더러 북을 친 사람들의 신소申訴를 들으라고 해서 거기서 정당한 것은 접수하고 부당한 것은 잘못 친 것이라 벌을 주고 하면 자연히 쓸데없이 신문고 치는 일은 삼가할 것입니다.' 하였다."

법을 지켜야 하는 백성과 법을 수행해야 하는 관리와의 관계를 생각할 수 있는 대목이었다.

왕조국가에서는 "사람의 도리를 하지 못하면 사람대접을 못 받는다." 하였다. 사람의 도리라는 것은 예의를 알고 질서를 알고 도덕과 윤리에 순종하는 태도를 말한다. 그러나 오늘날에는 사람의 도리를 지키고 안 지키고의 문제가 아니라 죄를 지었다 하더라도 무조건 사람으로서 기본적인 권리가 있다 하는 식으로 인권人權을 법보다 먼저 앞세우는 것이다.

왕조국가에서 군왕이라 하면 왕의 의지대로 정치가 이루어진다고 생각하는데 실은 그렇지가 않았다. 일반 백성들을 대신하는 위정자들의 의견을 따르는 경우가 많았다. 이것은 민주주의 국가의 정치방식과 별반 차이가 없는 정치였다. 왕조국가에서 관官의 부서部署를 보면 민주주의 국가에서 요건이 되는 권력 견제라인이 오히려 철저하였다. 이를테면 벼슬아치들의 독선과 불법을 막는 감찰기관, 사헌기관 같은 게 있었다.

고려에서는 어사대御史臺가 있었고, 조선에서는 사헌부司憲府가 있었다. 모두가 공직자의 부정을 규찰하는 기관이다. 비단 이런 기관만이 있는 것이 아니라 사간원司諫院이란 왕에게 간언을 하고 사회 도덕적 문제들에 대하여 건의하는 부서도 있었다. 간언은 임금 또는 대신들의 잘못에 대하여 숨김없이 지적하는 발언을 말하는 것이다. 왕조국가에서는 도덕적 문제를 다루는 것이 엄했다. 오늘날 민주국가는 그 반대현상인 것이다.

죄인을 다루는 부서도 한 부서만 있는 것이 아니라 형조刑曹와 의금부義禁府란 두 부서가 있어서 상호 견제작용을 하였다.

왕의 잘못에 대한 직간直諫하는 부서가 있다면 민주국가에서 볼 수 없는 특별한 기구인 것이다. 오늘날 민주주의 국가에서 국가원수에게 잘못을 지적하는 언행이라도 보이는 관리가 있다면 아마 자기의 관직 자리를 내놔야 하는 위험한 경우를 보게 된다. 짐짓 입바른 소리를 하는 관청을 두었다는 것은 왕의 통치가 임의대로 이루어져 나가기가 어렵다는 것을 말해 준다 할 것이다.

귀화 여진족은 김씨 성을 갖다

조선에는 귀화 여진족이 많았다. 특히 세종조에 많았던 것인데, 이유는 월경해서 함경도 지역에 많이 거주하던 그들을 추방하고 향후 국경을 넘어오지 못하게 육진六鎭을 두는 일이 있었기 때문이다.

육진은 두만강을 건너와 불법으로 거주하는 여진족을 막기 위하여 강남쪽에다 방위지역을 설치한 여섯 곳을 말하는데, 즉 종성鍾城, 온성穩城, 회령會寧, 경원慶源, 경흥慶興, 부령富寧에다 진鎭을 둔 그것이다. 육진은 세종 16년(1434)부터 10여 년간에 걸친 개척이었다.

이로 인해서 두만강을 경계로 하는 조선의 북방경계가 확실해졌고 여진족은 비록 자기네 종족이 많이 거주하고 있어도 강남쪽 땅을 자기네 땅이라고 하지 못하였다. 세종조에 앞서 태종 때는 그들의 불법 거주를 막기 위하여 4군郡을 설치하기도 하였다. 그래서 그들의 불법 거주 지역이 조선 영역임을 세종조에 육진 설치로 확실히 했던 것이다.

여진족이 남하하여 차지하고 있었던 땅은 조선의 백성들이 그곳을 정착지로 삼지 않고 다른 곳으로 이주해 가는 일이 많았다. 이 때문에 국경지역이 비어있던 데서 여진족들이 무단 점령을 하는 일이 많았던 것이다.

세종조에서 육진을 설치하고 나서는 남쪽의 백성들을 이주시키는 정책도 폈다. 한편 계속 조선의 땅에서 살겠다는 그들 여진족이 있으면 귀화인이 되게 하고 귀화하면 조선의 백성으로 대접하며 살게 했다. 육진 설치 때는 포로가 되는 여진족도 많았다. 포로가 된 여진족은 송환을 하려 해도 돌아가지 않으려 하는 사람이 많아서 이에 세종대왕은 국내 거주를 허용하고 그들에게 일정지역을 집단 거주케 하는 배려를 하였다. 그들을 거주케 하면서 글을 알고 유식한 여진족이 있으면 벼슬자리도 주었다.

세종대왕은 귀화 여진족에게 조선의 백성처럼 성姓을 갖게 하기도 하였는데 그들은 대부분 성이 없었기 때문이다.

세종대왕은 그들 여진족더러 성을 가지게 하면서 김씨 성을 갖도록 하였다. 왜 김씨 성을 갖도록 하였는가 하는 생각을 하게 되는데, 여기에는 과거 여진족이 세운 금나라 황제 아골타의 조상에 연관을 둔데 있다는 이야기가 있다. 조선왕조실록을 보면 벼슬자리에 오른 그들 모두가 김씨 성을 가진 것을 보게 된다. 일부를 열거해 보면 김골을도개金骨乙都介, 김고도개金古道蓋, 김납노金納奴, 김도을온金都乙溫, 김모다호金毛多好, 김부개金夫介, 김거파金巨波, 김산金山, 김아을사金阿乙沙, 김야당지金也堂只, 김자환金自還, 김파보金波寶, 김호심파金好心波 들이다. 이 이름들에서

고도개, 골을도개 같은 발음의 이름이 있는데 이것은 그들의 언어 발음상 한문글자로 표기된데서 나타난 것이다. 하나의 글자, 두 개의 글자는 조선 사람의 이름 모습과 같지만 마치 이두吏讀처럼 발음에만 의존하여 한자로 표기하고 뜻을 둔 이름 같지 않아 조선 사람들이 듣기는 어색하였다.

이두는 신라 때 한문글자의 음과 새김을 받아서 뜻과는 상관없이 우리말식으로 적어 쓴 것을 말한다.

세종대왕 이후 단종, 세조, 성종조까지 여진족 귀화인들이 조선에서 벼슬살이를 한 사람이 많았다. 그들은 대개가 궁궐의 경비를 하거나 왕과 고관대작들을 호위하는 무인武人의 벼슬자리에 있었다.

그들이 벼슬자리에 오르려고 하면 더욱이 성은 있어야 했다.

《세종실록》편에 보면 170여 명의 귀화 여진족을 제주도로 이주시켰다는 기록이 있다. 이렇듯 조선에서 여진족 귀화인이 많았고 벼슬자리에 오른 사람도 많았던 것으로 오늘날 한국인에게도 그들을 조상으로 하는 김씨 성도 분명히 있다 할 것이다.

2000년도 통계청의 인구조사에서 김씨 성 인구가 8백만 명이 넘었다, 한국인 전체인구에서 엄청난 수를 차지한다. 그런데 한국인의 성씨에는 저마다 본관이란 게 있어서 그 본관의 최초 조상이 누구인가 하는 시조를 두고 있다. 이 시조를 둔 데서 여진족 출신의 시조는 볼 수 없었다.

조선 후기에 우후죽순같이 나온 각 성씨의 족보가 있다. 많은 김씨 성에서 저마다 본관이 다른 김씨 성의 족보도 많았다. 여기에 여진족계 김씨 성이라고 설명된 족보도 있을 수 있는데 일체 볼 수가 없다. 그 많은 김씨 성의 본관에서 여진족계를 시조로 하는 족보 같은 것은 발견할 수 없었다는 것이다.

임진왜란 때 일본 장수로서 조선에 귀화한 '사야까'라는 일본인은 임금으로부터 김씨 성을 하사받아 오늘날 김해를 본관으로 하는 후손들이 있는 것이다.

다른 성씨의 귀화인계 후손들도 오늘날 한국인에게 많다. 그들은 시조가 어느 나라 어느 종족계 귀화인이라고 족보에 표기해 둔 것도 있다. 그런데 이상하게도 여진족계 시조라고 밝힌 비단 김씨 성이 아니라도 그런 성씨의 족보는 없는 것이다. 조선왕조실록에 보면 여진족으로서 귀화하여 김씨 성이 아닌 다른 성씨를 붙인 사람도 있다. 그들의 후손도 오늘날에 분명 있다고 할 것이다. 그런데 마른성의 족보에서는 여진족 시조는 없다.

여진족 김씨 성이 조선시대에 확실히 있었다고 하면 그들 귀화 여진계 후손들도 오늘날에 있는 것은 사실이다. 그러나 사실로 있었다 하더라도 그들 종족이 당시 중국 명나라처럼 대우받는 나라의 사람들이 아니고, 특히 나라 없는 종족이었고 하여 어떤 수치와 자괴감에서 짐짓 자신들 조상을 다른 유명 종족의 조상계보에다 끼워 넣은게 아닌가 의심할 수 있는 것이다.

오늘날 김씨 성의 본관 수는 4백 개가 넘는다. 과거에는 5백 개나 되었다. 이 많은 수의 본관에서 여진계 김씨 성의 본관이 없다는 것은 의당 의심 가는 것이다.

현 한국인의 김씨 성으로 같은 혈족계통이 아니라고 분류되는 것은 신라계 김씨 성과 가락국계 김씨 성, 귀화 한족계 김씨 성, 귀화 일본인계 김씨 성만을 보게 된다.

중국 원元나라계 김씨 성도 있었다는 기록이 조선왕조실록에서 보이는데 역시 그 계보의 김씨 성을 오늘날 볼 수 없다. 후손이 단절된 것은 아닐 것으로 어딘가 명문 혈족계로 알려진 김씨 성 족보에다 끼워 넣었다고 봐야 할 것이다.

영의정의 장리는 죽어도 꿔 쓰지 않는다

조선시대 자기 땅을 갖지 못한 소작인들이 흔히 썼던 말이 있다. 그것은 "영의정 장리는 죽어도 꿔 쓰지 않는다." 하는 말이다. 이 말이 생겨난 유래는 세종 때인데 내용은 다음과 같다.

세종조에 유정현柳廷顯이란 영의정領議政이 있었다. 영의정은 당시 최고위 관직이었다. 오늘날 국무총리와 같은 벼슬자리였다.

《세종실록》 23권에 다음과 같은 기록이 있는 것을 본다.

"전 판부사判府事 정역鄭易의 집종이 영의정 유정현 집에서 장리長利 돈을 꾸어 썼는데 흉년으로 미처 갚지를 못하였다. 그런데 유정현이 그 집에 조례라는 자를 보내서 솥과 가마 등을 모조리 뺏어갔다. 정역이 이 사실을 알고 효령대군에게 찾아가 하소연을 했는데, 효령대군은 유정현의 아들 유장柳璋 총제摠制를 불렀다. '네 아비의 지위가 영의정에 이르러 큰 녹을 받고 사는데 주상(임금)의 백성을 아껴 그들을 잘 살게 하는 것이 도리이거늘 어찌 궁핍한 백성의 솥과 가마를 빼앗아 가는가? 만약 돌려보내지 않으면 상감께 찾아가 아뢰고 종 조례를 잡아다가 족칠 테니 네 아비에게 그렇게 고하거라.' 하며 야단을 쳤다. 이에 유장은 '저의 아버지는 저의 말을 듣지 않은지 오래입니다. 다른 사람을 시켜 저의 아버지에게 알리는 것이 좋을 줄 압니다.' 하였다.

정역은 효령대군의 장인이다. 유정현은 사람됨이 인색하고 추호도 남에게 주는 일이 없어 과수원에 있는 과일도 모조리 시장에 내다 팔아 조그마한 이익까지 챙겼다. 그의 반인伴人에게는 장리를 준 자로부터 돈을 잘 받아오면 상을 주고 역승驛丞의 자리에까지 임명했다. 그는 이로써 부자가 되어 곡식을 잔뜩 쌓은 것이 7만여 석이나 되었다. 이에 백성들이 원망하기를, '비록 죽을망정 다시는 영의정 장리는 꾸어 쓰지 않겠다.' 하는 말이 생겨나게 된 것이다." 하는 내용이다.

장리는 봄에 곡식을 꾸어 주었다가 가을 추수 시에 받는 것으로 받을 때는 꾸어준 쌀의 절반가량을 이자로 받고 하였다. 그러니까 고리채였던 것이다.

판부사는 부府의 우두머리 벼슬이며 당시 벼슬품계로 종2품에 해당하였다. 총제는 군사관계를 맡는 고위관직의 하나다. 반인은 상사上司를 수행하며 심부름을 맡는 하인이고 역승은 당시 통신수단의 장소가 되는 역驛을 관리하는 벼슬의 우두머리였다. 효령대군은 세종대왕의 바로 위의 형이며 태종임금에게는 둘째아들이었다.

나라 일에 몸담고 있어도 그런 이자놀이는 사채업자가 된다. 비록 고위공직의 자리에 있지 않아도 가진 자들이 이자놀이를 하는 일이 옛날에 많았다. 오늘날은 사채놀이를 하는 극성스러운 전문업자들이 많다. 그들은 지나친 이자를 받아 말썽이 되고 있다.

고려 문종(1046~1083) 때 자모정식子母停息에 관한 법이 있었다. 그 내용은 "한 섬을 꿔준 자는 가을에 한 섬 5말을 받으며, 2년 만에는 한 섬 10말을, 3년 만에는 2섬을 받고, 4년째 되는 해에는 쉬어 이자를 받지 못하며, 5년 만에는 3섬을 받고 6년째부터는 이자를 받지 못한다."라는 것이다. 그러니까 이 법안은 나라에서 공식적으로 정한 이자놀이였다.

이에 앞서 꾸기와 꿔주기의 차대借貸에 관한 규정이 있었다. 공公과 사私에 대해서 한결같은 규정이었다. 그것은 쌀 15말에 이자 5말을, 베布 15필에 이자 5척尺을 받도록 하는 것이었다. 그런데 이런 나라의 이자규정에도 백성들에게는 고통스럽고 원성이 많았다.

고려 현종(1031) 22년에 왕이 명령을 내려 국가기관과 백성 사이에서 곡식을 꿔준 것은 단지 그 원액만을 받고 이자를 면제토록 한 일이 있었다.

고려 정종(1034~1046) 때는 공적이거나 사적이거나 막론하고 쌀이나 베를 꿔준 사람은 꿔간 사람이 죽었을 때는 받지 못하게 하였다.

고려 충렬왕(1274~1388) 때는 차용증서들을 조사하고 그 내용에 맞는 대차관계를 지키고 있는지 확인도 하였다. 이것은 차용증서가 형식적이기만 하고 빌려준 자는 과다한 징수행동을 보여주고 있었던 일이 많았기 때문이었다.

고려 충숙왕은 엄하게 명령을 내려, "빚을 갚는 법은 자모정식의 법에 국한되어 있어도 이익을 탐하는 자들이 한정 없이 증가시켜 빌려 쓴 가난한 백성들이 아내와 자식을 팔고 하는 노릇까지 나타났다. 그러면서도 갚지 못하는 백성이 있다. 그런 경우에는 부채상환을 추궁 못하게 한다. 그리고 차용증서를 몰수하여 채무자에게 돌려주도록 할 것이다." 하였다.

어떻게 보면 오늘날 채무탕감의 정책이다. 신용불량자를 구제하는 정책이기도 한 것이었다.

조선시대에서는 오히려 최고위직 영의정 유정현과 같은 권력의 자리에 있는 사람들이 그 같은 고리채로 재산 모으기를 하는 관리들이 적잖았다.

조선은 노인을 우대하다

조선은 노인을 특별히 우대하는 정책을 폈다. 조선의 역대 왕조 중에서 세종대왕이 특히 노인을 우대하는 정치를 하였다. 대왕이 보인 그 실제적 예는 한둘이 아니었다.

세종 14년에 정사를 보는 궁궐 근정전勤政殿에서 노인들을 위한 연회를 베푼 일이 있었다. 연회장에 노인이 들어오면 세종대왕은 예를 베풀어 스스로 일어섰다가 앉고 하였다.

대왕이 이런 모습을 보인 한편에 비妃가 되는 중전도 사정전思政殿에서 늙은 부녀자들을 위한 잔치를 베풀었다.

중추원사中樞院使 이정간李貞幹이 나이 75세가 되고 그의 어머니가 98세를 넘겼을 때 세종대왕은 특별히 술을 내리고 풍악을 하사한 일이 있었다.

중추원사는 궁궐을 수비하며 군사기밀을 전달하는 군사관계 일을 맡은 관청의 종2품 품계에 속하는 벼슬이었다.

이정간이 앞서 가선대부嘉善大夫로서 도관찰사都觀察使의 직을 사직하고 집에 머물면서 어머니를 지극히 봉양하고 있을 때 어머니를 위한 잔치를 열었다. 조정의 관원들이 초대되기도 하였는데 모인 사람 중에서 어머니의 친족이 많았다.

세종대왕은 이런 소식을 듣고 가상하게 여겨 중추원사로 벼슬을 높여 제수했다. 그리고 궤장几杖을 하사하였다. 궤장은 찬성사贊成事 이상의 벼슬을 하지 않으면 하사받지 못하는 것으로 그는 효도가 극진해서 받았던 것이다. 뿐만 아니라 그의 어머니는 정경부인貞敬夫人이라는 작위爵位를 하사받기도 했다.

이렇듯 대왕은 노인을 공경하고 노부모에 효도를 극진히 하는 신하들을 중히 여겼다.

세종 25년에 변사문卞使文이라는 신하한테 노모가 있었는데 변사문이 통신사로 외국에 다녀오자 대왕은 그의 집에 잔치를 열게끔 은총을 내렸다. 신하가 나랏일을 위해 한동안 노부모 곁을 떠나 있는 것에 배려를 한 것이다.

세종대왕은 이미 오래 전에 지시를 내리기를 "노인을 공경하는 일은 오랜 옛날부터 있었다. 옛날 제왕들은 친히 노인잔치에 참석하여 함께 즐겼다. 그리고 그 노인들 자손에게 면세免稅의 조치도 하였다. 내가 임금의 자리에 있으면서 연세가 많으신 분들을 위하는 것은 옛 예의와 제도를 준수함이다. 그러나 그들 노인에게 벼슬을 주는 일을 못함이 안타깝다. 그래서 대신에 나이 90세 이상이면 작위를 주는 것으로 하여 인仁

을 보이고자 하는 것이다. 100세 이상의 노인에게는 연초年初에 잔치를 하사하고 매달 술과 고기를 하사할 것이며, 80세 이상의 노인에게는 작위를 하사하고 해마다 중추원에서 잔치를 열게 할 것이다." 하였다.

중종 때 전라도 장수현長水縣에 사는 마추량馬推良이라는 사람이 있었다. 그의 아내 조씨趙氏는 나이가 122세였다. 빠졌던 이가 다시 나기 시작했는데 크기가 쌀알 같았다.

새삼 머리카락은 길이가 한 치가량 자라기도 했다. 그러나 귀는 전혀 듣지 못하였는데 단지 눈은 겨우 물건을 살펴보는 정도였다. 그에게는 아들이 있어 그 나이가 80세였다. 감사監司가 이들을 보고 임금께 알리니 왕은 "옛 요순堯舜의 나이도 이에 이르지 못하였다. 우리나라에서는 더욱 있지 않았다." 하고 관찰사에게 명하여 옷과 음식을 주게 하였다.[7]

16대 인조(1623~1649)는 이런 전교를 내렸다.

"노인을 공경하고 어진 이를 높이는 것은 나라를 다스리는 근본이 되는 것이다. 옛날에 제왕이 혹은 친히 잔치에 입석하여 위로하고, 혹은 관작官爵을 하사하고 비단을 하사하기도 하였으니 이것은 모두 노인을 공경하고 높이는 뜻이다. 이제 나는 덕이 없어서 병화兵禍를 입고 기근饑饉을 보고는 했다. 기로耆老들을 생각하면 부끄럽고 두려운 마음을 금할 수 없다. 지금 경비가 탕진되어 위로의 잔치를 거행하는 일은 진실로 쉽게 논의할 수 없으나 관작을 내리는 법을 행하는 것이 실로 마땅한 것이

---

7 감사는 관찰사의 약칭. 오늘날 도지사와 비슷한 지위

다. 해조該曹로 하여금 노인에게는 작위를 주게 하고 연로한 과부에게도 또한 물품을 주도록 하라."⁸

17대 효종조에 와서는 한양에 100여 세 되는 서인庶人이 있었는데 액정掖庭에 사람을 시켜서 업고 오도록 하여 진귀한 음식을 먹이고 물품을 하사하기도 했다.⁹

세종대왕의 노인 공경 정책은 후대 군왕에게 전파되어 이렇듯 노인을 우대하는 정치를 보였던 것이다.

---

8 해조(該曹)는 해당 육조(六曹)의 한 부서를 말하고 기로(耆老)는 예순 넘은 노인을 말한 것이다.
9 액정은 대궐 안을 말한다.

공창公娼을 폐지할 수 없다

창녀娼女와 창기娼妓는 그 뜻에서 별로 차이가 없다. 여자가 몸을 판다는 것에 그 의미가 같다는 것이다. 기妓가 붙어서 기생妓生이란 뜻이 있는데 여기에 몸을 판다는 뜻의 글자를 가진 데서 창기라는 말이 나온 것이다.

오늘날 기생이란 말을 듣는 여자는 없다. 옛날에는 이런 말들을 듣는 여자가 많았다. 노래와 춤 따위를 배워 술자리에 나가 흥을 돋는 것을 업으로 삼는 여자들이 기생이었다. 이런 업에 종사하는 여자가 돈 받고 몸이라도 팔면 바로 창기라 하였다.

조선 세종조에 창기를 없애야 한다고 조정 신하들 간에 중론이 있었다. 이 중론에서 학식 높고 청렴 근엄하기로 유명한 재상 허조許稠가 있었다.

허조는 자기 집안을 다스리는데 법도가 남달랐고 엄하기로 소문난 사람이었다. 이 허조를 두고 어떤 사람이 말하기를 "허공許公은 평생 음양을 알지 못한다."고 하였다. 음양을 알지 못한다고 한 것은 그가 기생과 놀아나고 하는 일이 없다는 데서 나온 말이었다.

옛날 벼슬아치들은 곧잘 기생과 어울려 술과 노래를 즐기고 더러는 몸을 섞고 하였다. 풍류라는 명목으로 기생과 잘 어울려 즐기고 한 것이다. 그때의 기생이라면 시조 한 수라도 읊조릴 줄을 알면 대접을 받고 간혹 유명 고관대작의 첩이라도 되고 하였다.

세종 때 조정 신하들 사이에 창기를 없애야 한다는 말이 많이 입에 오르내렸다. 그 이유에 대해서는 서울이나 지방 할 것 없이 벼슬아치들과 기생들 간에 시끄러운 불상사가 많이 발생한데 있었다. 물론 여기에 상소가 올라오기도 하고 불미스러운 소문이 백성들 사이에서 많이 퍼져 나오고 하여 조정에서 의논들이 있었던 것이다.

창기를 없애자는 의논이 비단 조정 대신들 사이에 있었던 것만이 아니라 지방 고을 수령들한테도 있었다. 그래서 창기를 없애자는 측에서는 허조가 분명히 없애자는데 찬성할 것이라 믿었지만 실은 그렇지가 않았고 오히려 반대를 하였다. 그의 반대 이유는 이러하였다.

"창기를 없애자고 누가 먼저 말을 꺼냈는지 모르지만 남녀 간의 욕정은 법으로 금지시키지 못하는 것이다. 더욱이 각 고을의 창기는 공가公家의 것인데 없애거나 하는 것은 상관없다 할 것이다. 허나 공가가 아닌 곳에 있는 창기를 없애려 엄히 다스리려든다면 젊은 외국 사신들이나 우리 조정 벼슬아치들이 그 욕정을 풀려고 옳지 못하게 사가私家의 여자들을 겁탈하는 불상사가 있을 것이다. 더욱이 영웅호걸이라고 하는 자들이 기생들을 끼고 놀지 못해서 엉뚱한 데서 죄에 빠지는 일이 많을 것이다."[10]

이러한 허조의 말에 대신들은 이해를 하고 그의 의견을 따랐다. 그래서 창기를 없애려는 계획은 중단을 하고 말았는데 당시 세종도 창기를 없애면 오히려 민가의 부녀자들이 성폭행을 당할 우려가 있다고 하였다.

허조는 정승의 반열에 있으면서 법을 지키는 것이 강직하였다. 누구도 그에게 사사로운 청탁은 하지 못하였다. 그는 기생을 가까이 하는 데는 몸조심을 하였다. 어느 왕조에서나 대신들이 풍류라는 명목을 갖고 기생과 곧잘 어울려 놀았다. 그러한 관습이 있었지만 허조는 따르지 않았던 것이다.

기생이라고 해서 다 창기가 되는 신분은 아니었다. 그중에 몸을 함부로 맡기지 않는 기생도 많았다. 시를 지을 줄 아는 기생들은 오히려 도도하였다. 그들은 명기名妓라는 이름으로 세간에 소문나고 권세 있는 사람들의 입에 오르내렸다. 그렇지만 정욕의 대상인 것만은 매한가지였다.

조선 중종 때 이런 말들이 나돌았다.

영의정 성희안成希顔이 평양기생 신申 아무개라는 여자를 사랑하여 그의 늙은 육신은 생각지 않고 정욕을 강행하다 병을 얻어 죽었다 하는

---

10 공가(公家)는 나라에서 인정하는 기생집 혹은 공창(公娼)을 말한다. 영웅호걸이란 유명인이 더러 주색(酒色)에 빠질 수가 있다는 것에서 나온 말이다.

말과, 반정의 공신 박원종朴元宗과 영의정 김수동金壽童 등이 정욕에 방탕하여 잇따라 죽었다 하는 말들이었다. 성희안에 대해서는 이런 말이 나돌았다. 그가 총애한 기생이 성희안이 죽자 첩의 신분으로 상복을 입었는데 그 기생은 그것이 싫어서 머리를 푼 채 맨발로 도망하다가 붙잡혔다는 것이었다.

그때 사람들은 말하기를 "성 정승은 맑은 지혜로 그 기생의 품성을 알아봤을 것인데 되레 미혹迷惑함을 보여 죽던 날도 그 기생을 아들에게 부탁하였다고 하니 참으로 우둔하였구나." 하였다. 그들 말은 수절과부로 지낼 기생도 아닌 것을 왜 아들한테 어미처럼 잘 모시라는 부탁을 하였는가 하는 것으로 비꼰 말이었다. 이 비꼰 말에는 기생도 창기와 뭐가 다른가 하는 말에서 나왔던 것이다.

당시 조정 대신들은 첩을 두는 일이 많았다. 성희안의 경우를 보듯 그들의 첩은 한때 기생들이었다. 그런데 그들이 일부종사一夫從事라도 하면 창기라는 소릴 듣는 것은 면했다.

조선의 백성을 잡아와도 좋다

조선시대에 압록강 너머 살고 있는 야인들 사이에 조선의 백성을 잡아와도 좋다는 말이 나돌았다. 이 말의 뜻은 그들 조선 백성들은 잡아와도 조선 조정에서는 속수무책으로 있기 때문에 우리 야인들은 아무 탈이 없다 하는 뜻에서 나온 말이었다.

왜 이런 말이 그들 야인의 입에서 나오게 되었는가 하는 것은 조선의 선비들은 화친和親만 중요시하는 습성이 있어서 설사 행패를 부려도 나중에 그들 조선의 선비들 앞에 고분고분한 태도를 보여주면 된다 하는 의미에서 한 말이었다. 이를테면 조선 선비는 악惡을 악惡으로 갚지 아니하고 언제나 악으로 앙갚음하기보다 선善을 앞세워 해결한다 하는 말이었다. 야인이라 하면 옛날 압록강과 두만강 너머 만주지역에 살던 여러 종족들을 칭했다.

그들 야인은 조선 세종조에 함경도와 평안도로 자주 침범해 와 조선 백성들을 살상하고 재물을 빼앗었다. 이 때문에 세종 때 와서는 그들 야인들을 몰아내기 위한 대대적인 진鎭의 설치공사가 시작되었는데 그것이 후일 육진六鎭을 둔 것이었다. 육진은 조선시대 국방상 요지가 되는 여섯 곳, 즉 종성鍾城·온성穩城·회령會寧·경원慶源·경흥慶興·부령富寧에 보루를 쌓아 요새화한 곳을 말한다. 이러한 데서 당시 명신名臣으로 알려진 김종서金宗瑞가 세종 임금께 올린 글에 다음과 같은 내용이 있는 것을 본다. 여기서 조선 선비의 태도가 어떠했는지를 알 수 있는 대목이 있다.

세종 재위 18년 11월에 있었던 글이다.

"생각하옵건대 우리 선비들이 오랑캐들을 다루는 방법에서 '오면 어루만져 주는 것을 하되 쫓아내기만 하는 것으로 원한을 사게 하지 말아야 한다.' 했습니다. 화친을 중하게 여겨 이 같은 방법으로 성공시키면 우리가 편안하게 된다 하고 이런 방법에 실패라도 하면 우리가 위태하게 된다고 말을 했습니다. 신臣도 평소에는 그렇게 말을 해 왔습니다. 그러나 이번에 북방 변경에 가서 그들 되놈들과 섞여 눈으로 직접 보고 귀로 듣고 해 보니 그들 되놈은 천태만상이어서 한 가지 문제 만으로서는 도저히 그들을 다스릴 수가 없었습니다. 은혜를 베풀어 그들의 마음을 기쁘게 할 수도 없었고 엄한 위엄으로써 그들을 두렵게 할 수도 없었습니다. 그래서 만약 원한을 품고 난을 일으킨다면 오로지 처음부터 무섭게 제압하여 감히 난동을 부리지 못하게 하는 것만이 좋다고 생각했습니다. 교만하게 굴며 환란을 자주 보이는 그자들은 단지 경멸하는 그 모양새만으로 악독한 그자들의 행동을 진정시킬 수가 없는 일이었습니다.

무섭게 누르는 것만이 실로 상책이라 여겼습니다. 중국의 우虞나라가 묘족苗族을 치고, 은殷나라가 귀방鬼方을 치고, 주周나라가 동쪽 오랑캐를 응징하고, 한漢나라가 흉노匈奴를 토벌하고, 당唐나라가 돌궐을 정벌하였는데, 명明나라의 황제도 마찬가지로 싸움을 좋아해서 그들을 쳐부수고 한 것이 아니라 부득이 싸움으로 눌렀던 것입니다. 우리 경원(慶源 : 함경도 국경지역의 한 곳)에 있는 도적떼는 우리나라의 고기와 소금을 먹으면서, 또 우리의 무명과 비단을 입으면서 하루아침에 우리의 은혜를 저버리는 일을 예사로 하였고 까닭 없이 침입하여 백성들을 죽이고 가축을 노략질해 가는 행패가 심했습니다. 이제는 도저히 그들에게 화친만으로는 달랠 수 없다는 것입니다. 무력으로 그들을 제압하고 그곳 백성들의 평안을 찾아줘야 한다고 절실히 느꼈습니다. 원하옵건대 오는 8월 9일에 본 함경도의 장병 4천 명을 뽑고 오랑캐 무리들을 징벌했으면 합니다. 이를 결행하려면 그들 중에 수괴 '우랑한'과 '알타리'의 수괴 '우디거'와 사이가 안 좋아 원수가 된 자들을 뽑아 우리의 길잡이를 삼고 우리 군사가 용감하게 그 자들을 공격하면 가히 제압을 할 수 있으리라 판단했습니다. 삼가 청하오니 허락하시옵길 바랍니다."

김종서의 이 같은 청원에 세종 임금은 다음과 같은 말을 하였다.

"이 글의 사연은 지극히 간절하다. 그렇지만 요즘 사정은 환난이 자주 일어나고 흉년이 들어 백성들이 굶주리고 또 북쪽의 민심이 아직껏 수습도 되지 않는 상황이라 어쩔 수 없이 그들 야인을 달래는데 중점을 둬야 한다. 지난 계축년에 '파저강' 정벌 때만 해도 그들 야인의 소굴에서 우리 변경까지 사는 백성이라고는 볼 수 없었다. 그 빈 지대를 두고 굳이 싸움하러 나갈 이유가 없다고 본다. 우리가 불의에 나가 그들을 쳐서 지난날 그들로부터 입은 수치스러움은 갚을 수 있다. 하지만 우리 땅에서 그들 소굴까지 7~8일이나 걸리는 거리라서 그들에게는 또 여러 종족이 서로 연이어 살고 있고 하여 많은 군사를 보내야 하는데 만약 많은 군사들을 동원하면 저들이 먼저 대비하여 산림 속으로 숨어 들어가 은신해서 대항하면 싸우기 어렵게 될 것이다. 그러니 어찌 우리가 이긴다고 장담할 수 있겠는가."하였다.

이에 대해서 김종서는 다시 세종 임금께 글을 올리기를,

"함경도절제사 이징옥李澄玉은 이런 말을 했습니다. '범찰(凡察 : 야인의 한 우두머리)의 간교한 침범 계획이 하루 사이에 이뤄진 것이 아니어서 그들 도적은 끝까지 환난을 보여주는 것으로 이들의 이런 근성을 저는 본시부터 알고 있었는데, 그랬는데도 저는 일찍감치 그들을 제거하지 아니한 게 실로 한이 되었습니다. 전날 그들의 꼬투리를 잡아 막상 죽이려 하였지만 심도원沈道源, 정흠지鄭欽之 등의 조정 신하가 말려서 죽이지 못했습니다. 그때 행하지 않았음은 지금 참으로 후회막심합니다.' 하였습니다. 그의 말이 야인에게는 박절하게만 보였으나 부득이 한 말이었음을 신은 알았습니다."

조선의 변경을 유린하는 야인들에 대해 김종서는 무엇보다도 공격으로 제압할 것을 주장했다. 야인에게 사정을 봐준들 계속 은혜도 모르는 그들이기 때문에 오히려 철저히 쳐서 없애야 한다고 청원했던 것인

야연사준도(夜宴射樽圖) : 조선 세종 때, 김종서가 북방 여진족을 물리치고 6진을 개척하여 국경을 넓히고 도순문찰리사로 있을 때의 일화를 그린 그림으로, 17~18세기에 만들어진 역사화첩인 북관유적도첩(北關遺蹟圖帖)에 수록되어 있다.

데 이에 대해서 세종임금은 다시 유화적인 말로 그들 야인 제압은 아무래도 쉬운 노릇이 아니라, "성벽을 튼튼히 하고 굳게 지켜 그들의 동정을 엿보다가 사건이 생기면 공격할 것을 바란다. 단지 가벼이 움직이지 말아야 한다." 하였다.

세종 임금은 이렇듯 야인정벌에 계속 유화와 신중함을 보였다. 심지어 이런 고사故事도 언급하였다.

"예부터 장수는 오로지 위엄과 무용만을 행동하지 않았다. 반드시 문文의 덕德을 보이는 것도 본분으로 삼았다. 문이 아니면 백성들이 따르지 않고, 무가 아니면 적을 제압하지 못한다는 것을 알기 때문이었다."

김종서가 4개의 진을 설치하였을 때 조정 대신들 사이에는 말이 많았다. 그것은 한도가 있는 사람의 힘으로 역사役事를 무리하게 시작하려는데 있었다. 심지어 그의 죄를 물어 죽여야 한다는 말도 나왔었다. 그런 말에는 세종임금은, "김종서가 없었다면 이런 큰일을 족히 벌릴 수 없을 것이다. 비록 그가 있으나 내가 없었다면 이런 대역사를 주장도 못했을 것이다." 하고 6진 개척의 역사를 벌리는 일에 반대하는 신하들의 분분한 의견도 물리쳤다.

세종은 4개의 진이 먼저 설치되었을 때 남도 땅의 백성들을 이주시켜 진에 살게 하였다.

6진 개척은 변방에 백성들이 살지 않아 우리 땅에 야인들이 무단 점거해 사는 것을 막기 위해서 설치한 것이었다. 진에는 성곽을 쌓아 백성들이 그 성안에서 안전하게 살게끔 한 조치였다. 그러니까 6진 개척은 바로 야인들이 조선의 백성들을 쉽게 잡아가지 못하게 한 방책이었던 것이다.

되놈은 호인胡人을 두고 말했다. 호인은 당시 만주지역의 여러 종족을 통틀어서 칭한 것이었다. 되놈은 그 말을 비하하는 데서 나왔었다.

파저강은 압록강의 지류가 되는 강으로 만주 쪽으로 나 있는 작은 강이었다. 그 강은 남으로 흘러 압록강에 합류한 것으로 옛날 고구려 사람들이 이 강의 유역에 틀을 잡아 살았고 그들에게는 비류수沸流水라 불렸다.

조선 문종은 금욕정신이 강하다

　조선의 다섯 번째 임금 문종文宗은 재위가 3년에 불과하다. 그 아버지에 그 아들이란 말이 있듯 문종도 아버지인 세종대왕의 세자 때 아버지 못지않게 학문에 심취하였고 따라서 글을 잘하였다.
　문종은 세자시절 매양 달 밝은 밤에 인적이 고요하면 손에 책 한 권을 들고 집현전의 숙직실로 찾아가 집현전 학사들과 토론을 하였다. 집현전은 당시 학문을 연구하는 기관으로 이곳에 몸담고 있는 학사들은 대개가 학문에 뛰어났었다. 사육신의 한사람으로 잘 알려진 성삼문成三問도 이때 집현전의 학사로 몸담고 있었다. 성삼문은 세자 문종을 만나는 일이 많았으며 숙직을 할 때면 세자가 불쑥 나타나고 하여 의관衣冠을 맘 놓고 벗어 둘 수 없기도 하였다.
　어느 날인가 성삼문은 거의 한밤중이 되어도 세자의 행차가 없자 맘 놓고 의관을 풀어서 누워 있었는데, 얼마 안가서 문밖에서 누가 부르는 소리가 들리기에 얼른 일어나 문을 열어보니 바로 세자가 문밖에 서 있는 것이었다.

문종이 세자시절 그만큼 학문을 연구하는 학사들을 시도 때도 없이 찾아 함께 토론하고 연구하는 것을 보였다.

세종대왕도 그러하였지만 문종도 아버지의 말에는 잘 따랐고 효심이 깊었다. 세자의 신분에서 임시로 왕 대행을 할 때 아무리 정사政事가 바빠도 병약해져 있는 부왕父王의 약을 먼저 돌보고 수라상을 보살핀 후 정사에 임하였다. 그뿐만 아니라 밤중이 되어도 부왕 곁에서 병간호하는 일이 있었는데 물러가라는 말이 있기 전에는 나가는 일이 없었다.

문종의 효심에 대한 이런 고사故事가 있었다.

세종대왕이 앵두를 좋아했다. 이것을 아는 세자 문종은 후원에 손수 앵두나무를 심어 앵두가 열면 따다가 바쳤다. 여기에 세종대왕은 말하기를, "다른 곳에서 가져온 앵두가 우리 세자가 심어서 따온 앵두처럼 맛이 같을 수가 있겠는가." 하였던 것이다.

문종은 세자 때 궁궐 밖으로 나가는 일이 별로 없었다. 세종대왕은 이런 말을 하였다.

"세자가 늘 궁중에만 있고 한 번도 밖에 나가지 않으니 건강을 해칠까 염려된다. 요사이 내가 그를 조회에 참여하도록 하였으나 그간 내가 때때로 대궐 밖 교외로 갈 적에는 세자를 데리고 가지는 않았다. 그 이유는 쓸데없는 구경거리를 세자에게 보이게 될까 염려스러워 그랬던 것이다."

이 말은 과거 양녕대군이 궁궐 밖 출타가 잦았던 데서 결과적으로 좋지 못한 행실을 보여 조정 신하들의 입에 많이 오르내리게 한 것을 두고 한 말이었다.

세종대왕은 몸에 종기가 돋는 심한 질환으로 몇 년 동안 정사를 제대로 돌보지 못하였다. 그럴 때 성장한 세자더러 대신해 신하들의 품신 같은 것을 재가裁可토록 했다. 그러나 문종은 스스로 재가는 삼갔다. 언제나 신하들이 부왕에게 직접 아뢰어서 재가를 받도록 하였다.

문종은 세자로서 부왕 대신에 정사를 살펴왔는데 그것이 6년간이나 지속되었다. 세종대왕이 승하 시 문종은 부왕의 관棺 앞에서 왕위에 올랐다. 여기서 문종은 이를데 없이 슬픔의 눈물을 흘렸다. 그 눈물이 적삼소매를 적시었다. 여막廬幕에 거처하면서 물과 미음도 입에 대지 않았다. 이로 인하여 방금 등창을 앓고 난 뒤라서 건강을 몹시 상했다. 그런데도 3년상을 치루는 예절은 소홀히 하지 않았고 건강이 좋지 않아도 정사에 임하는 일은 매우 부지런하였다. 문종의 건강상태를 보고 대신들이 걱정이 되어 하루 건너 정사를 보고 정사를 안보는 하루는 좀 즐기는 생활을 하기를 간하였다. 대신들이 간하는 즐기는 생활이란 풍류를 즐기는 향락을 말하였다. 이에 문종은 "임금이 향락을 탐낸다면 비록 내가 천년을 살아도 보람은 없다 할 것이고 그런 것을 모르는 데서 비록 1년을 살아도 보람이 있는 것으로 나에게는 그것이 정녕 족한 것이다." 하였다.

문종은 일찍이 이런 말을 하였다.

"정욕과 식욕은 남녀 간에 가장 간절한 것이다. 부귀한 집의 자제들은 더욱 이런 욕심에 몸을 망치는 자가 많다. 내가 매양 여러 아우를 보고 훈계하고 타일렀는데 내 말을 따르는지 안 따르는지 모르겠다."

문종은 상당히 금욕적인 면이 많았다. 여기에는 문종이 도덕적인 것을 강조하는 성리학性理學에 통달하여 있었기 때문이었다. 성리학은 인간의 성품과 자연의 이치를 알고 여기에서 도덕적인 면을 알게 하는 학문인 것이다.

영웅호걸은 주색酒色을 좋아한다 하는 말이 있다. 반면에 성인군자聖人君子는 술과 색을 멀리한다 하였다. 주색은 바로 술과 색이다. 색은 현대 용어로 섹스sex이다. 정욕은 섹스에 대한 욕망인 것이다.

한 나라의 군왕이 정욕에 불탄다면 얼마든지 여자를 곁에 둘 수 있다. 그러나 성인이나 성군에게는 정욕을 탐하는 것은 곧 인간의 도리가 아니라고 생각하고 있었다. 인간은 절제라는 것을 아는 것이기 때문에 자기 욕망대로 한다면 그것은 금수禽獸의 행위와 다름없다고 하는 것이다.

자제라는 것은 세상만사에 관한 교육을 받은 데서 오는 스스로의 절제를 뜻한 것이다.

조선의 문종은 많은 책을 읽었다. 선대에서 남겨 놓은 많은 경험의 글을 읽었던 것이다. 세종대왕도 마찬가지로 그러하였기 때문에 인간의 도리가 무엇이며 백성들을 다스리는데 어떻게 하여야 바른 다스림을 보일 수가 있는지를 잘 알았다. 그런 것을 잘 아는 데서 오는 실천을 하여 성군의 모습을 보였던 것이다.

영웅호걸은 성인聖人이거나 군자君子라는 뜻의 말은 아니다. 단지 그들은 자신에게 어떤 지략과 용맹이 뛰어났다는 데서 듣는 것이다. 그러나 못 배워 무식한 사람도 어떤 지략과 용맹이라도 보이면 영웅호걸이란 소릴 듣는다. 그들은 못 배운데서 주색에 빠지는 것은 예사로울 수 있고 그래서 주색을 좋아한다는 말을 듣기도 하는 것이다. 조선의 문종은 실로 금욕정신이 강한 군왕이었다.

죄의 연좌는 부당하다.

고려나 조선의 왕조시대에서는 조상이 어떤 죄를 지었으면 자손들에게 영향을 미치는 바가 많았다. 영향을 미친다는 것은 벼슬자리에 오르거나 설사 벼슬자리에 올랐다 하더라도 승진이 잘 안되고 하는 일이었다.

옛 왕조시대에서는 벼슬자리가 중요하였다. 관직에 오르고 하여야만 사족士族으로서 양반 대우를 받았다. 지방에서 재력이 있고 토호족으로서 세력을 형성하고 있어도 그들 자손들이 중앙에 나가 벼슬 하나 갖고 있지 못하면 양반 소리는 물론 제대로 기를 펴고 살 수 없었다. 이속吏屬으로 지방의 향직鄕職이라도 갖고 있어야 최소한 중인中人의 대접은 받았다. 중인이라 하면 향리에서 상놈의 소리는 안 듣고 천한 일에도 종사하지 않는 신분인 것이다.

조선에서는 신분제도가 엄했다. 양반이라도 죄를 지어 죄인이 되면 신분이 격하되어 노비로 전락하였다. 양반의 신분으로 나라의 고관대작

자리에 있었어도 큰 죄를 짓게 되면 중죄인으로 가족들마저 연좌되어 노비신분의 천인이 되는 경우가 있었다.

이런 제도를 어떻게 보면 무거운 벌칙으로 나라의 기강을 무섭게 잡는 것과 법의 냉혹함을 보여 죄인의 증가를 막는 것이 되기도 하였다.

삼족三族을 멸滅한다는 말이 있었다. 이 역시 중벌의 하나였다. 부모와 형제 그리고 처자를 일반적으로 삼족이라 하는데 국가에 대한 역모라도 있었거나 나라에 대한 어떤 변란이라도 가져오게 하였거나 하면 주로 연좌로 징벌하는 최고의 형벌이었다.

조선시대의 임금 세조가 자신의 신변호위에 종사하였던 한종손韓終孫이라는 신하를 지병조사知兵曹事의 벼슬자리에 올렸는데 이에 대해서 조정 대신들이 상소로 반대하며 말이 많았다. 지금도 세인에게 잘 알려진 신숙주申叔舟, 정창손鄭昌孫 등도 상소에 가담하여 한종손을 당상관堂上官의 벼슬자리에 제수한다는 것은 부당하다고 말을 하였다.[11]

부당하다는 말은 한종손의 외조부가 과거 장리贓吏였다는 이유를 갖고 말한 것이었다. 장리는 오늘날로 말하면 부정축재를 하여 죄를 받았던 관리라는 뜻이다.

이에 세조는 "한종손은 내가 필요해서 발탁한 것이다. 옛사람이 이르기를 현인賢人을 쓰는데 누구 때문이라는 이유 같은 것에 구애받아서는 안 된다고 하였다."고 하며 되레 반대하는 신하들을 질책하였다. 그

---

11 당상관(堂上官)은 정3품 이상의 품계가 되는 벼슬을 말함. 지병조사는 군사 일을 맡은 당상관의 벼슬이었다.

래도 대신들의 상소가 계속되자 세조는 다음과 같은 내용으로 직접 글을 써서 명을 내렸다.

"장리의 자손이라고 하여 조정 대신으로 못 들어간다는 말은 무슨 소린가? 나는 알기로 얼룩소의 새끼도 필요하면 산천山川 제사에 쓴다고 하였다. 그를 기용하는데 어찌 나라 일에 방해가 된다는 것인가? 만약에 그런 법이 없으면 지금부터라도 법을 만들어 그들 자손들도 상관없이 벼슬자리에 오르게 하면 되지 않는가?"

세조의 이 말은 선조 대에서 어떤 죄가 있었다고 해서 후대의 자손들이 벼슬자리에 오르지 못하는 연좌連坐 같은 법은 없애야 한다는 취지의 말이었다.

세조가 기용한 한종손은 세조 즉위 전에 무과武科에 급제한 사람이다. 그는 세조임금을 도운 공신이기도 하였다. 병법兵法에 능하고 무예가 뛰어나 세조가 즉위 이전부터 눈여겨봐 두었던 것으로 세조 즉위 4년에 한종손에게 좌익공신佐翼功臣으로 교서를 내린 적이 있었다.

"경卿은 재상 가문의 후예요, 판단력이 있는 재목으로서 일찍이 활 쏘는 것과 말 타는 재주를 익혀 무과에 뽑혔고 지략과 기예가 뛰어나며 일찍이 병서兵書를 익혀 진陣을 치는 것과 병사들의 대열 짜는 것을 마치 손바닥을 들여다보듯 잘 알고 하여 호군護軍들이 탄복하고 경의 재주를 배웠다. 나도 또한 경을 훌륭한 그릇으로 여겼다. 내가 정사政事를 보필하던 초기(단종임금 재위 때 세조가 수양대군으로서 영의정 자리에 있었던 것을 말함) 나라에는 사고가 많았는데 경이 나에게 충성을 보여 내 몸 좌우에서 육신을 돌보지 않고 나를 잘 지켜 주었다. 흉악한 무리들이 있어 능히 그들을 쳐부수고 나의 대업大業에 큰 도움을 주었다. 그래서 어찌 경에게 치하를 하지 않을 수 있으랴. 이에 좌익삼등공신으로 삼고 부모와 처에게 봉작封爵을 내리며 잘못이 있어도 영원히 면책하게 할 것이다."

좌익공신은 세조를 왕위에 오르게 한 공신들 명칭이다. 이 공신록에는 잘 알려진 한명회韓明澮, 정인지鄭麟趾, 정창손鄭昌孫, 홍윤성洪允成 등도 들어 있다.

정창손은 세조의 명령에도 듣지 않고 계속 이유를 내세워 한종손의 직위를 올리는 것에 반대하였다. 앞서 재위한 태종임금이나 세종임금 같으면 조정 신하들이 계속 상소를 하고 간언을 하면 그들의 반대의견에 동의를 하여 주었을 것이지만, 세조는 그들의 그런 상소라도 자신의 소신에서 이해가 안 가는데 대해서는 절대로 소신을 접지 않았다.

세조에게는 법이 상식적으로 납득이 안 간다 하는 것에는 뜯어고쳐서라도 납득이 가는 선에서 법이 만들어지고 운용되어야 한다는 신념도 갖고 있었다. 그리고 중죄인이 아닌 이상 정상참작을 곧잘 하였다. 웬만한 죄는 눈감아 주고 모른채 넘겨버리기도 하였다.

이조판서吏曹判書 정창손鄭昌孫이, "세종조에는 자그마한 과오만 있어도 육조六曹에 들어가는 벼슬은 허용하지 않았습니다. 그 죄인의 후손들을 동반직東班職에도 채용하지 않았습니다." 하는 말을 하였을 때 세조는 그런 법 제도는 옳지 못하다고 하며 되레 법 개정을 지시하기도 하였다.

동반직은 문과文科 벼슬을 칭한 것이다. 옛 왕조에서는 무관武官 벼슬의 자리인 서반직西班職이 동반직보다 대우가 낮았다. 동반서반東班西班을 합해 바로 양반兩班이라 불렀던 것이다.

세조는 선대先代의 죄를 자손들에게 연좌시키는 불이익 같은 것은 단호히 막았다. 앞서 태종임금도 선대의 죄를 자식들에게 연좌시키는 것을 옳지 않다는 말을 한 적이 있었다.

"평민의 딸도 시집을 가면 친정가족에 연좌되지 않는데 하물며 심씨沈氏는 이미 왕비가 되었는데 어찌 감히 아버지가 죄인이라 하여 왕비를 폐출한단 말인가? 경들은 옳지 못한 소릴 한 것이다." 하였다. 이 말은 세종의 비 심씨의 친정아버지 심온沈溫이 태조에 대한 불경죄를 지었다고 하여 사약을 받았는데 그의 딸 심씨가 폐출되어야 한다는 조정 대신들의 진언이 있어서 나온 말이었다.

조선 성종임금은 두주불사하다

조선의 현군賢君이라 하면 세종과 성종을 주로 손꼽는다. 현군으로 손꼽히는 두 임금은 똑같이 어릴 적부터 학문을 좋아했고 또 학문에 뛰어난 지식을 갖추고 있었다. 그리고 치세治世 중에 학문의 진흥振興에 기여했고 훌륭한 학자들을 많이 배출했다. 이에 따라 여기서 많은 책이 나오고 하였다.

세종 때는 임금 자신이 지은 《월인천강지곡》이 있었고, 권제權踶의 《용비어천가》, 정초鄭招와 변계문卞季文의 《농사직설農事直說》, 정인지鄭麟趾의 《고려사》 등 유명 저서들이 선을 보였다.

성종 때는 《동국통감東國通鑑》, 《동국여지승람》, 《동문선》 등의 책이 나왔다.

두 임금은 역시 똑같이 애주가였다. 술을 좋아한 것이다. 그중에 성종은 말술을 마신다는 말이 있었다. 두주불사斗酒不辭였다는 것이다.

세종은 술을 좋아하였지만 과음은 하지 않았다. 반대로 성종은 과음하기를 곧잘 하면서 거기다가 독한 술을 즐겨 마셨다.

성종에게는 이런 일화가 있었다.

하루는 늙은 내시가 술 드시는 성종이 혹시 몸이라도 상할까 염려하여 마시는 술에 몰래 맹물을 희석시켰는데 그 술을 마신 성종은 왜 이리 술이 싱겁느냐 하고 물었다. 내시는 사실대로 대답을 하였는데, 성종은 야단하며 당장 내시를 밖으로 내쫓아버렸고 새로 술을 가져오라 하였다.

성종은 거나하게 취하는 일이 많았는데 마시는 잔은 옥잔이었다. 이 잔은 성종 자신만이 입에 대는 술잔인데, 어느 날 종친 한 사람이 와서 술을 같이 마시었다. 여기서 자신의 잔에다 술을 부어 그 종친에게 권하며 특별히 은혜를 베풀었다. 다음번에도 이 종친에게 자기 전용의 술잔을 내밀었다.

그런데 종친은 받아 마신 뒤 춤출 때 그 잔을 옷소매에 숨겼다가 일부러 엎어지며 잔을 깨뜨렸다. 이 행동은 성종의 술 과음을 막으려는데 목적을 둔 것이었다. 그러나 성종은 담담하기만 하였고 계속 다른 잔을 가져오게 하여 주거니 받거니 하며 계속 술을 마셨다.

성종은 과음으로 인해 가끔 목에서 피를 토하는 일도 있었다. 성종은 또 놀이를 좋아하였다. 노는 데는 의당 술이 따른다. 술을 마셔야 흥을 내고 춤을 춘다. 성종은 그런 놀이에 잘 빠져 들었다. 이 같은 유희遊戲가 성종에게 심해지자 조정 신하들은 참다못하여 소訴를 올려 자제하기를 간諫하였는데 듣지를 않았다. 사실 성종은 풍류風流를 즐기는 기질이 다분했던 것이다.

당시 성종 못지않게 두주불사의 신하가 한 사람 있었다. 손순효孫舜孝라는 신하였는데 그의 과음에 성종은 되레 과음을 경계하는 명을 내렸다.

"경은 이제부터 석 잔 이상은 마시지 말라." 하였다. 이에 손순효는 명을 따를 것을 약속했다.

어느 날 승문원承文院에서 중국 명나라로 보낼 문서를 올렸는데 성종은 그 내용을 보고 못마땅해 하였다.[12]

성종은 대제학大提學을 불러 손순효를 찾아오게 하였다.[13] 이유는 손순효가 당시 문장에 뛰어나서 그로 하여금 새로 문서작성을 하도록 하기 위해서였다.

대제학이 손순효를 찾아왔는데 그는 술이 거나하게 취해 있었다. 성종은 물었다.

"경은 내 말을 잊었는가? 도대체 몇 잔을 마셨기에 그 모습인가?"

손순효가 대답하기를,

"어명대로 석 잔만 마셨습니다."

성종은 다시 묻기를,

"어떤 잔에다 따라 마셨는가?" 하니 손순효는 서슴지 않고 대답하기를,

---

12 승문원(承文院)은 외교문서를 작성하는 관청.
13 대제학(大提學)은 학문에 뛰어난 관리를 두는 홍문관(弘文館)의 수장 벼슬.

"밥주발로 석 잔을 마셨습니다." 하였다.

밥주발이라면 밥그릇이다. 일반 술잔보다 몇 잔이나 더 들어간다. 그런 그릇으로 세 그릇이나 마셨으니까 안취할 수 없다는 것을 성종은 잘 알았다.

손순효는 오늘 술을 마신 연유를 성종한테 설명하였다. 그 설명에는 출가한 딸이 있었는데 오랫동안 못 보다가 오늘 그 집 앞을 지나다가 들렀더니 술상을 내와서 권하기에 마셨던 것이라 하고, 마시는데 기왕이면 어명을 지키는 방법으로 꼭 석 잔만 마시는 것으로 하여 큰 사발을 택했다고 하였다.

이 말에 성종은 같은 주당酒黨의 입장에서 이해하고 웃었다. 손순효는 술이 거나하게 취해 있었지만 외교문서 작성은 아주 잘 써서 성종께 보였다. 이에 성종은 취한 그에게 또 술을 내렸다. 그날 그는 대취해서 돌아간 것이다.

성종은 측근 신하들에게 잔치를 열어주는 일이 많았다. 대궐 안에서나 대궐 밖에서나 잔치를 열어주며 함께 풍류를 즐겼다. 술 마시고 노래하고 춤추는 것으로만 즐기는 것이 아니라 시를 지어 읊조리게 하는 놀이도 보였다.

성종은 잔치를 열어주고 나서 신하들이 취하지 않으면 술상을 치우지 못하게 하였다. 이러하여서 측근 신하들은 모두 취하여 쓰러지는 일이 많았다. 측근 신하들이라 하면 대개 왕명을 전달하고 그 이행 여부를 왕에게 보고하는 벼슬아치들이며 항시 왕 가까이에서 일을 보는 신하들이었다.

성종은 이런 일화를 남기기도 했다. 이 일화는 신하들에게 장난기 같은 모습을 보인 이야기였다.

성종은 술에 만취하여 쓰러져 정신을 못 차리는 그들의 은대銀帶를 끄르게 하였다. 대신에 금대金帶로 바꿔 두르게 하고 취한 그들을 대궐 밖으로 부축해 집에 가게 하였다. 다음날 일찍이 그들을 궁궐에 들어오게 했다. 그런 신하들은 숙취가 아직 남아 있는 상태였다. 그들은 자기네들이 두른 띠가 은띠인지 금띠인지 모르고 관복을 그대로 걸치고 대궐로 들어온 것으로 조정 대신들이 그들을 보고 놀랐다. 놀란 이유는 은대와 금대는 벼슬의 품계에서 차이를 두고 두르는 띠인데 아래 벼슬의 사람이 금띠를 둘렀기 때문이었다.

여기에서 간관諫官들은 뭔가 잘못되었다고 벌주기를 왕께 청하기도 하였는데, 그러나 성종은 웃으며 "이미 황금 띠를 둘렀는데 그대로 승진시키는 게 좋겠다." 하고 그들을 한 등급 벼슬을 올려 준 일도 있었다.

성종은 술을 좋아하는 데서 술에 얽힌 일화가 많았다.

태어난 지 8개월 만에 글자를 알다

조선 13대 명종(1545~1567) 때 어숙권魚叔權이 지은 《패관잡기稗官雜記》에 "김시습金時習은 유자한柳自漢에게 수백 통 편지를 보냈는데 그 내용을 대략 적어보면 '나는 태어난 지 8개월 만에 글자를 알았다. 그리고 친척 할아버지 되시는 최치운崔致雲께서 내 이름을 시습時習이라고 지어주셨다. 세 살 때에는 능히 글을 지었는데 거기에 '복숭아꽃은 붉고 버들잎은 푸르러 3월이 저물었는데, 구슬이 바늘에 꿰인 것은 솔잎의 이슬이었네'라고 시를 지었다. 다섯 살 때는 중용中庸과 대학大學을 수찬(修撰 : 조선시대 홍문관의 정6품 벼슬) 이계전李季甸의 문하에서 책을 읽었는데 그때 사예(四藝 : 조선시대 성균관의 정4품 벼슬) 조수趙須가 글을 지어 달라고 하여 지어준 일도 있었다. 정승 허조(許稠)가 나의 집에 와서 말하기를, '나는 늙었으니 노자老子를 운(韻)으로 하여 시를 지어라' 하므로 나는 그 말에, '늙은 나무가 꽃이 피었으니, 마음은 안 늙었네'라고 지었더니 허 정승이 무릎을 탁 치며 감탄하고, '이 애는 신동이다.' 하였다.

세종임금께서 이 이야기를 들으시고 대언(代言 : 승정원의 정3품 벼슬)을 불러 지신사(知申事 : 승정원의 정3품 벼슬) 박이창朴以昌에게 시험을 보라고 명하니 박이창은 자기 무릎에 앉히고 벽화와 산수도를 가리키면서, '네가 저 벽화를 두고 시를 지을 수 있겠느냐.' 하기로 내가 응하기를 '작은 정자에 배가 매여 있는 집은 뉘가 사는가.' 하였다. 세종임금께서 명을 내리시기를, '내가 친히 데려다 보고자 하나 사람들이 이 일을 알고 해괴하게 여길까 두려워한다. 그러니 몰래 키워 갖고 나이가 들고 학업이 성취되었을 때를 기다려 장차 크게 쓰겠노라.' 하시며 물건을 내주시고 집에 돌아가게 하셨다. 열세 살에 와서는 대사성(大司成 : 조선시대 성균관의 정3품 벼슬) 김반(金泮)의 문하에 가서 《논어論語》, 《맹자孟子》, 《시전詩傳》, 《서전書傳》 그리고 《춘추春秋》를 읽었다. 또 대사성 윤상尹祥에게 가서 《주역周易》과 《예기禮記》, 그리고 여러 역사책을 읽었다. 좀 장성해서는 지체가 높고 귀한 몸이 되는 것을 기뻐하지 아니하고 또 친척과 이웃에서 넘치게 칭찬하는 것을 싫어하였다. 그러다가 세상과 내 마음이 같지 않아서 고민하였는데, 마침 세종임금과 문종임금이 연이어 돌아가시고 세종조의 원로대신들과 유명인들도 모두 귀신의 명부에 오르고 하는데서 불교가 크게 일어나 유교를 능멸하고 하여 내 포부는 지쳐가고 거칠어져 버렸다. 그래서 중과 짝을 짓고 산수山水를 찾아 놀았으니 세상 사람들이 나를 보고 불교를 좋아한다고 하였다. 그러나 나는 이교자異教者로서 세상에 나타나지 않고자 하였다. 세조께서는 여러 차례 나를 불렀는데 그래도 나는 나가지 않고 몸가짐을 더욱 거칠게 보이며 방탕하였다. 이로부터 사람 축에도 들지 못하고 사람들은 나를 보고 어리석다 하고 혹은 나를 미치광이로 보며 말과 소같이 대하였다. 그러나 나는 그대로 그런 것을 받아주었다. 이제 현명한 임금이 등극하셔서 어진 사람을 선별하고 충심으로 간諫하는 말을 들어주시고 해서 벼슬길에 나갈까도 생각해 보았다. 그러나 나 자신을 말하면 10여 년 전후에 여섯 가지의 경서經書를 익히고 연구하여 전문인이 되었으므로 또 여러 번 나와 세상과는 서로 어긋나기도 해서 마치 도끼의 둥근 구멍에 모난 자루를 박으려 하는 것과 같아 그만두었다. 옛 친구는 모두 죽고 새 사람은 낯이 익지 않으니 벼슬에 나간들 누가 내 본뜻을 알아주겠는가. 그러므로 다시 산수간山水間에 들어가 방탕생활을 하였노라.' 하였는데 모두가 사실이었다."

　　김시습의 호는 매월당梅月堂이다. 동봉東峯이란 호도 가졌는데 이 외에 청한자淸寒子, 벽산碧山, 수춘壽春이란 호를 가지기도 하였다.

　　조선 4대 세종 때부터 9대 성종 때까지 살았다. 그는 다섯 살에 중용中庸과 대학大學에 통달하여 신동神童이란 말을 들었다. 이것이 세종임금께 알려져 잘 키우라는 지시를 받았다. 그의 나이 21세 때 수양대군首陽大君이 어린 단종을 폐위시키고 왕위에 오르자 문을 닫고 3일이나 통곡하였고, 이후 책을 불사르고 중이 되어 설잠雪岑이란 승명으로 살았다.

　　김시습은 머리를 깎고 승려가 되었어도 승려와 같지 않았다는 말이 있었다. 단지 스님들과 함께 절에서 생활을 하였다는 것뿐이지 그들처럼 실제 목탁을 두드리고 염불을 외고 중생구제에 몰두하는 스님들이 곧잘 보이는 과정을 밟지 않았다는 데서 나온 말이었다.

그에 대해서 이런저런 기록들을 옛 자료에서 많이 본다.

그중에 "시중의 정신병자들과 같이 재미있게 놀고, 때로는 술에 취하여 길가에서 거꾸러져 있는가 하면 늘 헛웃음을 웃고 하였다."

"그는 항상 시를 읊조리며 방탕하게 놀고 세상을 희롱하였다. 세상을 도피하여 불문佛門에 들어가서도 불가佛家의 계율을 지키지 않았다. 그를 두고 세상 사람들은 미친 중으로 보았다."

"세조가 내전에서 법회를 열 때 그도 천거되었는데 참여를 해 놓고서는 새벽이 되자 어디로 도망갔는지 찾고 보니 길거리에 있는 똥통에 빠져 있더라."

김시습은 실로 스님들처럼 고고한 모습은 찾아 볼수 없었다. 기이한 행동만 늘 보였는데 한동안 환속하여 머리를 기르고 명가의 딸을 맞아들여 아내를 삼고 살았다. 그때 나이는 47세였다.

김시습을 일반 역사책에서는 남효온南孝溫, 원호元昊 등과 같이 생육신으로 불렸다. 세조의 왕위 탈취에 분개하여 벼슬을 하지 않고 살아생전 단종을 기리는 신하로서만 있었다. 그래서 생육신으로 불려졌던 것이다.

그는 하루에 백여 수의 시를 지어 물에 흘러 보냈다는 일화도 있다. 천재 시인으로 후세에 알려졌던 것인데 강원도 설악산의 내설악 지역에 있는 봉정암 경내 오세암五歲庵이 그를 기려서 이름을 붙였다는 말도 있다.

거제도 섬이 육지로 옮겨가다

거창군 관내에 아주촌鵝洲村이라는 고적지가 있다. 그 고적지에 관한 설명은 조선 중종때 발간된《신증동국여지승람》에서 본다.

《신증동국여지승람》은 군郡·현縣·역원驛院·고적古跡 등 전국을 망라해서 집대성한 일종의 지리서地理書인 것으로, 여기에 거창지역편을 보면 고적지 항목에 아주촌이라는 기사가 있는 것을 보게 된다.

아주촌의 고적지 소재는 현 거창군의 가조면 지역을 말한다. 이 고적지 설명에는 아주촌은 거제도의 아주현鵝州縣이 옮겨와 정착하였다는 것이다.

현이 어떻게 이곳에 옮겨와 정착하였다는 말인가 하는 의문을 갖게 되는데, 당시 거제도의 아주현 백성들과 관아가 실토失土를 하여 옮겨왔다는 설명이 있는 것이다.

실토는 누구에 의해 땅을 빼앗겼다는 말로 당시 거제도는 왜구의 침략이 잦았고 고려의 삼별초난 때는 전라도의 진도처럼 그들 삼별초군에 의해 점령당하여 관아가 없어지기도 한 곳이었다.

《신증동국여지승람》의 〈거제도〉편에 다음과 같은 내용이 있는 것을 본다.

"거제는 바다 가운데 있는 섬이다. 신라 문무왕이 처음 상군裳郡이란 이름의 고을을 두었는데 경덕왕 때 와서는 고을 이름을 바꾸었다. 고려 현종은 그 고을에 현령縣令 벼슬이 다스리게 하였고, 원종 12년에 와서는 왜구 침입 때문에 땅을 잃고 거창현의 속현인 가조현加祚縣에 백성들을 거주케 하였다.

충렬왕조에 와서 관할 거창과 병합하였다가 곧 없애버렸다. 조선의 태종 14년에는 거창과 거제를 병합하여 제창현濟昌縣이라 불렀다. 얼마 뒤 또 그 명칭을 없애고 세종 14년에 옛 섬으로 환원시켰다."

이 내용에서 지금의 거창 지명이 한때 거제와 합쳐진 지명이 있었던 것을 보게 된다.

현縣이라 하면 행정단위로 군郡보다 낮은 것이다. 그리고 다스리는 벼슬아치는 현감縣監이고 군은 현감보다 벼슬 품계가 높은 군수郡守가 다스린다.

《신증동국여지승람》의 거창군에 관한 지명 내력을 설명한 것을 보면 신라 때 거열居烈, 일명 거타居陁라 하였으며, 고려 때는 협주陜州라 하였는데, 조선에 와서는 태조 때 거제현과 합쳐진 이름으로 제창濟昌이라 하였다는 내용이 있다.

고적지 아주촌은 거제도의 아주현이 거창으로 옮겨 와서 집촌을 이루었다는 곳의 흔적이다. 당시 거제도에는 다른 두 현이 있었다. 송변현松邊縣과 명진현溟珍縣이 그것이다. 그중에서 송변현도 거창으로 옮겨 온 것이다.

섬지역의 거제도 백성들이나 관아가 외침에서 실토를 한 데서 하필이면 내륙지역의 가까운 곳에 옮겨가지 않고 왜 거창까지 왔는가 하는 의문을 갖는다. 이에 대해서는 삼국시대 이후 왜적의 침입을 보면 내륙은 덜 침범을 받았고 하여 내륙지방인 거창으로 짐짓 옮겨 간게 아닌가 한다.

거제도에서 폐현廢縣이 된 또 하나의 현이 있는데 그 현은 명진현溟珍縣으로 명진현은 진주쪽으로 옮겨갔다.

거창이 신라 때 지명으로 거타居陁라고도 하였는데 이 지명의 한문 글자를 풀이해 보면 '섬이 거주한다'는 것으로 마치 거창으로 옮겨가는 것을 예언한 한 게 아닌가 하는 말도 있었다.

타陁의 한자는 바다 가운데 있는 섬이란 뜻을 가진 글자이다. 거창의 아주촌은 거제도의 아주현과 글자 한 자가 다른 것을 보게 된다. 즉 주洲와 주州이다. 아주촌의 주 글자는 역시 바다 가운데 있는 섬의 뜻인 洲주의 글자이다. 거제도의 아주현의 주는 州주인 것으로 '고을'이란 뜻이다.

거창의 아주촌은 거제도의 아주현을 의미하는 것으로 짐짓 섬의 뜻이 있는 한자를 사용한 것이다. 이에 대해서는 거제도의 아주현을 본관으로 하는 아주신씨鵝洲申氏가 있는데 이 성씨는 본관 표기를 한자로 鵝洲(아주)로 하였다. 왜 원 본관인 거제도의 아주현 한자 표기를 버리고 거창에서 표기된 섬의 뜻인 주洲를 쓰는지 의문이다.

거제도는 세 개의 현이 있을 만큼 큰 섬이다. 이 섬의 행정구역이 전부 없어지고 그 곳의 현들이 전부 육지로 옮겨가 마치 더부살이하듯 타 행정구역에 있었다는 것은 우리나라 어느 지역을 찾아봐도 처음 있는 일이다.

《신증동국여지승람》의 〈거제〉편에서 아주폐현鵝州廢縣, 즉 아주현이 없어진 것에 관한 기사가 있는데 여기에 "아주현은 본섬에 있으며 현의 동쪽 16리 거리에 있는 것으로 본래 신라의 거로현居老縣이었고 청주菁州에 예속되었다. 소성왕昭聖王 때에 공부하는 학생들에게 녹祿을 주는 곳으로 하였다. 경덕왕景德王 때 와서는 지금의 명칭으로 고쳐 거제에 소속시켰다. 고려, 조선에서도 그대로 거제에 속해 있는 현으로 두었다." 하는 내용이 있는 것이다.

세 개의 현 가운데 명진현溟珍縣은 진주로 옮겨갔다고 하였는데 《신증동국여지승람》의 진주晉州편에 보면 거창과 마찬가지로 군명郡名의 하나로 거타居陀란 지명 표기가 있다. 역시 섬이 거주한 땅이란 뜻의 지명이다. 이곳에도 섬이 옮겨왔다는 데서 그 같은 고을 이름이 붙여졌던 것이 아닌가 한다.

조선은 폐백을 주고받지 않았다

폐백幣帛은 신부가 맨 처음으로 시부모되는 사람을 뵐 때 올리는 대추나 건치乾雉를 말한다. 건치는 말린 꿩고기이다.

이 폐백은 혼인할 때 신부가 신랑 집에 미리 보내는 예물의 하나이다. 대추와 꿩고기라면 별것 아니다. 폐백이란 용어의 한문글자 뜻은 돈과 비단이란 것이다. 그러니까 용어의 어원語源대로라면 돈과 비단을 신부가 시부모에게 드린다는 것이 된다.

사실 이 말이 생겨난 것은 고대 중국에서였다. 그들은 돈이라는 화폐가 있었고 여기에 비단이란 것이 생산되었다. 당시 비단은 누에실로 짠 옷감으로 그들이 비단을 생산할 때 한반도에서는 삼베가 주로 생산되었다. 삼베는 마麻의 실로 짠 피륙을 말한다.

그런데 왜 대추와 건치를 보내는 것에 폐백이란 말을 썼을까. 이에 대해서는 당시 중국에서는 돈과 비단이 있어서 실제 그런 예물을 보내고 하였지만 한반도와 인근지역의 국가에서는 생산품이나 화폐 같은 게 없어서 대신에 쉽게 구할 수 있는 품목에서 대추와 꿩고기를 택하여 예물로 삼은 게 아닌가 한다.

대추는 남자아기를 상징한다. 대추를 보낼 때 시집가서 아기를 낳으면 사내아기를 낳겠다는 표시에서 보내기도 한 것이다. 꿩은 한반도에서 많이 서식하였다. 그래서 애써 사냥하면 쉽게 잡아서 마른고기로 만들 수 있다. 당시 꿩고기는 맛있는 날짐승고기로 알아주었다.

대추는 좋은 약재로도 쓰였고 따뜻한 남쪽지역에서 많이 생산되었다. 이런 여러 여건에서 중국의 폐백이란 용어가 한반도의 여러 지역에서 사용해도 실제 예물은 그런 대추와 꿩고기를 사용하지 않았는가 하는 것이다.

고구려의 풍습에는 혼인할 때 재물이나 폐백을 주고받지 않았다. 만일 재물을 받으면 자기 딸을 종으로 팔았다고 여겨져 매우 수치스러워하였다.

중국의 사서史書인 《북사北史》와 《수서隋書》에 보면 고구려에 대한 이런 대목이 있다.

"남녀가 서로 사랑하면 곧 결혼시킨다. 남자 집에서 돼지와 술만 보낼 뿐이고 재물이나 폐백은 없다. 만일 재물을 받는 사람이 있으면 딸을 종으로 팔았다고 하여 매우 수치스럽게 여긴다.(有婚嫁 取男女相悅卽爲之 男家送猪酒而已 無財聘之禮 或有受財者 人共恥之 以爲賣婢)"

비단 고구려만이 아니라 다른 한반도의 국가에서도 일반 백성들이 딸을 시집보낼 때 예단禮緞이나 예물을 시가媤家에 많이 보냈다는 기록이 없다. 고관대작高官大爵의 딸이라도 예물을 바리바리 실어 보냈다는 기록 같은 것도 없었다. 옛 기록에는 혼사에 부조금을 냈다거나 하는 기록 같은 게 없었다는 것이다.

조선의 퇴계 이황은 못사는 집안이었는데 자신에게는 명성이 있었지만 당시 명문집안으로 소문났고 잘 사는 금씨琴氏의 딸을 며느리로 데려왔다. 데려올 때 폐백은 물론 사돈네 집에서 예물이나 땅 한 마지기라도 받았다는 얘기가 없었다.

뿐만 아니라 조선의 명대신名大臣 유성룡도 당시 알아주는 양반의 가문이고 하였지만 그의 조부 대에서 지독스레 가난한 집안이었는데 조부가 결혼할 때 처갓집에서 돈과 예물을 받았다는 기록은 없었다.

조선의 결혼풍습에서는 사내가 장가가면 처갓집에서 당분간 생활하는 일은 있었다. 그러나 오늘날처럼 처가에 피해를 주는 돈과 재물을 받고 한 일은 없었던 것이다.

왕가王家의 아들이 부인을 맞이하는 처갓집에 예물을 보내는 일은 있었다. 왕이 될 세자도 마찬가지였다. 일반 양가집 백성들도 마찬가지로 오히려 부인이 될 처갓집에 고맙다는 인사로 예물을 보내는 일은 있었다.

결혼하고 나서 처갓집에서 한동안 생활한다는 것은 딸을 귀하게 키웠고, 또 키울 때 많은 재산과 노력을 기울였다는 것에 보답코자 그것에 대한 은공恩功을 표시한다는 의미에서 결혼 직후 처가살이하는 경우가 있었다. 처가살이 한다고 막연히 놀고먹는 처가살이가 아니고 일도 하고 농사도 지어주는 노동력 제공이 있었던 것이다.

사실 딸은 돈 들여 키워서 남에게 준다는 말이 있다. 남에게 준다는 말에는 공짜라는 의미도 들어 있는 것이다. 공짜로 받는 측이야 좋겠지만 주는 측에서는 손해 보는 일이다. 딸을 키울 때 먹고 입고 하는 것에 적잖은 비용이 들어간다. 그런데 아무런 대가도 받는 게 없이 남의 집안에 보낸다는 것은 손해가 아닐 수 없는 것이다. 그런데 또 예물까지 줘서 보내면 이만저만 손해가 아닌 것은 물론이다.

어느 나라에서는 딸을 시집보낼 때 많은 재물을 받고 보낸다고 한다. 이런 경우가 딸을 키운 부모의 입장에서는 공평하다고 할 것이다.

이런 입장과는 반대로 생각하는 사람들은 딸이 시집가면 이후 평생 동안 시집의 재산으로 먹고 사는 것이기 때문에 그것에 대한 보답으로 지참금이나 예물을 보내는 것이라 하였다.

어떤 이유였건 간에 한반도의 여러 국가는 예단 또는 폐백이란 것은 없었다.

남녀 간 부부로 결합하는 과정에서 검소하였다. 어느 한쪽 집안도 재물상 피해를 끼치는 일은 없었다.

조선은 혼인시기를 훤한 대낮에 하지도 않았다. 그리고 많은 하례객을 초대하지도 않았다. 그저 해질 무렵 양가에서 친인척 몇 사람과 이웃을 초대하는 것으로만 하여 간소하게 식을 올렸다. 그래서 저녁 무렵의 뜻인 昏혼의 글자를 쓴 결혼結昏이라 한 것이다.

흰옷 입는 것을 금지하다

조선의 큰 유학자 남명 조식南溟 曺植이 임금에게 올리는 상소에서 이런 대목이 있었다.

"음악은 슬프고 옷은 소복이니 망국의 징조이다."

소복은 흰옷을 말한다. 옛날에는 상喪을 당했을 때 주로 입었다.

설화에서 여자귀신 이야기가 나오면 꼭 소복을 입은 여자귀신이 등장한다. 붉은 옷이나 검은 옷을 입은 여자귀신 등장은 별로 없다. 조선에서 임금이 돌아가신 국상國喪을 볼 때는 백성들은 소복을 차려입었다.

명종 때 사헌부司憲府에서 평상시 흰옷을 입은 사람들을 단속하였다. 흰옷 착복을 금지하라는 어명이 있었기 때문이다. 한편 선비들에게는 겉옷을 모두 복숭아 색깔로 물들여 입게 하였다.

영조 때는 유생들이 옅은 담색淡色의 의복을 입고 과거시험장에 들어오는 것을 금했다. 뿐만 아니라 문무관文武官들도 담색의 옷을 못 입게 하였다. 대신과 사대부士大夫 서인庶人 할 것 없이 푸른 옷을 입게 하였다. 담색은 흰옷과 같은 무색의 옷이다. 그러나 왕의 명이 있고 단속이 있어도 계속 막지는 못하였다. 그것은 흰옷을 좋아하여 습관적으로 입는 사람이 많았기 때문이다.

신라 말기에 승려였고 풍수지리風水地理에 능했던 도선국사道詵國師는 "동방은 목木에 속하니 푸른 것을 숭상하여야 할 터인데 흰 것을 숭상하니 이것은 금金이 목木을 이기는 것으로 좋은 일이 아니다." 하였다.

옛 중국 사람들은 고려인은 흰옷을 입는 것을 좋아한다고 하였다. 고려인이 사실 흰옷 입는 것을 좋아하였다면 이전의 신라인들도 마찬가지였을 것이다.

도선국사는 그의 도선비기道詵秘記로 유명하다. 고려에서는 정치 사회 전반에 걸쳐서 그의 비기에 영향을 많이 받기도 하였다. 왕건의 윗대에서 그의 비기를 통해서 왕건이 왕이 된다는 예언을 들은 적도 있었다고 한다.

흰 것은 쉽게 때를 타고 쉽게 물이 들고 한다. 흰옷을 입었으면 무엇이 묻을까 활동하기가 조심스럽다. 깨끗하게 보이기는 하지만 쉽게 때 타고 무엇에 오염이 잘 되고 하는 것이 여간 불안한 게 아니어서 활동에 제약을 받는다.

고려 충렬왕(1274~1388) 때 천문天文과 기상氣象을 담당하는 관청인 태사국太史局에서 진언하기를 "동방은 오행 중 목木의 자리여서 푸른색을 숭상하여야 하며 흰 것은 오행 중 금金의 색깔인 것으로, 지금 사람들이 군복을 입는데 흰 모시옷으로 웃옷을 많이 입으니 이것은 목이 금에 제압당하는 형상입니다. 백색의 옷을 금하시는 게 옳은 줄 압니다." 하였다.

군대에서마저 흰옷을 걸친 군인이 있었던 것이다. 그러면 옷이 쉽게 더럽혀져 보이는 것은 뻔한 일이다. 비단 오행의 풍수 적용을 아니 하여도 곧잘 훈련에 몸담아야 하고 전장에 나가야 할 처지에서 흰옷은 아무래도 가당치가 않았다.

고려 공민왕 때 우필흥于必興이란 신하가 이런 간언을 하였다.

"우리나라는 백두산에서 시작하여 지리산에서 끝나는데 그 형세가 수근水根 목간木幹의 땅으로서 검은 색을 부모로 하고 푸른색은 제 몸으로 하였으니 토土에 순응하면 번창하고 토를 반反하면 재난을 받을 것입니다. 그래서 지금부터 문무백관을 흑의청립黑衣靑笠으로 하게 하고 승려의 옷은 흑건대관黑巾大冠으로, 여복女服은 검은 비단으로 걸치게 하고, 그리고 산에는 소나무를 심어 무성하게 하며 모든 그릇은 유鍮, 동銅, 와기瓦器를 사용케 하여 풍토에 순응시키도록 하소서."[14] 하였다.

고려의 충렬왕 때나 공민왕 때 조정 신하들이 흰옷을 입는 것을 금하게 하고 백성들도 삼가도록 한 일이 있었다. 이로써 고려에서는 검은색 복식을 많이 보게 되었는데, 조선에 와서도 흰옷을 입는 것을 금지하는 어명이 있었다. 조선을 개국한 태조 이성계도 흰옷 착복을 금하였던

---

[14] 수근(水根)과 목간(木幹)은 땅을 두고 말할 때 물이 뿌리가 되며 나무가 줄기가 된다는 표현. 흑의청립은 검은 옷과 푸른색 갓, 흑건대관은 검은 수건과 머리에 쓴 큰 관. 유(鍮)는 놋쇠, 와기(瓦器)는 토기를 말한다.

것이다.

그러니까 조선의 흰옷 착복 금지령은 고려시대에 있었던 것을 전수받은 게 되는 것이었다.

조선의 현종(1659~1674), 숙종(1674~1720)도 흰옷을 입는 것을 금지하는 어명을 내렸지만 오래 못가 실행이 흐지부지되거나 어명이 거둬들여지는 일이 있었다.

영조(1724~1776)는 이런 말을 하였다.

"지난 번 흰옷을 입는 것을 금할 때 누가 말하기를 기자箕子가 흰옷을 입었으므로 흰옷은 우리나라의 풍속이라 하였다. 후세 사람들이 기자의 교훈 같은 건 실천하지 않으면서 단지 그런 옷만 입으려고 하니 참으로 한심하다 할 것이다."

기자의 교훈은 팔조지교八條之敎를 말한 것이다. 팔조지교는 일명 범금팔조犯禁八條라고 한다. 살인자는 사형에 처하고, 도둑질한 자는 그 주인의 노예로 만든다 하는 등 여덟 가지의 벌칙조문을 둔 고대국가였던 기자조선의 법이었다.

고려 사람이나 조선 사람들은 모두 한민족이다. 한민족은 백의민족白衣民族이란 말을 들어왔다. 고래로 흰옷을 잘 입는 데서 나온 말이었다고 하지만 사실 언제부터 흰옷을 즐겨 입는 민족이었나 하는 것은 알 수 없다. 중국의 위지魏志에 보면 부여扶餘에서 흰옷을 입었다는 기록만 있을 뿐이다.

고대 흰 색은 광명을 의미하였다. 태양을 숭상하는 원시사회에서는 흰 빛을 신성시하고 제천의식이 있을 때는 흰옷을 입고 제를 올리고 하였다. 그런데 왜 고려와 조선에서는 조정 신하와 백성들 할 것 없이 흰옷 착복을 금지했는지 궁금하게 생각한다.

고종 32년(1895)에 공사복公私服 개정이 있었다. 여기에 관官과 민民이 모두 검은 색깔의 옷을 입도록 명命했다. 그러나 민간에서는 그 명이 먹혀 들어가지 않았다. 1906년도에는 법령으로 흰옷 착용을 금지시키기도 하였다.

중벌만 내리려 하지 말라

조선 태조 때 형조판서刑曹判書 유관柳觀은 왕께 이런 말을 한 적이 있었다.

"진범이면서도 능히 형벌을 이겨내고 끝내 자백을 하지 않는 사람이 있습니다. 한편 무고를 당하고서도 형벌의 고통을 견디지 못하여 끝내 거짓 자백을 하는 사람이 있습니다. 그런데 형벌을 주관하는 관리는 단지 자백하는 것에만 의존하여 생명의 귀중함은 망각하고 죄를 다스리고 합니다. 법에도 없는 형벌로 온갖 고문을 해서 사실 죄가 있었는지 여부가 판가름 되기 전에 죄수들은 형장刑杖에 의해 맞아 죽게 합니다."

이런 말과 함께 상소하기를, "중앙과 지방에서 형벌을 책임진 사람들에게 고문은 단지 법률 조문에 의거하기만 하게 하고 법조문에 없는 형벌은 일체 금지하게 하소서. 죄인의 말과 안색도 살피며 증거를 대조하여 죄의 사실 여부를 찾아낸 후가 아니면 형벌을 내리지 말게 하소서." 하였다.

3대 태종 때 와서는 태종 자신이 형벌의 무원칙함을 탄식하는 일이 있었다.

태종 13년에 판의용순금사사判義勇巡禁司事 박은朴訔은 심문 형장이 일정한 수효가 없는 것을 보고 "형장 아래서야 무슨 자백인들 못하랴." 하였다. 판의용순금사사는 왕의 명령에 따라 죄인을 심문하는 의금부義禁府의 최고수장으로 종1품의 벼슬자리이다.

형장은 일명 곤장이라고 하는데, 죄인의 볼기를 치던 곤봉을 말하는 것으로 크기와 무게에 따라 다섯 가지의 종류가 있었다. 이 곤장을 쳐서 죄인으로 잡혀온 자의 자백을 받아내는 형벌이 있었던 것이다.

조선 4대 세종임금은 모든 사형수를 반드시 세 차례 조사하여 죄의 진위를 알고 난 후 보고토록 하되 꼭 원래의 문서에 의거하여 행하도록 형조刑曹에다 명령을 내렸다. 원래의 문서에 의거하라는 것은 심문 도중에 조사하는 관리가 임의대로 변조하는 것을 막기 위해서였다. 그러니까 형장을 가해서 자백을 받아내는 일은 안 된다는 것이었다.

세종은 이런 전교를 내린 적이 있었다. 전교는 임금이 신하에게 지시하는 명령을 말한다.

"법률의 조문에 있는 것은 한정되었다. 그러나 인간의 범죄는 한정이 없다. 그러므로 법률 조문이 없으면 비슷한 법조문을 적용한다는 문구가 있다. 형벌은 진실로 성현聖賢이 삼가는 것인데 법을 맡은 관리들은 죄가 무거운지 가벼운지 신경 쓰기보다 대개 중벌을 내리려고만 한다. 나는 이것을 걱정한다. 죄인이 어떤 의리 때문에 혹은 피치 못할 어떤 사정 때문이든가 하여 저지른 죄라면 정상을 참작하여 마땅히 가벼운 법을 따르는 것이 옳다 할 것이다."

세종은 재위 12년에 이런 어명도 내렸다.

"옥에 갇히는 일과 형장이 엄하게 내리고 하는 것에 죄인들은 심히 괴로워한다. 그중에도 늙은이와 어린이에게 형장을 가하는 것은 불쌍하다는 생각을 아니 할 수 없다. 지금부터는 15세 이하와 70세 이상은 살인강도를 한 죄 이외는 신체 구속을 하지 말며 80세 이상과 10세 이하는 죽을죄를 지었더라도 역시 구속은 말며, 고문도 하지 말고 여러 사람으로부터 증언을 들은 후에 죄를 결정하라."

세종은 비단 이런 어명만 내렸던 것이 아니라, "사람의 오장五臟은 모두 등에 가까이 있다. 그래서 그전부터 등 쪽은 때리지 못하게 금했다. 그러나 관리들은 고문할 때 대개가 등을 곤장 친다. 이것은 인명을 해치는 일이 된다. 지금부터 서울은 물론 각 지방의 관리들에게 죄인의 등은 때리지 못하게 하고 어기는 관리는 죄주게 하라." 하였다.

세종의 현명한 정사政事에는 이 같은 형정刑政에도 있었다. 죄인에게 법을 엄히 적용하되 정상참작을 적용하는 것도 등한시하면은 안 된다는 전교를 내리고 한 것이다. 사람에게는 피치 못하게 죄를 짓고 계획적이지 않은데서 무의식적으로 죄를 짓는 경우가 있는 것이다.

조선 13대 명종(1545~1567), 황해도감사黃海道監司에게 있던 일이다.

"황해도 연안延安에 사는 이동李同이란 자가 밥을 먹다가 아버지와 말다툼을 하다가 밥그릇을 던져 아버지를 다치게 했다. 이 일을 고을 관아에서 알고 감사에게 보고되었다. 보고되는 내용에서 관아의 관계자가 그자를 잡아 중죄를 내리려 심문을 하는데 형장을 가하기 전에 앞서 행패를 부린 사실을 자백받아냈다. 이에 황해도 감사는 그자를 직접 자기 앞에 불러놓고, '애비를 때렸다는 것은 중한 죄인데 네가 그 죗값으로 죽어야 할 텐데 어쩌겠니?' 하니 그 자는, '저는 다만 잡혀 와서 사실대로 말했을 뿐입니다. 그외 있은 일은 저는 잘 모릅니다.' 하였다. 감사는 '부모지간은 하늘과 땅, 임금과 신하 같은 관계이다. 아버지가 없었으면 네 몸은 있을 수가 없다. 네가 어찌 밥그릇으로 애비를 때렸으니 이것은 땅이 하늘에다 죄를 지은 것과 같고 신하가 임금을 때린 것과 같다. 그러니 마땅히 죽어야 하는 것 아니냐.' 했다. 이 말에 그자는 안색이 파래지며 '저의 죄가 그렇게 중한 줄은 몰랐습니다. 무식한 소인이 그런 걸 알았다면 어찌 경솔하게 아버지한테 화가 나도 대들고 했겠습니까? 그런 걸 알고 있었으면 잡혀왔을 때 쉽게 사실대로 자백했겠습니까. 저는 사실 아버지가 중한 줄 모르고 평소에도 말다툼을 자주 하였고 욕을 퍼붓기도 하며 심할 때는 물건을 내던지고 했습니다. 만약 죄를 주지 않으신다면 부지런히 아버지를 잘 섬기겠습니다.' 하였다.

 감사는 그자가 무식하고 무지한 촌백성임을 알고 불쌍히 여기면서, '배우지도 못한 무식한 백성에게 죄를 물어 형벌을 가하는 것은 오히려 그를 속이는 꼴이다. 윗사람에 대한 공경은 가르치는 데서 나오는 것으로 가르침을 받지 못한 백성들이 어찌 스스로 공경한다는 것을 알겠는가? 옛말에 덕으로 인도하고 형벌로 바로잡는다 하는 것은 참으로 이유가 있었음이다.' 하고 이동이란 자를 약간만 매질하고 풀어주게 하였다.

　조선 선조(1567~1608) 때 재상 유성룡柳成龍은 "우리나라 사대부들이 이미 법전을 읽지 않았기 때문에 옥사獄事를 분간하고 소송을 판결하는데 공평하지 못한 일이 많았다. 시체를 검증하는 일이 극히 중요한데 수령된 자들이 살인자를 취급하는 일이 친히 검증을 해 보지도 않고 대개 아래 관리들에게만 맡기니 경솔한 문제가 나타나고 심하게는 뇌물로 옳지 못한 옥사가 있으므로 이런 나쁜 옥사獄事가 없게 검증과 검안은 물론 복심覆審이 있어야 한다."고 왕께 소장을 올린 적이 있었다.

　이렇듯 조선에서는 죄를 지은 사람을 다스리는데 중벌에만 매달리는 형태의 형벌을 피하였고 실로 죄의 경중을 가리는 신중함도 있었다.

미성년자도 군적軍籍에 올리다

고려는 일찍부터 권력 있는 신하들이 사사로이 군사들을 거느리는 일이 있었다. 사병私兵을 두었다는 것이다. 그러니까 고려시대는 힘 있는 권신들의 사병화私兵化가 있었다는 것으로 그런 그들에 의해 무신정권武臣政權이 등장하게 되었고 왕정王政은 유명무실한 행태를 보였던 것이다.

이런 폐단을 조선에서는 개국 초부터 절감하고 있어서 권신들의 사병을 없애는 조치를 취하였다.

조선 초기 정종 때 명신 권근權近은 다음과 같은 품신을 한 적이 있었다.

"공이 있는 신하와 종친으로 하여금 사병을 맡게 하여 갑자기 일어나는 화에 대응토록 하였는데 이로 인해서 사병은 없어지지 않았던 것으로, 사병을 맡은 자들이 오히려 난동을 일으키기도 해서 마침 전하(정종)께서 평정한 일이 있었사온데 지금까지도 사병을 없애는 조치는 없으니 청컨대 종친과 공신이 사병을 계속 두는 것을 없애도록 하소서."

권근은 왕자의 난 때 이방원(太宗)을 도와 공을 세운 이방원의 측근들이 사병을 두고 있는 것을 보고 그들로 하여금 사사로이 군졸들을 거느리고 있는 것을 금지시키라는 진언이었다.

2대 정종은 권근의 진언에 따라 사병 금지는 물론 조정 대신들이 병기를 가진 군졸을 대동하는 것도 금했다.

그런데 막상 나라에서 긴히 필요한 군사의 수는 적었다. 여기에는 고려가 망하자 군역軍役에서 이탈한 사람들과 군졸의 신분을 짐짓 벗은 사람들이 많았기 때문이었다.

세조(1455~1468) 때 명신名臣 구치관具致寬이 건의한 말에서 당시 조선의 군사가 어느 정도 되었는지 알 수가 있었다.

"우리 동국의 삼국(고구려, 백제, 신라)이 솥발같이 대치하고 있을 때에도 나라마다 각각 10만 명의 군사를 보유하고, 우리 조선이 그 세 나라의 땅을 다 차지하고 있으면서도 군사 수효는 반에도 미치지 못하고 있습니다. 호적에서 누락된 호구戶口의 사람들과 숨어있는 장정을 모두 찾아내어 군의 오위五衛에 넣어야 합니다. 유사(有司: 담당관)는 군의 인원수를 무조건 늘리려고만 하여서 한 집안에 남자가 10명 있으면 9명을 무조건 뽑아 군졸로 삼으니 백성의 원망이 많았습니다."

조선 선조 때 율곡 이이栗谷 李珥의 평론집 석담일기石潭日記에서 보는 글이 있는데 여기에 막무가내 군 징집의 폐단이 어떠했는지를 알 수 있는 대목이 있다. 석담일기는 율곡 이이가 황해도 해주지역에 거주할 때 그 지역의 한 지명을 따서 당시 시사평론 형태로 썼던 글이다.

다음의 내용은 선조 5년에 군적軍籍을 수정할 것을 조정에서 논의하였는데 여기에 군적에서 빠져 있는 인원수를 보충한다는 어명이 있었다. 이 어명에 대하여 평한 글이다.

"유사有司가 군적의 인원수 채우는 데만 힘쓰고 허위와 실상은 알아보지 않고 막무가내로 고용인이거나 걸인이라도 모두 군역에 종사할 것으로 정하니 백성들은 매우 괴로워하였다. 군郡·읍邑으로부터 군적에 올려져 있는 사람들의 실상을 다시 조사해 주기를 청하는 상소도 있는데 유사는 일체 그 의견을 용납하지 않고 보고만 하였다. 이에 대해서 승정원承政院에서 즉시 임금님에게 아뢰기를, '민생이 피폐한 것이 곳곳에 있고 그렇지 않는 곳이 없는데 군적을 고쳐 작성하는 본뜻이 군의 결원을 보충하기 위한 것뿐이었습니다. 또 실속 없는 헛된 군적으로 종족이나 이웃들을 괴롭히고 백성이 도탄에 허덕이는 것을 염려해서 군적에 있는 헛명부를 삭제하고 실제의 인원수를 채워서 민생의 폐단을 조금이라도 구하고자 하는데 있습니다. 계축년의 군적은 그 임무를 담당한 관원이 조정에서 백성들을 위한 뜻은 알지 못하고 다만 사무적인 처리에만 매달려 독촉을 급히 하는 행동에 있었기 때문에 주州와 현縣은 상부의 지시라 하라는 대로 한 것이었다고 하여 수를 늘리는데 신경 써서 빌어먹는 거지까지도 기록해 놓고 심지어 닭이나 개 이름까지도 그 군적 수에 채웠으므로 국고에 바칠 돈과 곡식이 다른데 빼앗기게 되고 하며 사방에서 원망의 소리가 높았습니다.' 이 말을 들은 임금의 시정 명령을 병조兵曹에서는 내렸으나 시행을 하지 않았다."

《석담일기》에는 이런 내용도 있었다.

"선조임금이 출행하였을 때 한 어린아이를 보고 처음에는 구경하러 온 아이인 줄 알았다가 재차 보니 그애는 군졸이었다. 선조가 그 애를 보고 불쌍하게 생각해서 명을 내리기를 이런 애들은 아직 어미의 품 안을 떠나기를 싫어할 터인데 어찌 군의 의무를 수행하겠는가. 내 마음이 편치 않아 밤에 잠을 취할 수가 없다. 내가 이 같은 것을 민첩하게 알지 못해서 한탄스러운 일이다. 병조에서는 군사를 점검할 때 연령 미만자를 골라내서 모두 집으로 돌려보냈다가 연령이 차는 때를 기다려 군역에 종사토록 계획을 세우도록 하라. 내 차라리 수천의 군졸을 갖지 못할지언정 어린애 같은 것은 군역에 안 쓰겠다 하였다. 그래서 병조에서는 군졸들을 점검하여 어린아이들을 고향으로 돌려보냈다. 그런데 어린 군졸들 중에 고향에 돌아가서 고을 수령에게 다시 군졸로 선발되는 고통을 당할까 두려워해서 돌아가는 것을 원하지 않는 자가 많았다."

조선시대 징병에서는 율곡 이이의 글에서 십분 알 수 있듯 미성년자도 강제로 차출되어 군역에 종사한 일이 많았던 것이다.

조선시대는 사실 군인의 수가 적었다. 이 이유에서는 문신文臣을 우대하고 무신武臣을 비하하는 정책 때문이었다. 사대부 집안의 자제들은 무관으로 벼슬자리에 오르는 것을 피했다. 이로 인해 말만 많은 문신의 세상이었고 보면 외침에는 튼튼한 국방의 모습을 보일 수가 없었던 것이다.

조선은 이렇게 벼슬을 주다.

조선에서 벼슬아치들을 뽑는데 세 가지의 유형이 있었다. 그것은 문과文科와 무과武科, 그리고 음직蔭職이었다.

문과는 문장으로 시험을 보게 하는 것과 경서經書를 강론講論케 하는 것으로 시험을 보게 하는 것이 있었다. 무과는 말 타고 활 쏘는 것으로 하여 시험을 치르게 하는 것과 병서兵書로 강론시험을 보게 하는 것이 있었다.

음직은 조상의 덕으로 시험을 안 치르고 벼슬자리에 오르는 것이었다. 이것은 대개 고관대작이나 공신의 자제에게 주어지는 경우가 많았다.

벼슬에는 계급이 되는 품계品階가 있는데 총 9품品까지 있는데 각 품계마다 정正과 종從이란 두 계급이 나눠져 있다. 즉 정1품이니 종1품이니 하는 품계이니 하는 각 품계마다 정·종이 있는 것이다. 그리고 각 품계에서 승진을 하면 이것을 사가仕加라 칭했고, 나라에서 은상恩賞이 있어 승진이 주어지면 이것을 별가別加라 하였다.

예외로 둔 승진도 있었다. 그것은 아버지나 형의 벼슬이 높아서 그 이상 은전을 받을 수 없을 때 집안 자제들이 대신해서 받는 대가代加란 게 있었다.

별가와 대가는 수시로 승진되는 경우가 있지만 대개가 일정 기간을 채워야 올라가는 것으로 그것은 몇 해가 걸려야 겨우 품계를 올려 받게 되어 있었다.

이러한데서 태평한 시대에는 벼슬자리를 받는다고 하여도 어떤 공로가 있지 않으면 승진이 잘 안 되었다.

신흠申欽의 상촌잡록象村雜錄에 보면 다음과 같은 내용이 있다.

"벼슬살이 하는 사람은 10년이 걸려도 통훈通訓의 자리에도 오르지 못했다. 임진년壬辰年 이후에는 국가가 전란戰亂을 만나 왕이 파천하게 되자 적을 치는데 급해서 누구든 한 치의 공적이라도 세운 자에게 벼슬로 상을 주었다. 이로 인해서 문무文武의 벼슬 차이가 흐려졌다. 오늘날에 와서 조정의 일이 더욱 많아서 이에 따라 나라의 은혜를 입고 상을 받기를 희망하는 자도 많아 윗사람에게 부탁하여 훈적勳籍에 올라가 벼락감투를 쓰는 경우가 비일비재하였다."

임진년은 임진왜란이 일어난 해를 말한 것이다. 파천은 왕이 피난 간 것을 말하고, 훈적은 공을 세운 사람을 기록해 둔 문적文籍을 말한 것이다.

조선의 역사를 보면 조선 14대 선조 때 훈적이 굉장히 많았다. 전장에 나가 싸운 사람이 많았기 때문인 것으로 여기에 의병으로 싸운 민간

인도 많고 하여 웬만한 집안도 훈적이 있었고 벼슬아치 한 명씩은 있었던 것이다.

신흠의 상촌잡록에 이런 내용이 또한 있는 것을 본다.

"미숙한 어린애 같은 것들이 참봉參奉, 감역監役, 찰방察訪이 되었는데 계급을 물으면 모두 통훈通訓이라 한다. 오래지 않아서 현감縣監으로 외지에 나가면 담 구멍 뚫은 좀도둑 한 명을 잡아도, 도랑 하나 치고서도 공적이 있다고 하여 품신해서 상대부上大夫의 반열에 올랐다. 심지어는 과거를 봐서 선비를 뽑는데도 사사로운 정이 개입되어 뽑히게 되고 또 시험관과 버젓이 내통을 하여 뽑혀졌고 어떤 자는 남의 글을 빌어다가 쓰고서도 아무 거리낌 없이 벼슬을 얻어서 행세하였다."

상대부는 대부의 칭호가 붙은 벼슬로서 가선대부嘉善大夫니 자헌대부資憲大夫니 하는 정3품에서 당상관堂上官 이상의 높은 벼슬을 말한다. 이런 벼슬은 실제 직분을 맡은 관직官職은 아닌 것이다.

또 이런 내용도 있는 것이다.

"벼슬을 얻은 뒤에는 대성臺省과 관각館閣을 우습게 알며 승진 순서를 건너뛰었어도 남들은 감히 이의를 달지 못하고 누가 그자에게 어느 문하생門下生이냐고 물으면 유명인을 내세워 아무개 문하생이라 말하였다. 과거시험이 있다고 하면 시험 제목이 이미 밖으로 알려지고 급제자의 방榜을 걸기도 전에 누가 합격하고 떨어지고 했다는 것이 알려지기도 하였다. 이런 일이 있으므로 하여 과거 보려는 자들이 글공부보다 높은 사람을 찾아 친교를 맺는데 정신을 팔고 반대로 이 같은 행태를 수치로 생각한 선비는 과거 보는 것을 아예 접고 숨어사는 사람이 많았다. 무인武人이 되고자 무관武官 벼슬에 오르고자 하는 사람은 은화銀貨를 바치는데 여기에는 병사兵使, 수사水使로부터 아래로 보장堡將에 이르기까지 모두 정해 놓은 값이 있었다. 사람을 천거하고 벼슬을 주는데도 모두 그 같은 방법을 쓰고 하였으니 인재를 선발하는데 있어 실로 문란하였다. 부형父兄의 세력을 빙자하여 음관蔭官에 나가고 조그만 힘이 있으면 누구든 공公이 되고 경卿이 되고 대부大夫가 되고 하였다…."

이 내용에서 당시 벼슬자리에 오르는 일이 정도正道와는 거리가 멀고 비리非理에 의해 벼슬이 제수되는 일이 실로 적잖았음을 알 수 있는 것으로 조선 선조조에서는 전란에 의한 국정國政 혼란으로 벼슬 제수도 문란하였던 것이다.

공公이니 경卿이니 하는 것은 높은 벼슬자리에 있는 벼슬아치에게 붙이는 존칭이다. 병사兵使는 병마절도사兵馬節度使의 준말로 육군을 지휘하는 높은 무관의 벼슬자리이고, 수사水使는 수군절도사水軍節度使의 약칭으로 해군을 지휘하는 높은 무관의 관직을 칭한 것이다. 보장堡將은 지휘관 아래의 장수를 칭한 것이다.

대성臺省은 사헌부司憲府 같은 감찰기관을 말한 것이고, 관각館閣은 예문관藝文館, 홍문관弘文館이란 관청을 말한 것이다. 예문관은 왕의 지시문이나 국서國書 같은 것을 맡아보는 곳이고, 홍문관은 궁궐 안의 책과 문서를 삭성하는 일을 맡아보는 곳이다. 참봉(종9품), 감역(종9품), 찰방(종6품)은 벼슬 등급상 하급 자리의 관직이다.

통훈通訓은 통훈대부通訓大夫의 약칭으로 정3품에서 당하관堂下官의 품계에 속하는 대부大夫의 벼슬 품계의 명칭이고 당하관은 정3품의 벼슬 품계의 명칭이다.

대부 벼슬은 관직官職이 아니고 관직의 등급에 맞춰서 붙여 주는 일종의 작위와 같은 것이다.

음관이니 음직이니 하는 것은 오늘날로 보면 특채를 일컫는 것이다. 특채에는 특별한 재능이 있어서 기용되는 경우도 있지만 배경에 의해서 채용되는 일이 많았다.

조선에서는 고려보다 이 같은 음직이 많았으며, 음직에 오른 사람을 음관이라 하는데 음관이 많은 집안이 오히려 명문가로 행세하였다.

대마도에도 이런 의인義人이 있다

왜인 광련光連이라 하면 대마도對馬島 사람으로 임진왜란 때 대마도의 한 작은 추장으로 있던 사람이다.

임진왜란은 조선 14대 선조 25년(1592)에 왜국의 통치권자 도요토미 히데요시豊臣秀吉에 의해 조선을 침공한 전쟁을 말한다.

광련은 왜란이 일어나기 2년 전에 왜인으로 승려였던 현소玄蘇란 자와 조선을 정탐하러 온 사람이다. 당시 정탐은 도요토미 히데요시가 조선 침략을 위해 조선의 사정을 알아보기 위해서였다.

광련은 현소와 함께 조선에 오기 전에 이미 일본의 사신으로 여러 차례 온 바도 있었는데 조선의 사정을 잘 알고 있었다. 그래서 광련을 일본 조정에서는 짐짓 그를 침략을 위한 정탐에 앞세웠던 것이었다.

그런데 광련은 현소와 함께 조선으로 건너왔을 때는 비밀리에 조선 조정에 고告해 바친 게 있었다. 그것은 "일본 사람들은 변덕스럽고 간사하기가 이를데 없습니다. 그래서 여러 해 동안 모략을 쌓고 상국上國 명

明나라를 침범할 계획을 세웠으며 이에 따라 조선도 그러하오니 지금 온 두목을 죽여서 큰 화를 막도록 하십시오."라고 한 것이다.

그렇지만 조선 조정은 그의 말에 강한 명나라를 왜인들이 친다는 것은 허황된 소리에 불과하다고 묵살해 버렸다. 더욱이 조선은 대마도 사람에게 부산에 와서 장사를 하게 하고 조선에서 벼슬을 하겠다는 사람에게 벼슬을 주어서 그들이 녹봉도 받아가고 있는 판인데 그게 무슨 소리냐고 오히려 이간질하는 말이라고 의심을 품었다.

대마도 사람은 이미 조선 초기부터 일본 본토에 의존하기보다 조선에 의존해서 양식을 구해가는 일이 많았고 무역으로 그들의 생활이 영위되고 있었다. 이 때문에 추장들은 조선이 전화라도 입거나 하는 것을 바라지 않았다. 그런 가운데 광련은 도요토미 히데요시가 조선을 침략하고 나아가 중국 명나라까지 침공하겠다는 계획을 세운데 대하여 은근히 일본의 침략을 미리 조선에 알렸던 것이다.

광련의 말이 사실인 것은 그가 막상 도요토미 히데요시가 앞장서 길을 안내할 것을 명했을 때 그 명령을 거부하는 말을 한 것이다. 그 말의 내용인즉, "이번 출병은 무슨 명목에서인지, 조선으로 말하면 일본의 좋은 이웃인데 그럴 수 없습니다. 2백 년 동안 틈 없이 우호관계를 유지하여 온 것을 어찌 깨뜨리고 군사를 일으켜 상국의 땅을 범하려 합니까? 하물며 본인은 상국의 후한 은혜를 입었는바 그 은혜를 저버릴 수 없는 몸입니다. 비록 보잘것없는 몸이지만 그래도 인간의 옳은 본성을 갖고 있으므로 하늘과 해를 이고 있는데서 은혜를 버리고 어떻게 조선을 짓밟고 지나가겠습니까? 한 번 죽기는 마찬가지이므로 군사를 끌고 바다를 건너가는 짓은 결코 못하겠습니다." 하는 말을 하였다.

광련의 이 말이 도요토미 히데요시에게 보고되자 대로하여 곧 광련을 잡아다가 목 베어 사람들에게 보이고 그의 구족九族을 멸하게 하였다. 구족은 고조高祖, 증조曾祖, 조부祖父, 부父, 자子, 손자孫子, 증손曾孫, 현손玄孫과 자신을 칭한 것이다.

그런데 당시 광련의 한 아들은 요행히 상인으로 먼 섬에 나가 있어서 죽음을 면하였다. 그는 성과 이름을 바꾸고 도망가 숨어 살았다. 그래서 생명을 보존한 것이다.

광련의 일족들이 참화를 당한 것을 안 조선 조정은 일본이 다시 조선과 통신하기를 요청해 오자 회답하는 통신사를 보낼 때 당시 무과武科의 첨지僉知 벼슬에 있던 전계신全繼信을 보냈는데, 전계신은 대마도에 가서는 광련의 아들을 만나 수소문해 찾았다. 이 소문에 나타난 사람이 성姓이 다른 사람이 와서는 찾는 이유가 무엇인지 물었다. 그때 묻는 그 사람이 살아남은 광련의 아들이었던 것이다.

광련의 성은 귤橘이었다. 조선 사신이 광련의 고마움을 진지하게 얘기하자 그는 비로소 자기 신분을 밝히며 자신이 지난날에 겪은 비참한 은둔생활을 말하고 눈물을 보였는데 사신은 경상감사慶尙監司에게 그의 말을 자세히 보고하였다. 이 보고가 있은 후 조선 조정에서는 귤광련을 모시는 사당을 부산에다 짓게 하고 감사더러 그의 아들에게 후하게 상을 내릴 것을 명했다.

임진왜란은 선조 25년 4월에 일어난 것이다. 4월 14일에 왜병이 부산포에 상륙하였다. 앞서 선조 23년 3월에 통신사 황윤길黃允吉이 일본에 가서 도요토미 히데요시를 만나고 이듬해 1월에 부산포로 돌아왔는데 그 역시 일본의 내침이 있을 낌새를 차리고 조정에다 태평太平할 수 없다고 보고하였다.

그러나 조선 조정은 당시 황윤길과 함께 사신으로 갔던 김성일金誠一의 상반되는 의견 즉 당장 침략할 기미는 없다는 김성일의 보고를 따라 결국 방비태세를 서두르지 않았고 여기서 갑작스레 이 왜란을 보았다.

대마도는 오래전부터 왜인에게 가야, 신라, 고려, 조선에 이르기까지 한반도 땅을 노략질과 침략을 하는데 항상 거점이 된 곳이었다.

조선은 귀화 왜인들이 많다

조선 후기 이긍익李肯翊이 편찬한 사서류史書類인 연려실기술燃藜室記述의 기사에 보면, "선조 26년(1593)과 27년(1594) 사이 영남지역에 주둔하고 있던 왜군들이 오랫동안 머무는데 염증이 나서 항복해 오는 자가 많았으며, 그때 조선의 무장武將 김응서金應瑞가 불러들인 왜군도 거의 1백여 명이 되었다. 그 왜인들 중 우두머리는 김상의金尙義라고 하는데, 김상의가 그들 무리와 함께 조선을 위해 전공을 세웠다. 그래서 조정에서는 그에게 벼슬도 주었는데 후에 가선대부嘉善大夫의 벼슬까지 올랐다. 그 뒤부터는 30년 동안에 항복을 한 왜인들은 밀양 근처에 살면서 자손을 두며 농사에 힘쓰니 그 마을 이름을 항왜촌降倭村이라 불러졌다." 하는 내용이 있다.

이 내용에서 생각할 수 있는 것은 임진왜란 때 적잖은 수의 왜인이 항복해서 귀화하여 조선인이 되었다는 것이다.

왜인이라 하면 오늘의 일본인이다. 임진왜란 때 그들은 장수로 병사로 많이 조선에 침입해 왔다. 그들 중 앞서의 기사처럼 항복과 함께 조선에 귀화해서 사는 사람이 많았다. 더러는 포로가 되어 송환을 거부하고 조선에 눌러 살기를 간청해 귀화인이 된 왜인들도 있었다.

조선왕조실록을 살펴보면 임진왜란 이전에도 귀화 왜인이 있는 것을 보게 된다. 조선초기에서 중기에 이르기까지 실록에는 귀화인 이야기가 자주 나온다. 여기에 왜인 귀화인들 기사도 있다.

'오키나와'라고 하면 역시 왜국의 땅이다. 이곳에 살던 선박건조 기술자인 '오보야고'가 조선에 귀화해서 조선의 여인한테 장가들어 조선에 살았다는 이야기가 있다.

당시 조선에 귀화해서 홀로 된 귀화인이 조선여자에게 장가들어 가정을 꾸리면 세금과 부역을 면제해 주는 정책이 있었다. 글을 잘 알면 벼슬자리도 주었다. '마삼보로'라는 귀화 왜인은 경기도 광주지역 호장戶長인 이간李間의 양자로 들어가 이씨 성을 취하고 양주지역의 호장인 한韓 아무개라는 딸에게 장가들어 사내아이를 낳고 잘 살았다는 이야기도 있는 것이다.

임진왜란 때 선조임금이 귀화한 왜인 '사고소우' 등 15명에게 단체로 이씨 성을 갖게 해준 적이 있다.

이에 앞서 세종 때 귀화한 왜인도 한두 명이 아니었다. 북방에서는 여진족, 남방에서는 바다 건너 왜인의 귀화가 자주 있었던 것이다. 귀화의 이유에 대해서는 살기가 좋은 땅이라는데 있었다. 기후와 풍토가 좋아 농사가 잘 된다는 것을 그들은 듣고 또 체험을 하였으므로 동경을 하여 귀화를 자청해 왔던 것이었다.

이러한 경우와 다르게 조선의 생활 법도가 엄하고 문물이 발달하여 무식에서 오는 무뢰한이 적은 도덕의 나라라는데 매력을 느껴 귀화를 한 왜인도 있었다.

그 대표적 왜인은 귀화해서 김충선金忠善이라는 이름을 가졌던 왜군의 장수다. 그 장수는 임진왜란 때 선봉장으로 조선에 침공한 가토 기요마사加藤清正 사령관의 휘하 장수의 한 사람이었다. 그는 문文을 아는 장수로 조선에 침입해 와서는 경상도병마절도사慶尙道兵馬節度使 박진朴晉에게 이내 항복하고 조선인으로 귀화를 청했다.

경상도병마절도사는 경상도 지역의 군을 총괄하는 수장의 벼슬이다. 오늘날 지역의 군사령관과 같은 지위였다. 그의 항복과 귀화는 조선 조정에 큰 화제가 되었는데 선조 임금은 특별히 조선 조정의 벼슬을 주고 성과 본관을 내려주기도 하였다. 오늘날 가락국계 김해김씨가 아닌 김해김씨가 바로 그가 성과 본관을 선조 임금으로 하사받았던 성씨인 것이다.

김충선의 왜국 이름은 사야가沙也可였다. 한자의 표기는 그들 왜인의 발음에서 붙인 것으로 선조 임금이 그에게 성을 김金으로 하고 본관을 김해金海로 하게 한 이유가 있었다.

바다 가운데 있는 왜국에서 온 귀한 인물이라 하는데서 바다 속 금덩이처럼 가치 있다고 하여 금金자가 붙은 김해 고을을 본관으로 삼게 하는 것과 함께 성을 금의 글자인 김씨로 취하게 하였다는 것이다.

경남 왜관에 있는 김충선 사야가 영전

바다 속 금은 육지의 금보다 희소가치가 있는 것이다. 구하기가 어려워 그러했다.

이러한 김충선은 왜군이 주로 사용하는 조총과 화약을 만드는 법을 조선 조정에 알려줘서 신망을 얻었고 이에 따라 조선의 벼슬자리도 얻었다.

그가 조선의 귀화인이 되고 나서 큰 공을 세운 것은 인조임금 때 일어난 이괄李适의 난에 이괄의 부장副將인 서아지徐牙之를 잡아 죽이고, 병자호란 때는 경기도 광주싸움에서 청나라군을 대파하고 많은 포로들을 잡았던 것이다.

고려에서나 조선에서나 귀화인들은 본래의 자기 성을 버리고 귀화국의 성씨 글자를 갖는 것이 상례였다. 그렇게 함으로 해서 벼슬자리에도 오를 수 있고 백성으로서 대접을 받은 것이다.

박씨 성을 취한 왜인도 있었는데 조선 중종 때 귀화한 '산또개'라는 이름을 가진 왜인으로 그는 귀화해서 박씨 성을 갖고 거제도에 살았다. 왜적이 거제도에 침입하였을 때는 앞장서서 물리치기도 한 귀화 왜인이었다.

세종 때 김호심파金好心波, 성종때 김삼보사야문金三甫沙也文이란 귀화 왜인이 있었는데 그들은 선조 임금때 귀화한 '사야가'가 받은 김씨 성보다 먼저 조선의 김씨 성을 가졌던 것이다. 이런 김씨 성이 귀화 왜인에게는 대를 이어서 오늘날도 그들의 후손이 있지 않나 생각할 수 있다.

이렇듯 조선시대 귀화 왜인들이 많았다. 그런데 현 한국인의 여러 성씨들을 보면 김충선(사야가)을 시조로 하는 김해김씨 이외는 귀화 왜인을 시조로 삼은 김씨 성이나 이씨 성 등은 볼 수 없다.

한국에게는 김씨 성이 너무나 많다. 이씨 성도 그런 것이다. 현재 한국인의 총인구에서 5분지 1을 차지한다. 그런 그들은 대개 신라에다 성의 기원을 두고 있다. 사실일까 생각해 볼 일이다.

왜인들 근성은 이러하다

왜인倭人이라 하면 과거 일본인을 두고 말하는 것이다. 명明나라 사람 허의준許儀浚이 항해 중 왜인들에게 나포되어 오랫동안 그들의 나라에 억류되어 살면서 알게 된 왜인들 모습을 소상하게 적어 본국 명나라 조정에 보낸 상소上疏의 글이 있다. 이 글에서 당시의 왜인들 근성과 행동을, 특히 군사들의 행태를 엿볼 수 있는 내용이 있다.

조선에서 임진왜란이 일어나기 바로 전년도에 쓴 것으로 그 내용은 다음과 같다.

"왜인들은 태어난 후 열 살만 되면 칼 쓰는 법을 배우고 활 쏘는 것을 배운다. 《사서四書》, 《주역周易》, 《고문古文》, 《당시唐詩》, 《통감通鑑》을 배우기는 하나 문文과 이理에는 통달하지 못한다. 병들어 죽는 것을 부끄러움으로 알고 대신에 싸우다가 죽는 것을 영광으로 여긴다. 평상시 자제子弟들에게 '열 살이나 백 살이나 모두 한번 죽는 것은 같으니 웅크리고 살 수는 없다.'고 가르쳤다. 짧은 옷과 짧은 소매에 맨발과 깎은 머리에 긴 칼과 짧은 비수匕首를 사용하여 스스로 몸을 보호하였다. 그 나라를 지키는데는 높은 산으로 성을 쌓고 못을 파서 강을 만들고 적이 오면 먹을 양식이 있는 사람은 성으로 올라가 지키게 하고 양식이 없는 사람은 적군에게 다 죽임을 당해도 돌보지 않는다.

적을 공격하러 나갈 때 병사더러 자기 양식을 먹도록 하고 장수는 뒤에 서서 가고 병사들은 앞장서게 한다. 복병伏兵하는 계교가 뛰어나며 거짓으로 패퇴하는 지략은 없다.

깃발을 많이 세워서 적의 기세를 누른다. 병사 1명이 깃발을 10개 가지고 다닌다. 이상하게 꾸민 옷의 빛깔로써 적의 마음을 놀라게 하기도 하는데 소머리에 귀신 얼굴의 탈바가지를 쓰는 놈도 있다. 싸움에 이기면 막 휘몰아 나가 뒤도 안 돌아보고, 패하면 간 떨어지게 이리저리 사방으로 달아난다.

승리하면 패할 것을 생각하지 않고, 패배하면 회복한다는 것도 생각 안한다. 육전陸戰은 잘 하지만 수전水戰은 잘못한다. 화공火攻은 알지 못한다. 장수에게는 정해진 숫자의 군사는 없고, 군사는 두서너 달 먹을 양식이 없다. 나라를 텅 비워놓고 군사들은 전장에 내보낸다. 때문에 뒤로 엄습하는 화禍를 본다. 무거운 짐을 지고 멀리 쫓아가 싸우기만 하고 편안하게 기다렸다가 적이 지치길 기다리는 전법戰法은 없었다. 돈을 뿌려 이간의 술책은 잘 쓰긴 하나 싸움에서 이기면 그 돈을 도로 빼앗아 간다. 같이 죽자는 맹세를 하기는 하나 이익이 생기는 일에는 맹세는 팽개친다. 겸하여 거짓으로 화친和親하고 거짓으로 맹세하여 적국을 속이고 공격한다. 성을 잘 쌓아서 적국을 함락시키고 인의仁義를 가장하여 적국을 속인다. 욕심은 한이 없고, 법은 크고 작은 것을 가리지 않고 털끝만한 죄에도 목을 벤다. 급히 쳐들어오는 것을 가장 두려워하고 천천히 싸우는 것만을 잘하니 급히 치면 손댈 사이도 없고, 늦게 치면 조용히 군대의 세력을 양성한다. 살마薩摩와 관동關東에 사는 사람은 강직하고 싸움을 잘하며 경락京洛[15]과 기내機內에 사는 사람은 부드럽고 간사하여 꾀를 잘 낸다.

적군이 적으면 기운이 배나 나고 적군이 많으면 스스로 움츠리는 마음이 생기며 싸우는 데는 진陣이 없고 죽이는 데는 제한이 없으며 형세를 떠벌려 군사를 놀래게 하니 그 군사 중에 능히 싸울 만한 사람은 겨우 반밖에 안 된다. 배는 면面이 넓고 밑이 뾰족하므로 움직이기가 어려우나 조금만 움직이면 흔들려 엎어지려 하여 달아날 수도 없고 설 수도 없어서 적군의 공격받기가 아주 쉽다. (중략)…… 관백關伯은 매양 싸우게 되면 돈을 보내 화해를 구하고 군사를 십 리 밖에 주둔시켜 밤에 흙무더기를 쌓아 군사가 편히 쉰다. 장수가 한참 쉬기를 기다려 어두운 밤에 성을 쌓고 높은 나무우리를 쌓아서 적군의 허실을 살피고 높은 둑을 의지하여 조총鳥銃으로 공격하며 성 밑에 굴을 뚫고 성 밑을 파들어가 적의 성이 무너지게 한다. 간혹 돈을 뿌려 내응할 사람을 매수하고 더러 간사한 꾀를 내어 적을 잘 잡기도 하며 한 번 적을 잡기만 하면 돈 준 내

---

15 경락(京洛)은 당시 일본의 서울을, 기내(機內)는 수도권 지역을 말한 것이다.

응자의 돈을 도로 빼앗고 죽이기도 한다. 싸울 때 술이 취하기만 하면 기운이 배나 솟아 사는 것을 잊어버리기도 한다."

관백關伯은 일본의 천황 밑에서 나라의 일을 위임받아 군사를 관장하고 실제 통치권을 가진 사람을 칭한 것으로. 예로 도쿠가와德川를 관백이라 부르기도 하였다.

허의준은 이런 내용의 글로 황제에게 상소로 알리고 도요토미 히데요시가 곧 조선을 침범할 것이며 아울러 우리 명나라도 침략할 것이라는 말을 하였다. 허의준은 이런 말도 하였다.

"우리 군사들로 하여금 이利를 보고 죽음을 바치게 하여야 할 것이고 절대로 맹자孟子의 인의仁義 따위 말에 구애받게 해서는 안 된다."

왜인의 근성을 잘 파악한 데서 대응조치를 표현한 것이었다.

일본은 지리적 환경 때문인지 바다건너 대륙으로 진출하려는 심리가 컸다. 따라서 그들 스스로가 힘을 기르는데 그런 근성을 갖게 되었다고 할 수 있는 것이다.

임진왜란이 일어날 무렵 대마도의 작은 두목이라고 하는 왜인 광련光連이란 사람이 있었다. 그는 일본의 첩자 현소玄蘇와 함께 조선 침공을 위한 정탐을 하러 왔는데 그는 오히려 조선 조정에다 도요토미 히데요시가 조선을 침공할 것이라는 정보를 알려주었다. 그런데 조선의 관리들은 그의 정보를 믿지 않았다. 광련은 이런 말도 하였다.

"조선으로 말하면 일본의 좋은 이웃이다. 2백 년 동안 조금도 틈이 없이 우호관계를 유지하여 왔는데 어찌 그것을 깨트리고 군사를 일으켜 상국上國의 땅을 범하려고 하는지. 하물며 나는 상국 조선으로부터 후한 은혜를 받았으므로 죽을 목숨이 살아 있는 것, 뼈에 살을 붙여준 것도 모두 그 은덕을 입었음이다. 내 비록 보잘것없는 존재지만 그래도 인간의 진심을 살아 있다. 하늘과 해를 이고 있으면서 배은망덕하게 조선을 짓밟는다는 것은 말이 아니다. 한 번 죽기는 마찬가지다. 군사를 몰고 바다 건너 조선에는 결코 가지 않는다."

광련의 이 말에 도요토미 히데요시가 대로하고 그를 잡아 죽였는데, 그는 또 이런 말도 하였다.

"일본 사람들은 변덕스럽고 간사하기가 이루 헤아릴 수 없다."

독도는 죽도(다께시마)가 아니다

한자漢字 문화권에서는 지명地名이 무턱대고 지어지지 않는다. 대개가 뜻을 두고 지어지는 것이며 유래가 있다. 일본도 마찬가지로 글자 하나하나에 뜻이 있는 한자를 사용하는 나라이다. 따라서 지명에도 의미를 둬서 지어진 것이다.

그 예로 북해도北海道라는 지명은 일본 본토에서 어느 방향에 있는 땅이란 것을 쉽게 알게끔 지어졌다. 바로 그 섬의 위치를 나타낸 한자의 지명이 되는 것이다. 일본은 사방이 바다로 둘러싸여 있다. 싸여 있는데서 북해도는 북쪽 바다에 접한 땅이란 걸 알게 한다.

일본에서는 절해고도絶海孤島가 되는 우리의 독도獨島를 죽도竹島라고 부른다. 그들의 말은 다께시마이다. 이 말의 한자 표기는 죽도竹島인 것이다.

한자로 竹島(죽도)이면 대나무섬이란 뜻을 갖는다. 대나무가 많은 섬이어서 사실 죽도라고 섬 이름을 지었다고 할 것이다. 그런데 독도는 한국의 명칭처럼 따로 떨어져 있고 외딴 섬으로 거의 암석으로 형성되어 있다. 일본의 명칭처럼 대나무 같은 건 한 그루도 볼 수 없고 다른 잡목도 흔치 않은 바위섬이다. 우리 선대는 일찍이 이 섬을 돌섬, 즉 석도石島로 부르기도 했다.

왜 일본에서는 그런 섬을 죽도다께시마라고 불렀는지 명칭 그 자체에 대해서는 의문을 갖게 한다. 그런데 한국의 옛 문헌에서는 울릉도를 오히려 죽도라 불렀다고 기록 하였다.

조선시대 이맹휴李盟休가 왕명에 의해 편찬한《춘관지春官誌》라는 책이 있다. 이 책은 예조禮曹에 관한 여러 가지 사례事例를 수록한 것으로 영조 20년(1744)에 편찬된 것이다. 여기에 다음과 같은 내용이 있는 것을 본다.

"울릉도라는 섬은 울진현蔚珍縣의 바로 동쪽 바다 가운데 있다. 날씨가 청명하면 산봉우리 끝이며 산등성이를 역력히 볼 수 있다. 지역이 넓고 땅이 비옥하다. 대竹를 산출하므로 죽도竹島라고 한다. 세 봉우리가 있어 삼봉도(三峯島)라고도 한다. 우산于山, 우릉羽陵, 울릉蔚陵, 무릉武陵, 의죽礒竹 등 명칭도 있는데 이것은 모두 와음訛音으로 인해 그렇게 불려진다고 할 것이다."

조선 선조 때 사람이며 광해군 6년(1614)에 옛 기문奇聞들을 모아 편찬한 이수광李睟光의 기사기문집奇事奇聞集인 지봉유설芝峯類說에는 다음과 같은 내용을 보여 주고 있다.

"땅이 비옥하여 대竹가 깃대처럼 솟아 있고 쥐는 고양이만큼 크며 복

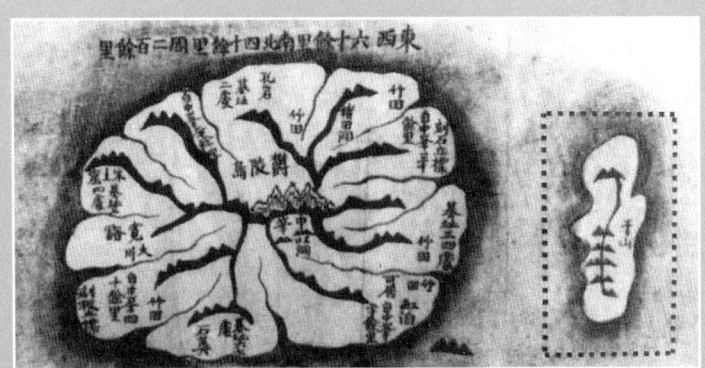

독도 옛이름 '우산(于山)' 선명 독도가 그려진 〈대동여지도〉 필사본의 울릉도 독도 부분. 점선 부분이 독도다. 독도의 옛 이름인 우산이 선명하게 적혀있다.

숭아가 되升보다 크다고 한다. 임진왜란 후에 가 본 사람이 있는데 그 섬도 또한 왜놈들이 분탕질하여 우리 조선 사람이 사는 사람이 없다고 한다. 근자에 와서 들으니 왜놈들이 의죽도礒竹島를 점거하여 산다고도 하였다. 의죽은 곧 울릉도라고 하는 것이다."

의죽礒竹이라는 말은 바위 사이에서 자라는 대나무를 표현한 것이다. 조선시대에 편찬한 문헌들을 보면 울릉도를는 죽도 또는 의죽도로 표현된 내용이 많다. 이 내용에서 울릉도가 확실히 대나무 생산이 많았던 섬이란 것을 알게 한다. 오늘날에 와서 일본이 주장하는 독도가 죽도가 아니고 울릉도가 바로 죽도임이 확인된다 하겠는데, 지금의 울릉도가 일본인들이 자기네 땅이라고 주장하지 못하면 독도가 자기네 땅이라고 마찬가지로 주장을 못한다 할 것이다.

울릉도는 한때 사람들이 살지 않았다. 죄인 등 유민流民들이 섬으로 도망쳐 가는 일이 많아 조선의 태종과 세종은 섬에 사는 것을 금지시키고 단속하였다. 그 때문에 한동안 사람이 안 사는 무인도로 있었다. 이런 틈을 타서 대마도의 왜인들이 자주 가서 섬을 무단 점거하고 토산물 채취와 대나무를 베서 반출해 갔다.

숙종 때 와서 대마도 도주島主가 부산 동래부東萊府 관아에 글을 보내기를, "조선인이 일본의 의죽도를 침범하여 왔으므로 붙잡아 압송한다."하며 오히려 울릉도 출입을 금지시켜 달라고 하였다. 이에 조선 조정에서는 오히려 왜인들의 울릉도 접근을 단속하기 시작하였고, 장한상張漢相 등 무신武臣들을 보내 울릉도를 감시하고 법을 만들어 5년마다 울릉도를 둘러보며 상황을 조사시켰다. 특히 안용복安龍福은 울릉도 근처에서 고기잡이를 하다가 왜선을 만나면 무섭게 공격을 하여 그들을 혼비백산케 한 것이 그들 왜인을 크게 응징한 바가 되었고 왜선은 이후 울릉도 접근을 삼가하였다.

울릉도가 죽도가 아니고 다른 또 하나의 섬이 있어서 죽도가 있는 것처럼 오인誤認을 하게 하는 사건이 있었다. 그것은 대마도 도주島主가 의죽도 즉 울릉도를 자기네 땅이라고 제기하는 글을 조선 조정에서 받았을 때 조선의 답서에서는 '귀계貴界 죽도와 폐경弊境의 울릉도' 운운하는 말이 있었다.

이 말은 마치 죽도와 울릉도 두 섬이 있는 것처럼 표현된 것이어서 오해를 갖게 했던 사건이었다. 이 오해의 글귀는 예조禮曹[16]의 관리 잘못이었다. 표현을 잘못했던 것이다. 조정에서는 뒤늦게 실언失言한 것을 알고 대마도 도주에게 고쳐서 다시 답신을 보내고 했다.

《통문관지通文館志》에 그 사건의 내용을 알 수 있는 글이 있다.

"하나의 섬이 이름 둘이라 함은 우리 조선의 문헌에서 보지만 이번에 그 말이 생긴 것은 실은 당신네 관리의 입에서 나왔다. 계유년(숙종 19년) 첫 번째 답서에 이른바 '귀계貴界 죽도와 폐경弊境의 울릉도'라 한 말은 당시 예조禮曹의 관리가 지난 자료를 받지 못하여 잘못 쓴 것이다. 따라서 그의 실언을 조정에서는 책망하였다. 그래서 당신네는 서면을 보

---

[16] 예조(禮曹)는 당시 제사 연회 등 국가의 의례에 대한 일과 외교, 학교, 과거관계의 일을 맡은 중앙관청.

내 고쳐 주기를 청했고 조선 조정에서는 그 청을 따라 마땅히 고쳐서 실언을 바로잡았다. 지금도 고쳐 보낸 당시의 서면을 믿을지어다."

귀계貴界, 귀주貴州는 대마도측을 말한다. 계유년에 있은 일던 대마도 도주가 의죽도를 자기네 땅이라고 하며 조선인이 일본의 의죽도를 침범하여 왔다는 사람을 부산 동래부에 압송시킨 사건이다. 이 사건으로 인해 조선에서 대마도의 왜인에게 식량과 생활물자를 파는 것을 금지시키겠다는 통보가 있었다. 만약 조선에서 식량과 생활물자를 가져가지 않으면 대마도 왜인은 생활하기가 어려웠던 형편이었다. 그들은 말을 조선에다 팔고 식량을 구입해 가는 일이 많았다.

통문관지는 사역원司譯院의 연혁과 고래古來의 사적史籍을 쓴 책이다. 조선 숙종 때 김지남金指南이 편찬하였다.[17]

대마도의 왜인이 울릉도에서 나는 고기며 대나무를 탐내고 하여 자주 섬에 들어가 노략질하였는데 그러한 그들이 울릉도가 자기네 땅이라고 허언虛言을 하고 우겨대는 행태까지 보이고 했는데 대마도 도주는 자기가 어떤 서신을 보낼 때 마치 죽도와 울릉도가 두 섬인 것 같이 조선의 실언이었던 '귀국(대마도측)의 죽도와 폐경 울릉도'라는 언급을 곧잘 써먹었다. 이 때문에 조선 조정에서는 강력한 대응책을 세웠는데 그것이 대마도와 교역을 중단시키는 일이었다.

폐경弊境이란 말은 낮추는 뜻에서 우리의 경계선 또는 지역이란 뜻

---

17 사역원은 외국말 통역을 맡은 관청

이다. 하나의 섬 울릉도 이름이 둘이라 한 것은 본래 우리나라의 여러 문헌에 실려 있었다.

숙종에 앞서 광해군 때 일이다. 왜국의 배 두 척이 의죽도의 형세를 살폈다. 조선 조정에서는 섬의 접근을 막고 동래부사 박경업朴慶業에게 명하여 공문을 보내게 했는데 그 내용에, "당신들이 이 섬을 탐지하려는 것이 옳지 못한 일이라 할 것인데 외람되게 경계를 넘어와 탐색하니 무슨 의도인지 모르겠다. 그 행위는 이웃나라 우호를 무시하였다 할 것이다. 의죽도는 실은 우리나라 울릉도인데 경상, 강원 양쪽 해양에 위치해 있다. 일찍이 여지승람에 실려 있으니 어찌 우리가 우리 땅이라 하지 않겠는가. 대체로 신라, 고려 이래로 토산물을 채취해 왔으며 우리 조정에서는 죄를 짓고 달아나는 사람들을 그곳에서 찾아내고 했다. 그런데 어찌 다른 나라 사람이 이 섬에 살게 하도록 가만 두겠는가? 향후 표류한 당신네 배라도 경계를 넘어왔으면 해적선으로 다스리겠다." 하는 경고성 글을 담았다.

분명 울릉도가 죽도라는 별칭이 있었는데 울릉도가 일본의 땅이 아닌 이상 외딴 섬이란 이름의 독도를 죽도라 하며 자기네 땅이라 함은 어불성설이라 할 것이다. 그리고 조선 후기에 김정호가 제작한 〈대동여지도〉에 독도를 '우산도于山島'라 표기하기도 한 것을 보는 것이다.

교하交河로 천도 준비를 하다

조선 15대 광해군(1608~1623)이 재위 시 도읍을 옮기려 한 일이 있었다. 그 이유에 대해서는 선왕 14대 선조 재위 때 왜군 침입의 임진왜란을 겪고 그 전화戰禍로 인해 전국 곳곳에 변고가 잇달아 일어나고 민심이 흉흉해지면서 온갖 유언비어가 나오고 한데 있었다. 옮기려는 도읍지는 한양과 멀지 않은 교하였다. 지금의 파주지역이다.

당시 나라의 풍수지리를 맡은 술사術士 이의신李懿信이란 관리가 나라의 평안과 민심수습의 명목을 내세워 수도 한양을 벗어나 다른 곳에다 궁궐을 짓고 천도하자는 상소를 한 일이 있었다.

조선 14대 선조 때 판서判書를 지내고 광해군 재위 시에는 영의정領議政까지 오른 명신名臣 백사 이항복白沙 李恒福의 글을 모은 백사집白沙集에 다음과 같은 내용이 있는 것을 보게 된다.

"전하께서 교하交河에다 부府나 혹은 서울을 설치하는 것이 좋으냐, 반대냐 하는 가부를 물으셨으니 이것은 이의신이란 자가 천도를 함이 이롭다 하는 글을 올린 때문에 나온 것으로 봅니다. 옛날 중국의 여러 나라가 풍수지리와 땅의 기운을 가지고 나라의 도읍지로 정하였다고는 보지 않습니다. 만약에 땅 기운이 다해서 산이 헐벗어지고 했다면 중국 진晉나라의 서울 구주句注는 소나무와 잣나무가 울창해 있었는데도 망했고, 제濟나라의 서울 우산牛山은 벌거숭이 산들이었고 하였지만 다른 여러 나라보다 맨 뒤에 망했습니다. 어찌 산이 민둥한 벌거숭이산이 되었다고 하여 나라가 망한다 하겠습니까? 산이 황량하게 벌거숭이가 되고 하는 것은 나라의 법을 무시한 벌목이 심했기 때문입니다. 이런 이유로 벌거숭이가 된 산을 탓하면 산은 억울하고 원통하다 할 것입니다. 신(臣)은 땅의 기운 같은 것을 잘 알지는 못하지만 인간의 일을 익히 아는 바 나라의 일과 집안의 일에 관한 길흉은 사람의 탓에 있다고 하겠습니다. 일찍이 인간지사人間之事를 보건대 사람은 덕을 심고 복을 심고 하는 것이 최상인 것으로 약을 먹고 하면 수명도 늘리는 것이 되며 재물을 모으면 후손에 전하는 일에 제일가는 상책이기도 하는 것으로, 이러지 않고 질병이니 재앙이니 하는 것에 백방으로 손을 써도 소용없다는 식으로 집을 옮기고 방위方位를 보고 하는 계책은 만일의 요행을 바라는 것입니다. 그 때문에 이곳저곳으로 옮겨 다니다 보면 그 때문에 솥이 깨어지고 표주박도 없어져 되레 집은 곤궁해지기만 하는 것으로 이런 불행을 거울로 삼아야 합니다."

1609년(광해군 1) 11월부터 1635년(인조 13) 8월까지 조정에서 발행한 관보官報 형식의 조보朝報인 응천일록凝川日錄에는 "인의引儀 이의신의 상소는 괴이하고 허망한 말을 남김없이 다하여 서울의 땅 기운이 쇠진하였다는 이유로 교하를 길지吉地로 삼아 옮기자 하는 것은 실로 놀라운 일이오니 전하께서는 그자의 말을 엄하게 물리쳐서 민심을 안정시키는 것이 옳습니다." 하는 기록이 있다.

이 두 문집의 글 내용으로 봐서도 임진왜란 이후 당시 광해군 때 수도를 다른 데로 옮기자는 논의가 적잖았음을 알 수가 있다.

인의引儀 는 조선시대 궁중의 각종 의식儀式에 관한 일을 맡은 관청인 통례원通禮院의 종6품 품계에 해당하는 벼슬자리이다.

이의신은 조정에서 풍수지리 관계를 맡은 하급 관리였다.

당시 예조판서禮曹判書 직에 있었던 월사 이정구月沙 李廷龜는 이런 말을 하였다.

"한양 서울은 뒤로 화악華岳을 웅거하고 앞으로는 한강漢江에 임해 있어 토지가 평탄하고 도로道路의 거리가 고르고 합니다. 이는 실로 전후前後에서 중국 사신들이 찬사를 했던 바가 있습니다. 나라의 수도를 옮기는 것은 이를데 없는 중대한 사안인데 어찌 한 개인의 허망한 말을 듣고 2백 년 동안 다져온 터전과 안전하게 사는 백성들을 하루아침에 휩쓸려 떠돌게 한답니까? 고려 중기에 요망한 중 묘청妙淸이 송도의 지기地氣가 다 되었다고 서경(평양)에 왕의 기운이 있다는 감언을 해서 드디어 새 궁궐을 그곳 임원역林原驛에 지었더니 마침내 유담의 난이 일어났습니다. 이런 과거사가 실로 경계가 되는 것입니다."

이정구가 주청하는 말에 일단 의논은 멈추어졌던 것으로 광해군은 임진년 전화와 역적 무리들이 잇달아 일어나고 또한 신하들 사이에 당 파싸움이 끊임없는 데서 심히 불안하여 술사 이의신의 건의를 쉽게 귀담아 듣고 조정 신하들과 수도 이전의 논의를 하였던 것이다.

묘청은 고려 인종 13년(1135)에 천도운동을 하다가 여의치 아니하자 서경西京에서 난을 일으킨 위인이고, 유담은 당시 병부상서兵部尙書직에 있던 고위관리였다. 병부는 군사관계를 맡은 중앙관청이다.

광해군 재위 4년(1612)에 술사 이의신이 교하로 천도하는 것이 좋다고 주청하였을 때 광해군은 은근히 찬성을 하여 정2품 이상의 재상과 숙의도 해 보았는데 한결같이 불가하다는 말만 들었다.

하루는 광해군이 선왕이 신임하던 내시內侍 이봉정李鳳楨과 의논하기를 "나는 옮길 것을 원하는데 대신들이 말을 안 듣는다. 내 뜻을 그대가 헤아릴 수 있겠는가?" 하였다.

이에 이봉정은 답하기를, "임금이 하고자 하는데 무슨 일인들 못 하겠습니까. 다만 도읍이 이루어져도 옮겨 가는 데까지 난관에 봉착할 것입니다." 하면서 난색을 표했다.

조정 신하들의 반대가 심한데서 결국 이의신을 혹세무민하는 자라고 하며 오히려 처단 할 것을 상소하는 글이 많았다.

이의신을 처단해야 한다는 상소에 광해군은 이런 말을 하였다.

"역대 어느 나라에도 두 개의 수도가 있었다. 중국 주周나라에서는 낙양洛陽과 호경鎬京이 있었다. 두 수도가 다 백성들로부터 우러러 받들어졌다. 명明나라에도 남경南京과 북경北京 두 서울이 있었다. 이의신은 나라를 위하여 큰 계책을 청한 것이고 별궁을 세우자고 했을 뿐이다. 이 일을 불같이 반대들 하니 그대들 생각이 어떻다는 것을 알겠다만 이의신의 일을 가지고 처형까지 청하니 나를 위해 충성하는 신하들이 다 옳지 않으면 모두 베어 버려야 하는가?"

광해군은 결국 교하에다 본궁本宮이 아닌 별채의 이궁離宮 만이라도 건립하기로 했는데 건립과정에서도 반대가 컸다. 그리고 토목공사로 인한 백성들의 원성이 컸다.

《일월록》에 보면 다음과 같은 내용이 있다.

"병진년(광해군 재위 8년) 봄에 영건도감營建都監을 설치하고 경덕敬德, 자수慈壽, 인경仁慶 등의 궁궐을 지으니 민가民家의 수천 구역이 철거당하고 팔도의 백성들에게 전결田結에 따라 재목材木을 받아냈다. 그리고 팔도의 중들을 모아 역사役事에 동원시켰다."

또 이런 내용도 있었다.

"궁궐의 역사가 겹치고 급해지고 하여서 백성의 곤궁은 심하였고 재정은 말라 원성이 무더기로 일어났다. 이로 인해 백성들로 하여금 금과 은, 구리와 면포 등을 바쳐 벼슬을 사게 하고 그것으로 재정을 충당해 나갔다. 이때 사람들은 민요를 지어 부르기를, "금이나 옥은 은이더냐 돌이더냐, 비단옷과 명주옷은 흙이더냐 나무더냐." 하였다."

그 원문은 '金者玉者銀耶石耶, 金衣細衣土耶木耶(금자옥자은야석야 금의세의토야목야)'였다. 이 민요는 아무 가치가 없다는 야유의 내용을 담고 있었다.

광해군은 재주 있는 임금으로 알려졌으나 사리판단에는 흐렸다는 말이 있다. 이 때문에 왕위를 유지하지 못하고 폐위당한 것이다. 풍수지리에 신경을 쓰다 보면 자신도 모르게 요행을 바라기 십상인 것이다.

은銀을 공물로 바치다

조선 중기의 문장가로 알려진 상촌 신흠象村 申欽의 문집인 외집휘언外集彙言을 들여다보면 우리나라에 은銀을 캐는 광산이 많았고, 고려 때는 이 은을 캐서 중국에다 공물貢物로 보내는 일이 자주 있었으며, 이로 인해서 백성들이 나라의 명령에 따라 은광을 찾아 캐내는데 고초가 참으로 컸다고 하였다.

그런데 조선에 와서는 조정에서 중국에다 진정을 하여 은을 공물로 바치는 것을 면제받고 따라서 은을 캐는 일을 금하는 법을 만들어 여기에 중국으로 가는 역관譯官 등이 사사로이 은을 가지고 압록강을 건너는 일이 있으면 죄인으로 다루어 벌을 내렸다는 설명이 있었다.

중국에다 은을 공물로 바쳤다는 나라는 당시 원元나라였고, 조선에서 은을 공물로 면제받았다는 나라는 원나라가 망한 후의 명明나라였다.

역관은 사신을 따라가서 통역을 맡는 관리를 말한 것인데 당시 통역관은 몰래 은을 소지해 가서 그곳 장사치와 밀거래를 하는 일이 있었다.

고려 4대 광종(949~975) 때는 동銅 5만 근과 자백수정紫白水晶을 각각 2천 덩이를 후주後周에 바친 일도 있었다.

후주라 하면 중국의 당唐나라가 망한 후 등장하였던 나라였고 자백수정은 붉은 빛깔을 띠는 수정과 흰 빛깔을 띤 수정 두 종류를 말한 것이다.

조선시대 역대 왕조의 사적史蹟을 적은 국조보감國朝寶鑑의 기록에 보면 고려시대 직산稷山과 성환成歡에서 금을 캐내어 원나라에 공물로 바쳤다는 기록이 있다. 뿐만 아니라 원나라에서 사신을 보내 고려의 남방에서 금을 캐게 하였다는 기록도 있었다.

고려와 조선의 기록에서 우리나라는 예로부터 금, 은, 동의 광물이 많았다는 것을 알 수 있고 여기에서 당시 종주국으로 행세하던 중국에 착취당하듯 상납이 많이 이루어졌음을 알 수 있는 것이다.

임진왜란 때 와서 중국이 은을 가지고 군량 조달과 상을 주고 하였으며, 이로 인해 우리나라에 은화銀貨가 크게 유통이 되었는데 시정 상인들이 은을 가지고 물가의 고하高下를 삼았다. 호조戶曹에서 은을 가지고 각종 경비와 사신 접대 등이 많아 은값이 폭등하는 모습이 보이자 여염집에서는 귀할 때 은을 팔고 흔할 때 사서 이윤을 취하기를 하여 큰 이익을 보고, 조정에서는 탐관오리들이 서로 뇌물질하는 것이 이 은만 한 게 없었다 하는 내용이 신흠의 외집휘언에서 보게 되는데 다음과 같은 내용의 글도 있었다.

"조정에서는 은의 사용을 엄히 금했다. 평시에 중국 사신의 접대에는 토산물을 예물로 삼았을 뿐이다. 임진왜란 후에 조정의 은 사용금지가 해이해져 가자 시정에서는 은을 화폐로 삼는 폐단이 나타났다. 지난해 중국에서 두 칙사가 왔을 때 은 수만 냥을 긁어모아 갔다. 근래에 내왕하는 차관差官도 은을 요구하는 일이 심하였는데 우리나라 보기를 은을 취하는 소굴처럼 삼고 있었다."

이 내용에서는 중국의 사신이나 차관(임시로 파견되는 관리를 말함)으로부터 은 수탈이 어떠했는지를 짐작하게 하는 것으로 그런 수탈이 많이 있었다는 것은 그만큼 우리나라에 은 채굴이 많았음을 증명해 준 것이었다.

조선 인조(1623~1649) 때 고위 관직에 있던 죽창 이덕형竹窓 李德泂의 글을 모은 죽창한화竹窓閑話에, "선조 을사년乙巳年 호조참판戶曹參判 신식申湜이 아뢰기를 '양주 땅에 은이 나는 곳이 있사온데 국가의 재정이 탕진되다시피 한 처지에 백성들로 하여금 채광토록 허용하여 그들로부터 세稅를 징수하면 공사간公私間 좋은 일이라 하겠습니다.' 하니 사간司諫 이덕형은 '일찍이 들은 바에 의하면 우리나라 명산에 은이 나지 않는 곳이 없다 하는데 삼국시대부터 오늘날까지 채취된 곳은 단지 단천端川뿐이었습니다. 그런데 다른 여러 곳에도 은이 나오는 은광이 있다는 것을 믿을 수가 없습니다. 고려 말기에 중국에서 은을 바치라는 독촉이 있을 때 정몽주鄭夢周가 사신으로 들어가 청원을 하여 면제를 받고 대신에 토산물을 바치기로 했습니다.' 하였다. 이튿날 승정원承政院에서 전하의 전교가 '혼돈混沌을 파면 혼돈이 죽고, 은혈銀穴을 파헤치면 인심이 죽는다.'라고 하였다."

혼돈은 하늘과 땅이 나눠져 있기 이전의 상태를 말한 것으로 중국 장자莊子의 우화에 나오는 '혼돈이란 물건이 구멍이 없으므로 구멍을 뚫어 주었더니 혼돈이 죽었다.'라는 말에서 인용된 것으로 자연 그대로 두어야 한다는 고사였다.

선조의 전교도 이 고사처럼 사간 이덕형의 말을 따른다 하는 것이었다. 사간은 왕에 직접 간언을 하는 벼슬자리이고 승정원은 왕명을 전달하고 이행여부를 보고하는 관청이다.

단천은 함경도에 있는 단천을 칭한 것이다.

이에 앞서 선조는 호조戶曹에서 은 채굴을 주청받은 일이 있었다. 그때 선조는 이런 말을 임인년(壬寅年 : 1662)에 하였다.

"바다에서 소금을 만들어 내고 산에서 쇠를 캐내어 민생을 넉넉하게 하고 국가의 용도를 풍족하게 하려는 것에는 뜻은 좋다. 다만 이익의 근원을 한번 열어 놓으면 폐단이 반드시 그림자처럼 따르는 법이다. 우리나라 곳곳에 은광이 있다는 말이 적국에 흘러 들어가면 침을 흘리고 침입할 뜻을 갖는다. 지금 중국의 태감太監 13성省에서 은이 나온다는 곳을 나누어 점거하고 크게 은혈銀穴을 열어서 하찮은 것까지 채굴하여 이익을 차지하고 했으니 만약 우리나라에 은광이 있다는 사실을 중국이 알게 되면 그들은 관청을 설치하고 광산을 개발하기를 고려 때에 있었던 정동행성征東行省처럼 행동한다. 그러면 어떻게 대처하겠는가? 한 가지 이利를 취하는 것이 한 가지 해害를 제거하는 것만 같지 못하고, 한

가지 일을 만드는 것이 한 가지 일을 감減하는 것만 같지 못하니 은광을 파지 말라."

이 말에는 이를 추구하다 보면 해가 따르게 마련이라는 뜻을 담은 것으로 따르는 해악을 없애자면 이익을 취하는 것을 삼갈 필요가 있다는 내용이다.

대국大國이라 하는 중국은 그들이 소국小國으로 여기는 조선에서 나오는 은을 시도 때도 없이 가져가는 것을 다반사로 하였다. 조선의 선조는 왜국의 침입으로 국난을 겪으면서 중국의 명나라가 어떤 도움을 주었는지 잘 알고 있었다. 그들은 원군을 보내면서도 조선의 금과 은을 가져가는 것을 보았다. 조선 초기에는 조선 조정의 간청에 의해 은을 공물로 바치는 것을 면제해 주는 약속을 하였는데 그 약속을 지켜주지 아니한 명나라였던 것이다.

태감은 고위직에 있는 대감을 말한 것이고 13성은 조정의 13개 관청을 말한 것이다.

왜인은 흑치족黑齒族이다

우리의 역사에 보면 백제편에 흑치상지黑齒常之라는 장수가 있는 것을 보게 된다. 이 흑치상지 장수의 성이 흑치라고 알려져 있었는데 중국에서는 반대로 흑치상지의 성은 흑치가 아니고 여餘라 하였다.

여라 하면 백제의 왕족 성씨였던 부여夫餘를 말한다. 흑치상지도 백제의 왕족이었다고 하는데 백제가 망한 후 중국 당나라에 망명해 살 때 여씨餘氏 성을 취해 있었다고 한다.

그런데 백제에 있을 때는 상지常之라는 이름 앞에다가 흑치黑齒라는 두 글자의 성을 왜 붙였는가 하는 의문이 있는 것이다. 백제의 왕족이었다면 당연히 부여 또는 여씨 성을 이름에다 붙여야 했다. 중국 당나라에서는 망명 백제인 흑치상지를 백제의 장수였고 귀족의 신분이었다는 데서 당나라 조정은 짐짓 그의 성을 여씨라 붙였던 것이다. 이 흑치라는 말이 우리 옛 선대先代의 글에서는 왜인을 두고 일컬었던 것을 본다. 왜인은 현 일본인을 말한 것이다.

조선 19대 숙종(1674~1720) 때 풍암 김종필楓巖 金宗弼이 역사·정치·사회관계의 사실을 수필적으로 쓴 내용이 있는데, 이 내용은 저자 자신이 보고 듣고 한 것을 기록한 일종의 야사野史이기도 한 것으로 여기에 다음과 같은 기록이 있는 것을 보게 된다.

"흑치黑齒들이 옛날에는 성씨가 없었는데 제齊·양梁 때 와서 산성주山城州의 주인 윤공允恭이라는 사람이 비로소 성씨라는 것을 가졌던 것으로 등藤의 성씨가 먼저 있었고, 그 다음에 평平·원源의 성씨가 있었다. 환무천황桓武天皇의 자손은 평씨平氏·원씨源氏가 되었다고 한다. 이 세 성씨가 모두 크게 되었는데 원씨가 가장 번창하여 원뇌조源賴朝의 아버지와 할아버지 이상에서는 귀족과 관백關白이 된 사람이 많았다."

또 어느 저서에는 "그 나라 가운데 평平·원源·귤橘·등藤 네 성姓의 큰 족속들이 서로 다투어 빼앗고 하여 관백關白이 되고 하였다. 천황天皇의 맏아들은 그 네 족속에게 장가들고 둘째아들 이하는 장가들지 않았으며 딸들은 머리를 깎고 여승女僧이 되었다. 이것은 자기네 여인만큼 높은 신분의 남자는 없다는데서, 즉 신분이 낮은 사람의 아내가 될 수 없다는 이유였다. 천황의 다른 아들들은 여러 대신大臣의 집에 장가들었다."

관백은 도백道伯과 같은 뜻이다. 지역을 통치하는 수장, 즉 우두머리를 말한다. 일본에는 천황 아래 당시 군웅할거의 양상과 같은 큰 단위의 지역이 분할되어 통치자는 실제 따로 있었다. 도요토미 히데요시豊臣秀吉도 그런 관백의 한 사람이었다. 그들은 대개 무사武士 출신이었다.

역시 조선 숙종 때 사람 허목許穆이 쓴 미수기언眉叟記言에는 왜인에 대하여 다음과 같은 언급이 있는 것을 본다.

"그 나라의 풍속이 귀신을 믿고 부처를 섬겨서 남자는 수염과 머리를 깎고 여자는 몽당 머리를 하였으며 남녀가 모두 웃옷을 입고, 귀인들은 이빨에 옻칠을 하며 부인도 이빨에 옻칠을 하는 까닭으로 흑치黑齒라고 하였다."

허목은 숙종 때 명신名臣으로 알려졌다. 우의정右議政에 오르기도 하였고 문장과 글씨에 뛰어났으며 그가 남겨놓은 저서도 많았다.

이 흑치란 말은 조선 숙종 때 제술관製述官으로 일본에 갔을 때 일기 형식으로 쓴 신유한申維翰의 해유록海遊錄에서도 보게 된다.

"대마도에서 적관赤關까지 그 가운데 대해大海가 있고 담로淡路의 동남쪽 바다 길과 대륙의 여러 고을이 모두 작은 바다로 둘러있다. 적관서 5백 리를 가면 대판大阪이고, 대판서 동쪽으로 7백 리를 가면 강기岡崎인데 그곳에 금절하金絕河가 있으니 하수의 넓이가 10리나 된다. 그 북쪽에 부사산富士山이 있으니 흑치국黑齒國의 진산鎭山이다."

적관赤關은 대마도에서 항로로 가까운 일본의 구주(九州 : 규슈)에 있는 항구 도시이다. 대판大阪은 현 일본 대륙의 큰 도시 오사카(일본어)를 칭한 것이고 부사산富士山은 일본의 명산名山으로 알려진 후지산을 말한 것이다.

이 기록에서 보면 당시 일본은 흑치국이란 말을 들은 것이다. 해유록에는 다음과 같은 기록도 있다.

"금절하金絕河는 옛날부터 전하는 말이 조선에서 간 사신이 그 나라에서 준 금과 은을 북하北河에 던져버리니 하수 위쪽에 사는 사람들이 그의 의로움을 사모하여 하수의 이름을 금절하라고 했다."

하수河水는 강물을 말한 것이다.

해유록에는 흑치국의 주州와 현縣에 관한 기록과 사람들이 많이 모여 사는 도시에 관한 기록도 해 두었다. 여기에 흑치는 7도道, 60주州, 611현縣이라 하였고 도시는 산성주山城州 · 대판大阪 · 강호江戶를 3대 도시로 칭하였다.

그러니까 일본은 흑치국이란 별도의 나라이름이 있었던 것이다.

해유록에서는 흑치국의 진산을 부사산富士山이라고 말하면서 산의 형세도 언급하였다. 그 언급에는 산꼭대기까지가 80리나 되고, 그 위에 못이 있으며 한여름에도 눈이 쌓여 있다고 하였다.

허목이 쓴 미수기언에는 이런 내용이 있다.

"흑치라는 것은 동해東海에 있는 오랑캐의 나라로서 창해滄海 동쪽 발해 밖에 있으니 역시 일본의 왜倭라고 한다. 진시황秦始皇 때 서시徐市가 동남녀童男女 5백 명과 함께 바다에 들어가 삼신산三神山의 불사약不死藥을 구하려고 갔는데 이것이 흑치黑齒의 별종이 되었다."

이 내용에서 흑치의 별종이라 하면 기존 흑치족이 있었던 것으로 여기에 별도의 종족이 생겼다는 말이다.

일본의 옛 나라 명칭은 왜倭라 하였다. 이 倭(왜)는 나라라는 뜻을 가진 글자인 것이다. 이런 글자의 나라 이름 표시는 일본밖에 없었다. 그러다가 후에 '일본'이란 국명國名을 쓴 것이다.

　조선시대도 마찬가지로 지금의 일본을 왜국倭國이라 하였다. 일본에 사신으로 갔던 조선 관리들이나 방문자들은 모두 그 국명으로 보고서를 쓰거나 견문기를 쓰고 했던 것이다.

　백사 이항복白沙 李恒福의 글에서는 이런 내용을 보게 된다.

　"한 무제漢武帝가 조선을 쳐 없앤 뒤 왜국倭國의 사신이 한 나라에 갈 때 거치는 나라가 30개쯤이나 되었다. 진晋·송宋나라를 거치기도 하였는데 그 길에 반드시 대방군帶方郡을 거쳐 갔다. 대방을 거쳐 갈 때는 백제의 남쪽 바다를 지나게 되는 것으로 대방군에 예속되기도 하였다. 왜국은 백제와 서로 좋게 지냈다. 그러하였기 때문에 백제의 650여 년에서 왜국이 쳐들어갔다는 기사記事 같은 것은 백제의 역사에는 한군데도 볼 수 없는 것이다."

　대방군은 한강 이북의 경기도 지방과 황해도 지방을 총칭한 지역을 말한 것인데 중국 한漢나라가 한사군漢四郡을 설치할 때 낙랑군樂浪郡의 일개 현縣이 되었다가 후한後漢 때 가서는 독립된 군郡으로 후한의 속령屬領으로 있었다. 그러다가 후한이 망한 후에는 백제의 땅이 되었던 것이다.

　백사 이항복은 조선 선조 때 재상이었으며 명신名臣이다. 이항복의 글에서는 백제와 왜국의 친밀관계를 단적으로 시사해 주는 바가 있는 것이다. 과거 백제의 제도와 문화가 일본에 많이 전파되고 영향을 끼친 것을 잘 안다. 이런 관계에서 백제의 흑치상지가 왜인, 즉 흑치족과 무슨 관계가 있지 않는가 하는 생각을 해 볼 수 있는 것이다.

흑치가 성이 아니란 것은 밝혀졌다. 백제도 일본의 8족 성씨처럼 8족의 성이란 게 있었다. 진眞·사沙·연燕·협協·해解·국國·목木·묘苗가 그것이다. 일본의 8족 성씨는 천무천황天武天皇이 창시한 것으로 알려졌는데, 그 여덟 가지 성씨를 그들은 8색성八色姓이라 하였다. 이 가운데 백제의 진眞 성씨와 유사한 眞人(진인 : 마히도)이 있는 것이다.

백제의 왕인王仁은 《논어》 10권과 천자문 1권을 가지고 일본에 건너가 해박한 지식으로 일본의 응신천황應神天皇의 태자(왕자)를 가르친 일이 있다.

그때 왜국은 이미 백제와 유사한 성씨 문화를 보이기 시작한 것이다. 응신천황 이후 천무천황 때 창시한 여덟 가지 성은 7세기경 환무천황桓武天皇이 수도를 경도(京都 : 교토)로 옮기면서 8색성, 즉 여덟 가지 성을 없앴다. 이 8색성은 귀족층에 천황이 내려주었던 것으로 환무천황은 8색성을 폐지하는 대신에 일반 서민층에게 필히 성을 갖도록 제도를 만들었다.

8색성 폐지에서 천황 자신의 성은 물론 황족에게 있는 성도 없앴다. 여기에는 이유가 있었다. 당시 무인武人들이 세력을 갖고 집권하던 시대였는데 지배층에만 제한했던 성씨로 인해 씨족집단 간에 가문 싸움이 계속되고 이에 반해 신흥 세력이 등장하여 그들 기존 가문을 없애게 하는 압력이 있었던 탓이었다.

당시 신흥세력이란 원(源 : 미나모토)·평(平 : 타히라)·등원(騰原 : 후지

하라) 등의 8색성의 성씨가 아닌 성씨가 세력을 형성하고 있었다. 이 성씨에서 등원(후지하라)이 집권을 하자 천황 중심의 율령제도律令制度가 무너지고 하여 황족의 성과 지배계층의 8색성이 자연히 퇴색을 한 것이었다.

1817년에 일본 복강(福岡 : 후쿠오카) 인근 해안에 표류한 조선 배가 있었다. 이 배에 타고 있던 전남 화순 고을의 쌍봉사 스님 한 사람이 있었다. 그는《일본표해록日本漂海錄》이란 책을 남겼는데 그 내용에, '시집간 여자들은 치아를 검게 칠하였고 처녀들은 칠하지 않았다.' 하는 말이 있는 것이다. 허목의 미수기언에 담은 한 대목과 같았다.

이런 내용도 있다.

"왜녀倭女가 조선 사람과 정을 통해 아이를 낳게 되면 그 나라에서는 지극히 귀중하게 여겨서 왜녀들은 짐짓 사사로이 조선의 사람과 정을 통하고자 한다."

당시 흑치 여인의 사고思考의 한 면을 알 수 있는 것으로, 당시 그녀들은 왜녀倭女라 하는 말을 듣는 것을 매우 싫어하였다고 한다.

족보 등장에 위보僞譜가 뒤따르다.

위보僞譜라 하면 사실과 다른 조작된 내용이 있는 족보를 말한다. 속된 말로 가짜 족보라는 것이다. 이런 위보가 족보 등장과 함께 뒤따라 등장한 것이다.

족보라 하면 각 성씨 문중의 조상계통을 기록한 책이다. 어느 성씨의 문중이든 족보를 만들기 시작한 것은 조선시대였다.

19대 숙종 11년(1685)에 사헌부司憲府의 지평持平 벼슬에 있는 최규서崔奎瑞가 왕께 올린 상소가 있었다. 그 내용인즉, 간사한 사람이 족보를 위조하여 종파宗派를 옮겨 바꾼 것이 있는데 이에 대한 죄를 청한다 하는 것이었다.

왕은 이 청을 윤허하고 법대로 다스리도록 명하였다. 당시 일부 현족顯族의 성씨 문중에서는 족보편찬이 성행하기 시작하였는데 여기에 일반 중인中人의 계층도 족보 만드는 것을 흉내 내기 시작하였다. 여기서 대체로 위조 족보가 등장하기 시작하였다. 현족이라 하면 명문 성씨의 종족을 말한 것이다.

최규서의 후손이 편찬한 간재만록艮齋漫錄을 보면 다음과 같은 내용이 있다.

"무뢰배들이 남의 집 족보를 많이 모아 두고 그 족보에서 어느 집 족보의 선대에 공음功蔭이 있는 기록이 있으면 그 족보에다 다른 사람의 이름을 그 계대系代에다 붙여 활자로 박아내어 주고 하였다. 그것을 받은 사람은 그 근거로 삼아 군역軍役을 면제받는 모습을 보였다. 그런 옳지 못한 일이 있다는 소문에 의금부義禁府에서는 아래 관리를 시켜 몰래 탐지케 하여 보니 몇몇 집안의 성씨 족보가 그런 가짜에 이용되었고 여기에 해주 최씨海州崔氏의 족보도 그중에 들어 있었다."

간재艮齋는 최규서의 호號이고, 공음은 조상이 공신이었거나 또는 왕으로부터 음덕을 입은 명문名門 집안이란 뜻이다. 최규서가 그런 말을 한 데는 당시 최규서의 집안 족보에 각 종파의 조상 이름 아래에 617개나 되는 가짜 계보가 기록되어 있었다고 한 것이다.

조선에서는 사대부士大夫 집안의 혈족이 분명하면 군역을 면제해 주는 제도가 있었다. 이러한 제도 때문에 명문가의 혈족임을 증명하는데 족보가 유일한 자료로 활용되었으며 이에 따라 가짜 족보가 나타나서 활용되었던 것이다.

조선 22대 정조(1776~1800) 때 학문과 글씨가 뛰어났던 학자 이긍익李肯翊의 저서인 여술보藜述補라는 책에 다음과 같은 기록이 있는 것을 보는데 이 내용에서 가짜 족보 등장이 어떠했음을 감히 짐작하고도 남는 것이다.

"근래에 간교한 자가 금성임씨錦城林氏라 사칭하면서 가짜 족보를 영남에서 박아냈다. 금성임씨와 평택임씨平澤林氏의 족보를 합치면서 '본래는 같은 선조였는데 형제가 분관分貫하여 다르게 되었다.'고 하며 서울에 있는 명문집안의 파종派宗에다 연계시켜 꾸미고 대수代數를 바꿔 고쳐서 선조의 세계世系를 어긋나게 하였으며 족친 간 서차序次를 문란케 하였다. 그자는 여러 도道에 두루 다니면서 임가林哥 성姓을 가진 어리석은 백성을 속이고 족보 책을 팔아 생계로 삼았다. 이에 서울의 여러 임씨들이 발견을 하고서 고발하였는데 그자는 관官에 붙잡혀 귀양을 갔다. 조정에서는 여러 고을에 공문을 보내 허위내용의 족보를 거두어 불사르게 하였다. 이렇듯 족보의 폐단이 매우 컸다. 한편 어떤 사람들은 족보가 없는 것에 불만을 나타냈다. 이것은 시골의 천한 사람들이 군역을 면하고자 하는데 족보가 없음에 불만이 나온 것으로 족보를 구하지 못한 그들은 실로 불만을 드러낸 것이다. 그들은 뇌물을 주고 가짜 족보를 사고 한 것이다. 그러하였기 때문에 족보가 잡되고 난잡해지는 일이 갈수록 심하였는데 근간에 들리는바 어떤 사람이 만성보萬姓譜를 모아 비장해 두고서 자기 조상의 계보를 잊어버린 사람이 일가 집에 붙고자 하면 뇌물을 받고 '만성보.' 중에서 자손이 없거나 자손이 잘 알려지지 않은 데다가 골라서 이름자를 끼워넣어 계보를 꾸몄다고 하였다. 만성보 중에서 구보舊譜에는 후손이 없다고 되어 있는데 새로 기록될 때는 끼워 넣고 그들은 아무 지방에 산다면서 단자單子를 새로 만들어 온 것이라는 이유를 들어 꾸미고 하였다. 이 때문에 본관이 벽성僻姓이었던 자가 점차로 높은 문벌과 영예로운 관향貫鄕으로 옮겨 붙는 현상들이 나타났다. 이런 일이 어찌 세상 도리에 하나의 변고가 아닐 수 없다 할 것이냐. 인륜人倫을 문란케 하고 세상 사람을 속이고 한 것에 왕명으로 반드시 죽여야 하는데 이상하게도 엄벌은 하지 않았다. 그래서인지 사람들은 위보가 나도는 데도 담담히 보고만 있었다."

단자單子는 혈족의 명단을 말한 것이며, 벽성僻姓은 드문 성씨를 말한 것이고, 관향은 본관을 일컫는 별칭이다.

조선 영조(1724~1776) 때 이만운李萬運이 여러 역사책을 참고하여 엮은 기년아람紀年兒覽에는 관심 두고 봐야 할 다음과 같은 내용이 적혀 있었다.

"행주기씨幸州奇氏의 족보는 기자箕子 이후의 세대를 41대까지 기록했다. 주周나라 기묘년에 기자가 처음으로 건국하였고, 한漢나라 혜제惠帝 정미년에 기준箕準이 나라 이름을 마한馬韓이라고 하였다. 그러면 합해서 929년이 되는데 지금 그들 족보에 41대라 하였으니 1036년이 된다. 이래서 의심스러운 바가 있는 것이다. 41대 중에서 동사東史의 기록에는 기부箕否, 기준箕準이 있는데 족보의 기록에는 기부箕否가 없었다. 이래서 두 번째로 의심이 가는 바가 되었다. 삼국시대 중엽 이후에 와서야 비로소 시호諡號가 나타났는데 족보에서는 이전의 조상에게 모두 시호 같은 것을 적어놓았으니 세 번째로 의심이 가는 바가 되었다. 이것은 일 꾸미기를 좋아하는 자가 근거도 없는 것을 가지고 만들어서 세상 사람들을 속인 것이다."

기씨의 족보 내용에서 도대체 이해가 안 간다고 지적한 내용인 것이다.

만성보는 1817년(순조 17년)에 공주公州 사람인 김노정金魯定이 여러 성씨의 계보를 나름대로 작성한 것이다. 이 만성보는 각 성씨의 후대에서 위보僞譜라는 비판을 많이 받았다. 그 이유는 각 성씨 문중에서 실제 갖고 있는 자료의 내용과는 다른 계대系代가 많았기 때문이다. 이긍익도 이런 만성보의 내용을 알고 있어서 위보라고 언급한 것이다.

사실 숙종조에서 영조에 이르기까지 족보 편찬이 유행되기 시작하는 데서 부정한 거래로 명문가의 성씨 계보에다 끼워 넣는 일이 많았다. 가짜 파보派譜를 만들어 같은 문중인양 대동보大同譜에다 끼워 넣는 노릇이 많았던 것이다.

대동보는 그 성씨 문중이 종합적으로 정리한 족보를 말하는 것이다. 어느 성씨 문중이든 시조로부터 내려오면서 파생되는 혈육이 있기 때문에 거기서 자연히 가까운 족속끼리 종파宗派를 이루었고, 그 종파에서 파보가 나타나고 하였다. 이 파보의 집합이 바로 그 성씨 문중의 통일된 족보가 되는 대동보로 나왔던 것이다.

1700년대 이후에 대동보가 많이 쏟아져 나왔다. 이 과정에서 부정확한 계보가 많이 섞여 들어가고 하였다.

각 성씨의 족보에 최초의 조상이라 하는 시조가 기록되어 있다. 이 시조에 관한 표기에서도 황당하다는 기록이 적잖았다.

시조도 의당 사람이고 보면 자기 위에 조상도 있는 것이다. 이 조상에 대해서 족보에 기록해 놓은 것을 보면 비현실적이며 황당하다는 내용이 있는 것이다.

그것은 시조를 설화적說話的으로, 즉 신격화시킨 내용을 족보에 담았다는 것이다.

이를테면 중국의 설화에서 보는 복희씨伏羲氏, 신농씨神農氏, 소호김천씨少昊金天氏, 헌원씨軒轅氏니 하는 인물에다 시조의 계대系代를 맞춰 기록한 것이다.

중국의 설화 속 그들 인물은 사람이 아닌 것이다. 가공된 반수반인半獸半人으로 표현된 신神이다. 예로 복희씨는 뱀의 몸을 가졌고, 신농씨는 소의 머리를 가진 기괴한 형상의 인물인 것이다. 여기에다 자기네 성씨 문중의 최초 조상을 연계시킨다면 그것은 당연히 사실이 아닌 허구라 할 것이다.

오늘날 많은 족보를 본다. 각 성씨의 족보 등장은 대개 조선 숙종 때와 영조 때이다. 족보는 선대의 조상에 대한 계보系譜 작성이다. 이 계보가 사실이 아닌데서 위보라는 말을 듣는 것이다.

여술보에는 이런 기록도 있다.

"창원공씨昌原孔氏의 시조는 공소孔紹이다. 공소의 아들은 공노孔努이고, 공노의 아들은 중랑장中郎將이었던 공백孔伯과 어촌공부漁村孔俯, 서령署令이었던 공숙孔俶 셋이었는데, 그중에 공백은 이예李藝의 사위이고 이예는 중랑사中郎使 벼슬에 있던 문화유씨文化柳氏인 유인수柳仁脩의 사위였다. 문화유씨의 가정보嘉靖譜에는 유인수의 밑에 공백의 자손을 매우 상세하게 기록하였으므로 자세히 고증해 볼 만한 족보였다. 그리고 공기孔頎 형제는 바로 공백의 아들인 공성길孔成吉의 아들인데 창원 공씨의 족보를 보니 공부의 형제인 공백·공숙 두 명은 없고 다만 공부·공은孔僼이란 사람만 있었는데 이해할 수 없이 혼란스러웠다. 다른 보첩에는 공부는 자손이 없다고 했다. 그런데 공서린孔瑞麟이란 이름이 있는 것으로 이는 곧 공숙의 증손인데 지금 이 족보에는 공석·공기가 공부의 증손으로 기록되어 있는 것이다……."

각 족보 간에 기록 내용이 다르다는 비판이다. 족보가 등장할 때부터 같은 본관의 성씨들 문중 간에도 계보가 다르게 기록되기도 한 것이 비단 공씨 족보만이 아니었다. 족보 등장 초기에 그 같은 기록이 비일비재하였던 것으로 성씨의 문중 간에도 서로 계보 작성이 다르고 하여 시비가 많이 일어나기도 한 것으로 오늘날까지도 말썽이 되고 있는 대표적 족보가 또한 있는 것이다.

그 족보는 일제 강점기 김경대金景大라는 사람이 편찬한 신라삼성연원보新羅三姓淵源譜이다. 신라의 박朴·석昔·김金 세 성씨의 왕통王統과 그 후손들의 계보 내용을 담은 것이었다.

신라삼성연원보가 위보다, 위보가 아니다 하는 시비에서는 먼저 신라의 마지막 왕이었던 경순왕敬順王에게 아들이 14명 있던 것으로 기록되어 있는데서 위보라는 말이 나왔다.

알려진 사서史書에는 박씨朴氏 성의 부인 소생은 세칭 마의태자麻衣

太子라고 불려진 왕자가 1명이고, 정사正史가 아닌 야사野史 같은 기록에는 3명의 박씨 부인 소생이 있는 것으로 기록되어 있었다. 그런데 신라삼성연원보는 야사 기록과도 딴판으로 무려 14명이나 기록되어 있어서 도대체 어느 문헌의 근거로 그 같은 많은 아들이 있었는가 하는 의문을 갖게 한 것이다.

14명의 아들에서 석씨昔氏 성을 가진 부인한테서 낳은 아들이 5명이고, 그외 어느 성씨의 부인인지 미상의 성씨 부인한테서 낳은 아들이 1명으로 신라삼성연원보는 기록해 놓은 것이다.

이전 기록의 신빙성 문제에서는 고려시대 김부식金富軾이 찬술한 《삼국사기》나 승僧 일연一然이 저술한 《삼국유사》에는 단 한 줄도 그와 같은 언급이 없었다는 것이다.

《삼국사기》나 《삼국유사》의 저술자도 모두 신라계 김씨 성을 가졌다. 그런 그들 저자가 신라의 마지막 임금인 경순왕에 대해서 그렇듯 김경대의 신라삼성연원보의 기록 내용에 비해 미비할 수는 없었던 것이고, 오히려 좀더 자세할 수가 있었다고 할 것이다. 김경대 역시 신라계 김씨 성으로 경주 김씨 족보에 그의 이름이 실려 있다. 그런데 그 족보가 경주 김씨의 전체 족보가 아니라 역시 김경대가 저작 겸 발행자로 되어있고 1924년 일제 강점기에 역시 평안북도 신의주에서 발행한 것이었다. 족보 명칭은 경김족보慶金族譜라 하였다. 자기가 발행한 족보에서는 경순왕의 많은 아들 중 8명의 아들이 박씨 성의 부인 소생이라 표기하였고, 석씨 성의 부인이 경순왕에게는 없는 것으로 기록되어 있는 것이다.

그러니까 자신이 저술한 책에서도 서로가 달랐던 것이다. 즉 신라삼성연원보에서 보는 경순왕의 아들들과 자신의 이름이 실려 있는 경주김씨 족보에서 보는 경순왕의 아들들 기록이 달랐다는 것이다.

신라시대에서는 충렬공忠烈公이니 충무공忠武公이니 하는 시호諡號와 무슨 부원군府院君이니 무슨 군君이니 하는 군호君號 제도가 없었다. 그런데 이 삼성연원보의 박씨朴氏편에서 역사에 잘 알려진 박제상朴堤上을 충렬공忠烈公이라는 시호를 붙여 놓았고, 심지어 설당雪堂이란 개인의 호號와 신라에는 없었던 평장사平章事라는 벼슬 이름까지 붙여 놓은 것이다. 평장사는 고려시대 재상급인 고위 관직의 하나였다. 정사正史에서 어느 한 부분도 볼 수 없는 내용이었고 하면 당연히 위보라는 인식을 갖지 않을 수 없다 할 것이다.